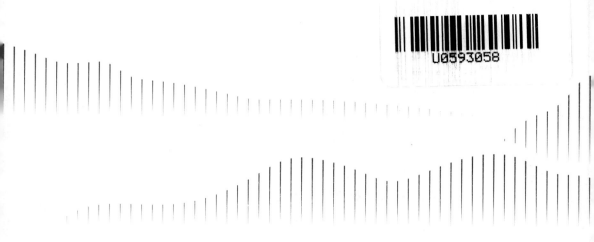

"一带一路"

共建国家居民社会、工作和生活价值观研究

卫旭华　编著

兰州大学出版社
LANZHOU UNIVERSITY PRESS

图书在版编目（CIP）数据

"一带一路"共建国家居民社会、工作和生活价值观
研究 / 卫旭华编著. -- 兰州 ：兰州大学出版社，2025.
3. -- ISBN 978-7-311-06833-2

Ⅰ. F125

中国国家版本馆 CIP 数据核字第 20250B2L95 号

责任编辑　朱茜阳　黄　卉
封面设计　雷们起

书　　名	"一带一路"共建国家居民社会、工作和生活价值观研究
	"YIDAIYILU"GONGJIANGUOJIA JUMINSHEHUI,GONGZUO HE SHENGHUO JIAZHIGUAN YANJIU
作　　者	卫旭华　编著
出版发行	兰州大学出版社　（地址:兰州市天水南路222号　730000）
电　　话	0931-8912613(总编办公室)　0931-8617156(营销中心)
网　　址	http://press.lzu.edu.cn
电子信箱	press@lzu.edu.cn
印　　刷	兰州人民印刷厂
开　　本	710 mm×1020 mm　1/16
成品尺寸	165 mm×238 mm
印　　张	16.25
字　　数	225千
版　　次	2025年3月第1版
印　　次	2025年3月第1次印刷
书　　号	ISBN 978-7-311-06833-2
定　　价	78.00元

（图书若有破损、缺页、掉页，可随时与本社联系）

前　言

在浩瀚的世界历史长河中，商贸交往和文化交流一直是连接各国人民的重要纽带。自共建"一带一路"倡议提出以来，这条古老的丝绸之路焕发出新的生机与活力，不仅促进了共建国家的经济繁荣，更拉近了各国人民的心灵距离。截至2024年4月，中国已与来自全球六大洲的154个国家签署"一带一路"合作协议，参与共建"一带一路"倡议国家的总人口数约占世界人口数的65%，共建"一带一路"倡议已成为当今全球最受欢迎的合作平台。

参与共建"一带一路"倡议的国家拥有独特的历史与文化底蕴，这些文化也深刻影响着各国居民的价值观念。这种价值观念是一个民族、一个国家文化的灵魂，它深深地影响着人们的思维方式、行为准则和社会秩序。在共建"一带一路"的过程中，我们不仅需要经济上与"一带一路"共建国家共同繁荣，更需要文化的交融和心灵的沟通。因此，撰写一本关于"一带一路"共建国家居民价值观的著作，有助于相关学者、公共部门和商业组织从业者从文化和价值观角度理解"一带一路"共建国家居民的特点，对于高质量共建"一带一路"倡议有着重要的价值。

本书旨在通过深入研究各国居民的价值观，帮助读者更好地理解"一带一路"共建国家不同文化背景下的价值追求。基于世界价值观调查（World Values Survey，WVS）第六轮和第七轮的相关数据，本书从社会价值观、工作价值观以及生活价值观三个方面对"一带一路"共建国家居民的价值观进行了深入的定量分析，全面揭示了"一带一路"共建国家居民价值观的现状和特点。

本书不仅是一部研究价值观的学术著作，更是一部实用的"一带一路"共建国家价值观参考指南。无论是对已经在"一带一路"

共建国家开展业务的企业，还是计划进入这些市场的投资者和企业管理者，本书都将是一份宝贵的参考资源。通过本书，读者可以更加准确地把握市场机遇，有效规避潜在风险，实现企业的长期稳定发展。对于关注"一带一路"共建国家相关议题的研究者而言，本书亦是一部不可多得的宝贵资料。通过深入研究"一带一路"共建国家居民的价值观，可以进一步推动跨文化交流和理解，为构建人类命运共同体贡献智慧和力量。

　　本书是由兰州大学卫旭华教授的研究团队通力协作完成的，最终由卫旭华统稿和修订成稿。各章节具体分工如下：魏子栋负责第一章和第二章，冯伽伟负责第三章，焦文颖负责第四章和第五章，马艺恩负责第六至九章，谭为负责第十至十二章。此外，张亮花、李黎飞、杨焕、张怡斐、陈天华参与了前期资料搜集和部分章节的讨论、文字及校对工作。

　　非常感谢兰州大学人文社会科学类高水平著作出版经费、国家自然科学基金项目（72372063）和甘肃省哲学社会科学规划项目（2023YB013）的资助，感谢兰州大学管理学院戴巍老师对本书提出的宝贵意见，感谢兰州大学社科处、兰州大学出版社对本书的大力支持。由于编者水平有限，书中难免存在诸多不足，期待各位读者能够提出宝贵建议，以帮助我们不断完善本书。

编　者

2024年5月

目　录

第一篇 "一带一路"共建国家概况及价值观简介

> 共建"一带一路"坚持共商共建共享,跨越不同文明、文化、社会制度、发展阶段差异,开辟了各国交往的新路径,搭建起国际合作的新框架,汇集着人类共同发展的最大公约数。
>
> ——习近平2023年10月18日在第三届"一带一路"国际合作高峰论坛开幕式上的主旨演讲

本篇内容包含两个章节,主要从宏观的角度阐述了"一带一路"共建国家的概况,并介绍了本书开展"一带一路"共建国家居民价值观研究的整体框架。第一章首先介绍了"一带一路"倡议的提出背景、核心理念和主要目标。随后,本书详细探讨了"一带一路"共建国家的界定,并通过翔实的数据展示了这些国家在经济、人口、资源与环境等多个方面的概况。通过对这些国家的综合分析,可以看到"一带一路"倡议对共建国家的影响不仅限于经济层面,也促进了各国之间的文化交流与理解。第二章对价值观进行了深入探讨,在明确价值观界定的基础上,回顾了价值观的研究历程,了解了其从初步探索到逐渐成熟的过程。在此基础上,第二章详细讨论了价值观的分类和测量方法,包括社会价值观、工作价值观和生活价值观等。这些分类不仅能帮助我们更全面地理解价值观的内涵，也为后续章节深入研究"一带一路"共建国家居民的价值观提供了理论基础和研究框架。

第一章 "一带一路"倡议与
共建国家概况

我们要继续在共建"一带一路"合作方面走在前列,推动落实全球发展倡议,充分释放经贸、产能、能源、交通等传统合作潜力,打造金融、农业、减贫、绿色低碳、医疗卫生、数字创新等新增长点,携手建设一个合作共赢、相互成就的共同体。

——习近平2023年5月19日在中国—中亚峰会上的主旨讲话

翻开史册,陆上丝绸之路绵亘万里,驼铃携丝绸穿戈壁,贯通中西;回望历史,海上丝绸之路通达八方,帆船载青瓷渡重洋,联结欧亚。千年来,陆上与海上丝绸之路为东西方文明的交流融合与贸易的蓬勃发展作出了重要贡献。

如今,世界正处于百年未有之大变局,世界多极化、经济全球化、社会信息化、文化多样化深入发展,各国之间联系愈发紧密,交流更加频繁,成为休戚与共的命运共同体[①]。面对越来越多的世界性问题和挑战,中国着眼人类共同命运和整体利益,提出"一带一路"倡议这一"中国方案",继承和弘扬丝路精神,为世界发展注入新动能,为国际交流与合作创造新平台[②]。自共建"一带一路"倡议提出十年来,参与共建的"朋友圈"越来越大,合作成果越来越多,

---

① 中华人民共和国国务院新闻办公室:《共建"一带一路":构建人类命运共同体的重大实践》,《人民日报》2023年10月11日第10–12版。

② 习近平:《建设开放包容、互联互通、共同发展的世界》,《人民日报》2023年10月19日第2版。

成为深受欢迎的国际公共产品和国际合作平台。未来，共建"一带一路"倡议将实现更高质量、更高水平的发展，促进世界各国的共同繁荣。

本章基本内容如下：（1）简要介绍"一带一路"倡议的相关内容。（2）从经济、人口以及资源与环境状况等方面，对"一带一路"共建国家的基本概况进行介绍，其中，经济状况包括"一带一路"共建国家的 GDP 总量、人均 GDP、收入水平、GDP 增长率、人均 GDP 增长率以及进出口贸易等具体内容；人口状况包括"一带一路"共建国家人口总数、增速、密度，以及城镇化水平和老龄化水平等具体内容；资源与环境状况包括"一带一路"共建国家的国土面积、森林面积占比，以及水资源总量和环境质量等具体内容。

通过阅读本章，有助于加深读者对"一带一路"共建国家的了解，并为本书后续章节中对"一带一路"共建国家居民的价值观进行分析时提供参考。

1.1 "一带一路"倡议

"丝绸之路"，这一代表东西方交流的标志已存在千年，"张骞通西域""郑和下西洋"，这些家喻户晓、脍炙人口的人物与事迹是丝绸之路上最具代表性的历史名片。古丝绸之路不仅是商贸流通往来之路，也是文明交流互鉴之路，在人类社会发展和东西方文明交融方面发挥了巨大作用。

西汉时期，张骞"凿空"，实现了中原与西域的陆上联通，自此东西方通过陆路开始进行文化交流与商贸往来。1877 年，德国著名地理学家费迪南德·冯·李希霍芬（Ferdinand Von Richthofen）在其著作《中国——亲身旅行和据此所作研究的成果》一书中，将连接中国与西域的交通道路首次命名为"丝绸之路"（The Silk Road）。此概念一经提出,很快被大众接受并沿用至今。

曾几何时,因各种复杂的历史原因,陆上丝绸之路被迫阻断;与此同时,伴随着中国南方的开发和经济重心的南移,海路得到开拓,海上贸易逐渐成为中国对外交往的主要方式。法国汉学家埃玛纽埃尔-爱德华·沙畹(Emmanuel-èdouard Chavannes)在其研究成果《西突厥史料》中谈到"丝路有陆、海两道",首次提出"海上丝绸之路"(Maritime Silk Road)的概念。

千年来,陆、海丝绸之路促进了亚、非、欧各国的发展与繁荣;近代以来,伴随经济全球化进程不断加快和深入,人类社会发展对各国之间建立更为紧密的联系提出新的要求。当今,世界正处于百年未有之大变局,机遇与挑战并存。一方面,经济商业繁荣和科学技术进步等因素加速了各国现代化的脚步;另一方面,由少数发达国家主导的经济全球化使得贫富差距越来越大,单边主义、保护主义和霸权主义加剧了世界经济的衰退风险。面对各种各样、层出不穷的全球性问题与挑战,中国从人类共同命运和整体利益出发,为人类未来贡献了破解"世界之问"的中国方案。

2013年3月,习近平主席在莫斯科国际关系学院发表演讲,首次在国际上提出"人类命运共同体"的重要理念[1];同年9月和10月,习近平主席在出访中亚和东南亚国家期间,先后提出共同建设"丝绸之路经济带"[2]和"21世纪海上丝绸之路"[3]的重大倡议,简称"一带一路"(The Belt and Road)倡议。

自倡议提出的十年来,"一带一路"国际合作从无到有,蓬勃发展,取得丰硕成果。150多个国家、30多个国际组织签署共建"一带一路"合作文件,3届"一带一路"国际合作高峰论坛成功举办,20多个专业领域多边合作平台成立,"一带一路"已成为全球最受

---

① 习近平:《顺应时代前进潮流,促进世界和平发展》,《人民日报》2013年3月24日第2版。

② 习近平:《弘扬人民友谊,共创美好未来》,《人民日报》2013年9月8日第3版。

③ 习近平:《携手建设中国—东盟命运共同体》,《人民日报》2013年10月4日第2版。

欢迎的公共产品，也是目前世界上范围最广、规模最大、前景最好的国际合作平台。在和平合作、开放包容、互学互鉴、互利共赢的丝路精神指引下，各方秉持共商、共建、共享原则，努力实现政策沟通、设施联通、贸易畅通、资金融通、民心相通，努力将"一带一路"建设成为和平之路、繁荣之路、开放之路、绿色之路、创新之路和文明之路，携手应对全球性风险和挑战，共同实现现代化[①]。

"一带一路"倡议源自中国，成果和机遇属于世界。"一带一路"倡议不仅是丝路精神的当代诠释与延伸，也是民族文化的现实继承和发扬；既是中国对外开放的全新战略，也是人类命运共同体的全新建构，并始终把中国的发展和世界人民的利益结合起来。面向未来，中国将携手各方高质量共建"一带一路"，共同推进构建人类命运共同体的伟大进程，推动世界朝着更加开放、包容、普惠、平衡、共赢的方向不断发展。

1.2 "一带一路"共建国家概况

本节主要对"一带一路"共建国家的基本情况进行介绍。首先逐一列举了"一带一路"共建国家及其所属大洲，然后分别从经济、人口以及资源和环境等三个方面对共建国家的经济总量、收入水平、人口特征、资源禀赋以及环境污染等情况进行较为详细的介绍，以加深读者对"一带一路"共建国家基本国情的了解和掌握。

1.2.1 "一带一路"共建国家界定

"一带一路"共建国家是指包括中国在内，以及与中国签署共建"一带一路"合作协议的国家。截至2024年4月，中国已与来自全球

[①] 习近平：《携手共命运，同心促发展》，《人民日报》2018年9月4日第2版。

六大洲的154个国家签署"一带一路"合作协议,其中包括41个亚洲国家、52个非洲国家、27个欧洲国家、13个北美洲国家、9个南美洲国家以及12个大洋洲国家,具体国家名称如表1-1所示。

表1-1 与中国签署共建"一带一路"合作协议国家一览表

所属大洲	国家名称
亚洲(41)	阿富汗、阿联酋、阿曼、阿塞拜疆、巴基斯坦、巴勒斯坦、巴林、东帝汶、菲律宾、格鲁吉亚、哈萨克斯坦、韩国、吉尔吉斯斯坦、柬埔寨、卡塔尔、科威特、老挝、黎巴嫩、马尔代夫、马来西亚、蒙古国、孟加拉国、缅甸、尼泊尔、沙特阿拉伯、斯里兰卡、塔吉克斯坦、泰国、土耳其、土库曼斯坦、文莱、乌兹别克斯坦、新加坡、叙利亚、亚美尼亚、也门、伊拉克、伊朗、印度尼西亚、约旦、越南
非洲(52)	阿尔及利亚、埃及、埃塞俄比亚、安哥拉、贝宁、博茨瓦纳、布基纳法索、布隆迪、赤道几内亚、多哥、厄立特里亚、佛得角、冈比亚、刚果(布)、刚果(金)、吉布提、几内亚、几内亚比绍、加纳、加蓬、津巴布韦、喀麦隆、科摩罗、科特迪瓦、肯尼亚、莱索托、利比里亚、利比亚、卢旺达、马达加斯加、马拉维、马里、毛里塔尼亚、摩洛哥、莫桑比克、纳米比亚、南非、南苏丹、尼日尔、尼日利亚、塞拉利昂、塞内加尔、塞舌尔、圣多美和普林西比、苏丹、索马里、坦桑尼亚、突尼斯、乌干达、赞比亚、乍得、中非
欧洲(27)	阿尔巴尼亚、爱沙尼亚、奥地利、白俄罗斯、保加利亚、北马其顿、波黑、波兰、俄罗斯、黑山、捷克、克罗地亚、拉脱维亚、立陶宛、卢森堡、罗马尼亚、马耳他、摩尔多瓦、葡萄牙、塞尔维亚、塞浦路斯、斯洛伐克、斯洛文尼亚、乌克兰、希腊、匈牙利、意大利
北美洲(13)	安提瓜和巴布达、巴巴多斯、巴拿马、多米尼加、多米尼克、格林纳达、哥斯达黎加、古巴、洪都拉斯、尼加拉瓜、萨尔瓦多、特立尼达和多巴哥、牙买加
南美洲(9)	阿根廷、秘鲁、玻利维亚、厄瓜多尔、圭亚那、苏里南、委内瑞拉、乌拉圭、智利
大洋洲(12)	巴布亚新几内亚、斐济、基里巴斯、库克群岛、密克罗尼西亚联邦、瑙鲁、纽埃、萨摩亚、所罗门群岛、汤加、瓦努阿图、新西兰

注:资料来自中国一带一路网,时间截至2024年4月。

从人口数量上看，参与共建"一带一路"倡议国家的总人口数量接近52亿人，约占世界人口的65%，这反映出世界上约三分之二的国家都积极响应并参与到共建"一带一路"倡议中，更加体现出共建"一带一路"倡议已成为当今全球最受欢迎的公共产品和国际合作平台。

此外，在"一带一路"共建国家中，中等收入国家占比达60%，低收入国家占比超过16%。这些国家中绝大多数为新兴市场和发展中国家，它们对于经济发展和实现现代化有较强的需求，未来具备巨大的发展潜力和空间。在"一带一路"框架下，各国能够充分发挥各自的潜能和优势，共同营造发展机遇和空间，共司分享发展成果。

1.2.2 "一带一路"共建国家经济概况

1. "一带一路"共建国家GDP总量及人均GDP情况

根据世界银行数据库统计的最新数据（2022年），从"一带一路"共建国家在各大洲的分布（如图1-1所示）来看，参与共建"一带一路"倡议的亚洲国家以GDP总量28.65万亿美元位居首位，占共建国家GDP总量的70%；参与共建"一带一路"倡议的欧洲国家GDP总量为7.68万亿美元，位居第二，占共建国家GDP总量的18%；参与共建"一带一路"倡议的非洲国家GDP总量为2.94万亿美元，位列第三，占共建国家GDP总量的7%；参与共建"一带一路"倡议的南美洲、北美洲和大洋洲国家的GDP总量较小，合计占共建国家GDP总量的5%。

考虑到共建国家人口基数的差异情况，在共建国家GDP总量情况的基础上，结合世界银行数据库统计的共建国家人均GDP进行分析发现，参与共建"一带一路"倡议的欧洲国家的人均GDP最高，而参与共建"一带一路"倡议的非洲国家的人均GDP最低，二者相差极大,超过2万美元(如图1-2所示)。

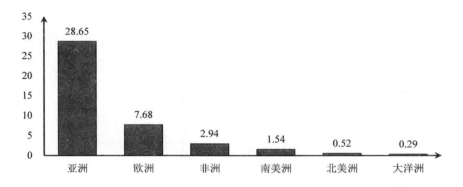

图1-1 "一带一路"共建国家GDP总量情况(按大洲统计)

注:数据来自世界银行(单位:万亿美元),选取"一带一路"共建国家最新GDP总量统计数据;因纽埃和库克群岛两国数据未纳入相关数据库,为保证统计完整性,使用相关部门发布的两国国家概况中的数据进行填补。

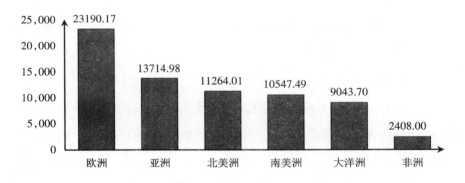

图1-2 "一带一路"共建国家人均GDP情况(按大洲统计)

注:数据来自世界银行(单位:美元),选取"一带一路"共建国家最新人均GDP统计数据;因纽埃和库克群岛两国数据未纳入相关数据库,为保证统计完整性,使用相关部门发布的两国国家概况中的数据进行填补。

(1)参与共建"一带一路"倡议的亚洲国家GDP情况

包括中国在内的参与共建"一带一路"倡议的亚洲国家中,GDP排名前五的国家分别为中国、韩国、印度尼西亚、沙特阿拉伯和土耳其,国内生产总值分别为179631亿美元、16739亿美元、13191亿美元、11086亿美元、9071亿美元;东帝汶、马尔代夫、叙利亚、塔吉克斯坦和吉尔吉斯斯坦为GDP排名垫底的五个国家，国内生产总值均未超过120亿美元（如表1-2所示）。

表1-2　GDP总量排名前五和末五位参与共建"一带一路"倡议的亚洲国家

国家名称	GDP总量	国家名称	GDP总量
中国	179631	吉尔吉斯斯坦	115
韩国	16739	塔吉克斯坦	105
印度尼西亚	13191	叙利亚	90
沙特阿拉伯	11086	马尔代夫	62
土耳其	9071	东帝汶	32

注：数据来自世界银行（单位：亿美元），选取参与共建"一带一路"倡议的亚洲国家最新GDP总量统计数据。

基于相关数据计算得出，参与共建"一带一路"倡议的亚洲国家的平均GDP为6820亿美元，42个国家中仅有5个国家高于该平均值。

（2）参与共建"一带一路"倡议的欧洲国家GDP情况

在参与共建"一带一路"倡议的欧洲国家中，GDP排名前五的国家分别为俄罗斯、意大利、波兰、奥地利和罗马尼亚，国内生产总值分别为22404亿美元、20497亿美元、6881亿美元、4709亿美元以及3007亿美元；黑山、北马其顿、摩尔多瓦、马耳他和阿尔巴尼亚为GDP排名末尾的五个国家，国内生产总值均未超过190亿美元（如表1-3所示）。

表1-3　GDP总量排名前五和末五位参与共建"一带一路"倡议的欧洲国家

国家名称	GDP总量	国家名称	GDP总量
俄罗斯	22404	阿尔巴尼亚	189
意大利	20497	马耳他	181
波兰	6881	摩尔多瓦	145

国家名称	GDP总量	国家名称	GDP总量
奥地利	4709	北马其顿	136
罗马尼亚	3007	黑山	62

注:数据来自世界银行(单位:亿美元),选取参与共建"一带一路"倡议的欧洲国家最新GDP总量统计数据。

基于相关数据计算得出,参与共建"一带一路"倡议的欧洲国家的平均GDP为2845亿美元,27个国家中仅有6个国家高于该平均值,其余21个国家则低于平均值。

(3)参与共建"一带一路"倡议的非洲国家GDP情况

在参与共建"一带一路"倡议的非洲国家中,GDP排名前五的国家分别为埃及、尼日利亚、南非、阿尔及利亚和摩洛哥,国内生产总值分别为4767亿美元、4726亿美元、4053亿美元、1950亿美元以及1309亿美元;几内亚比绍、塞舌尔、科摩罗、南苏丹以及圣多美和普林西比为GDP排名垫底的五个国家,国内生产总值均未超过170亿美元(如表1-4所示)。

表1-4 GDP总量排名前五和末五位参与共建"一带一路"倡议的非洲国家

国家名称	GDP总量	国家名称	GDP总量
埃及	4767	几内亚比绍	163
尼日利亚	4726	塞舌尔	159
南非	4053	科摩罗	124
阿尔及利亚	1950	南苏丹	120
摩洛哥	1309	圣多美和普林西比	54

注:数据来自世界银行(单位:亿美元),选取参与共建"一带一路"倡议的非洲国家最新GDP总量统计数据。

基于相关数据计算得出,参与共建"一带一路"倡议的非洲国家的平均GDP为565亿美元，52个国家中仅有12个国家高于该平均值，其余国家则低于平均值。

（4）参与共建"一带一路"倡议的南美洲国家GDP情况

在参与共建"一带一路"倡议的南美洲国家中，GDP总量最高的国家为阿根廷，达到6311亿美元；最低的国家是苏里南，仅为36亿美元（如图1-3所示）。

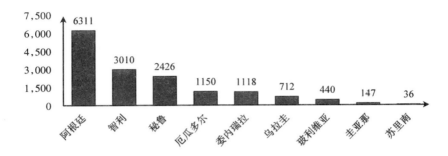

图1-3 参与共建"一带一路"倡议的南美洲国家GDP总量情况

注：数据来自世界银行（单位：亿美元），选取参与共建"一带一路"倡议的南美洲国家最新GDP总量统计数据。

基于相关数据计算得出，参与共建"一带一路"倡议的南美洲国家平均GDP为1705亿美元，9个国家中仅有3个国家高于平均GDP，其余6个国家均低于平均值。

（5）参与共建"一带一路"倡议的北美洲国家GDP情况

在参与共建"一带一路"倡议的北美洲国家中，GDP排名前五的国家分别为古巴、多米尼加、巴拿马、哥斯达黎加和萨尔瓦多，国内生产总值分别为1267亿美元、1135亿美元、765亿美元、692亿美元以及325亿美元；尼加拉瓜、巴巴多斯、安提瓜和巴布达、格林纳达与多米尼克为GDP排名垫底的五个国家，国内生产总值均未超过160亿美元（如图1-4所示）。

基于相关数据计算得出，参与共建"一带一路"倡议的北美洲国家的平均GDP为402亿美元，13个国家中仅有4个国家高于该平均值，其他国家则低于平均值。

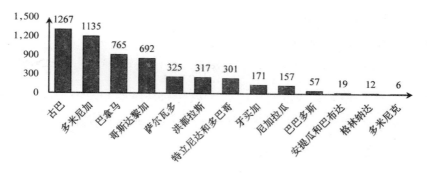

图1-4 参与共建"一带一路"倡议的北美洲国家GDP总量情况

注:数据来自世界银行(单位:亿美元),选取参与共建"一带一路"倡议的北美洲国家最新GDP总量统计数据。

（6）参与共建"一带一路"倡议的大洋洲国家GDP情况

在参与共建"一带一路"倡议的大洋洲国家中，GDP排名前五的国家分别为新西兰、巴布亚新几内亚、斐济、所罗门群岛和瓦努阿图，国内生产总值分别为2481亿美元、316亿美元、50亿美元、16亿美元以及11亿美元；纽埃、库克群岛、瑙鲁、基里巴斯和密克罗尼西亚联邦为GDP排名垫底的五个国家，国内生产总值均未超过5亿美元（如图1-5所示）。

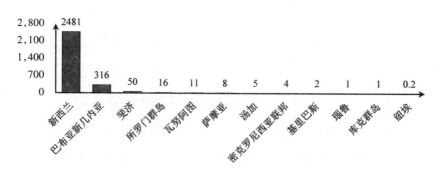

图1-5 参与共建"一带一路"倡议的大洋洲国家GDP总量情况

注:数据来自世界银行(单位:亿美元),选取参与共建"一带一路"倡议的大洋洲国家最新GDP总量统计数据;因纽埃和库克群岛两国数据未纳入相关数据库,为保证统计完整性,使用相关部门发布的两国国家概况中的数据进行填补。

基于相关数据计算得出，参与共建"一带一路"倡议的大洋洲国家的平均GDP为241亿美元，12个国家中仅有2个国家高于该平均值，其他国家则低于平均值。

2."一带一路"共建国家收入情况

"一带一路"共建国家中，大多数为新兴市场和发展中国家，极少数为发达国家。根据世界银行2019年设定的经济体收入划分标准，结合各国人均国民总收入数据，得到"一带一路"共建国家的收入情况（如图1-6所示）。数据表明，除欧洲外，其他大洲的"一带一路"共建国家多以中等收入为主，中等收入国家占比均超过50%，其中占比从高到低依次为大洋洲83.33%、亚洲71.43%、北美洲69.23%、南美洲66.66%以及非洲55.77%，但非洲和亚洲仍存在一部分低收入"一带一路"共建国家；同时也可以发现，参与共建"一带一路"倡议的非洲和欧洲国家的收入情况呈现巨大反差，欧洲高收入国家占比超过60%，而非洲则仅有不到5%的高收入国家，低收入国家的比例却超过了40%；此外，地处南美洲、北美洲和大洋洲的"一带一路"共建国家均已进入中等收入国家行列。

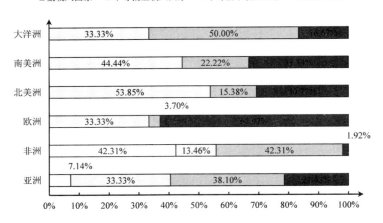

图1-6 "一带一路"共建国家收入水平（按大洲统计）

注：资料来自世界银行；因纽埃和库克群岛两国数据未纳入相关数据库，为保证统计完整性，使用相关部门发布的两国国家概况中的数据并结合国家收入水平划分标准进行简单测算。

以上数据深刻反映出"一带一路"倡议的包容性和普惠性，与以往由少数发达国家主导的世界经济格局不同，"一带一路"倡议是全球各国携手前行的阳光大道。从亚欧大陆到非洲、北美洲、大洋洲，无论是高收入国家、中等收入国家，还是低收入国家，只要有共同发展意愿，都可以参与其中，可以享受发展带来的红利。这充分证明共建"一带一路"倡议既有利于共建国家的经济增长与发展，又为世界经济的繁荣提供动力。

3. "一带一路"共建国家GDP增长率情况

按所属大洲进行统计（如图1-7所示），参与共建"一带一路"倡议的南美洲国家的平均GDP增速最高，达到9.27%，而欧洲国家的平均GDP增速最低，仅为1.83%。在所有"一带一路"共建国家中，地处南美洲的圭亚那GDP增速最高，为63.4%，而地处欧洲的乌克兰GDP增速最低，为-29.1%。在"一带一路"共建国家中，仅有18个国家的GDP为负增长，约占12%，其余88%的国家GDP均呈现正增长态势。

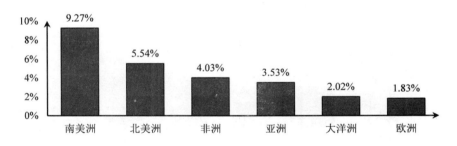

图1-7 "一带一路"共建国家GDP增速（按大洲统计）

注：数据来自世界银行，选取"一带一路"共建国家最新GDP增速统计数据；纽埃和库克群岛两国数据缺失。

结合各国收入水平可知，参与共建"一带一路"倡议的欧洲国家大多数为高收入和中等偏上收入国家，经济总量基数大，加之近年来受到俄乌冲突等地缘政治因素影响，欧洲经济持续低迷，GDP增长放缓，平均GDP增速较低；亚洲、非洲、北美洲和大洋洲以中等收入国家为主，经济正处于发展较快的阶段，因而平均GDP增速较高；南美洲国家中，由于圭亚那石油资源的开发与石油产量的快速上升，导致南美洲的平均GDP增速被拉高，但除圭亚那外的其他参与共建"一带一路"倡议的南美洲国家均保持较低水平的增长水平。

4."一带一路"共建国家人均GDP增长率情况

按所属大洲进行统计（如图1-8所示），与GDP增速情况一致，南美洲国家仍位居"一带一路"共建国家平均人均GDP增速榜首，增速接近9%。在所有"一带一路"共建国家中，南美洲国家圭亚那的人均GDP增速最高，为62.53%，相较于排名第二位的大洋洲国家斐济，高出43个百分点；而地处亚洲的东帝汶则呈现出最明显的人均GDP负增长，为-21.75%。综合统计，"一带一路"共建国家中，有27个国家的人均GDP增速为负。需要说明的是，由于阿富汗、黎巴嫩和叙利亚等国2022年最新数据缺失，根据数据库中的历史人均GDP增速数据预测，相关国家最新的人均GDP增速可能仍为负值。因此，粗略估计"一带一路"共建国家中，呈现人均GDP负增长的国家约占23.7%，其余国家GDP均呈现正增长态势。

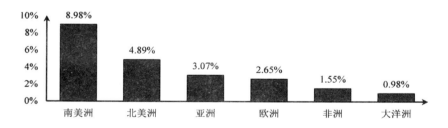

图1-8 "一带一路"共建国家人均GDP增速（按大洲统计）

注：数据来自世界银行，选取"一带一路"共建国家最新人均GDP增速统计数据；阿富汗、黎巴嫩、土库曼斯坦、叙利亚、也门、厄立特里亚、南苏丹、委内瑞拉、汤加、纽埃和库克群岛等国数据缺失。

5."一带一路"共建国家与中国贸易情况

近年来，"一带一路"共建国家与中国的贸易规模不断扩大，"一带一路"贸易在中国对外贸易中的份额稳步提升，保持良好发展势头。根据有关部门统计和分布的数据，2023年，中国与"一带一路"共建国家的进出口贸易总额达到19.47万亿人民币，占中国外贸总值的46.6%，规模和占比均为"一带一路"倡议提出以来的最高水平；同时，根据宁波航运交易所的数据，"一带一路"进出口贸易指数由2015年5月的112.06上升到2024年2月的162.77，这些数据都充分展示了十年来中国与"一带一路"共建国家贸易取得的一系列重要成就。

根据最新数据并按大洲统计，2023年参与共建"一带一路"的亚洲国家与中国的进出口贸易规模达1.792万亿美元，位列第一，随后依次为欧洲、非洲、南美洲、北美洲和大洋洲国家。中国与参与共建"一带一路"倡议的亚洲国家2023年的进出口贸易总额高于参与共建"一带一路"倡议的其他各大洲国家2023年与中国进出口贸易总额之和，约占"一带一路"共建国家与中国进出口贸易总额的65%（如图1-9所示），这表明亚洲是中国对外贸易的主要区域。此外，中国与参与共建"一带一路"倡议的欧洲、非洲、南美洲、北美洲以及大洋洲各国的进出口贸易总额都保持增长态势，其中与南美洲和非洲国家的进出口贸易总额近年来增长迅速。伴随着"朋友圈"的不断扩大，"一带一路"倡议在世界贸易发展和繁荣中的地位愈发显现，未来"一带一路"倡议将为世界经济和贸易注入更为强劲的动力。

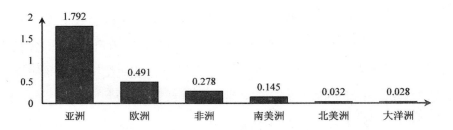

图1-9 2023年"一带一路"共建国家与中国进出口贸易总额（按大洲统计）

注：数据来自中国一带一路网，选取中国与签署共建"一带一路"合作协议的154个国家2023年进出口贸易总额统计数据（单位：万亿美元）。

1.2.3 "一带一路"共建国家人口概况

1. "一带一路"共建国家人口总数情况

截至2022年，参与共建"一带一路"倡议国家人的口总数接近52亿人。按大洲划分（如图1-10所示），参与共建"一带一路"倡议的亚洲国家人口总数最多，约为31.08亿人；参与共建"一带一路"倡议的非洲和欧洲国家人口数量紧随其后，分别约为14.22亿人和4.01亿人；参与共建"一带一路"倡议的大洋洲国家人口最少，约为1800万人。

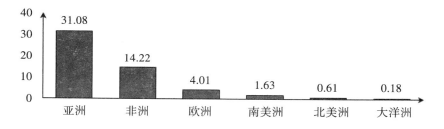

图1-10 "一带一路"共建国家人口总数（按大洲统计）

注：数据来自联合国人口司、统计司，各国际组织、各国相关人口与统计机构，选取"一带一路"共建国家最新人口总数统计数据（单位：亿人）；因纽埃和库克群岛两国数据未纳入相关数据库，为保证统计完整性，使用相关部门发布的两国国家概况中的数据进行填补。

（1）参与共建"一带一路"倡议的亚洲国家人口总数情况

在参与共建"一带一路"倡议的亚洲国家中，人口总数排名前五的国家分别是中国、印度尼西亚、巴基斯坦、孟加拉国以及菲律宾，人口数量均超过9000万人；而卡塔尔、巴林、东帝汶、马尔代夫和文莱的人口总数居末位，人口数量均未达到300万人（如表1-5所示）。

基于相关数据计算得出，参与共建"一带一路"倡议的亚洲国家人口平均数为4137万人，42个国家中仅有11个国家人口总数高于平均值，其余31个国家人口总数均低于平均值。

表1-5　人口总数排名前五和末五位的参与共建"一带一路"倡议的亚洲国家

国家名称	人口总数	国家名称	人口总数
中国	141175	卡塔尔	270
印度尼西亚	27550	巴林	147
巴基斯坦	23582	东帝汶	134
孟加拉国	17119	马尔代夫	52
菲律宾	11556	文莱	44

注：数据来自联合国人口司、统计司，各国际组织、各国相关人口与统计机构，选取参与共建"一带一路"倡议的亚洲国家最新人口总数统计数据（单位：万人）。

（2）参与共建"一带一路"倡议的非洲国家人口总数情况

在参与共建"一带一路"倡议的非洲国家中，人口总数排名前五的国家分别为尼日利亚、埃塞俄比亚、埃及、刚果（金）和坦桑尼亚，人口总数分别为21854万人、12338万人、11099万人、9901万人和6550万人；吉布提、科摩罗、佛得角、圣多美和普林西比以及塞舌尔为人口总数最少的五个国家，人口总数均未超过120万人（如表1-6所示）。

基于相关数据计算得出，参与共建"一带一路"倡议的非洲国家人口平均数为2735万人，有17个国家人口总数超过平均值；此外，约40%的国家人口总数不足1000万人。在前文提到的人口最少的五个参与共建"一带一路"倡议的非洲国家中，有4个国家为岛国，陆地面积有限，因而人口较少。

结合前文对于参与共建"一带一路"倡议的非洲国家GDP总量的描述和排序不难发现，参与共建"一带一路"倡议的非洲国家GDP总量末五位中有三位也出现在人口数量最少的五个国家中。这反映出相关国家的经济状况不容乐观，但这同样意味着巨大的发展潜力，参与共建"一带一路"倡议能够为其经济社会发展提供便利，未来这些国家可以依托旅游等行业实现快速发展。

表1-6　人口总数排名前五和末五位的参与共建"一带一路"倡议的非洲国家

国家名称	人口总数	国家名称	人口总数
尼日利亚	21854	吉布提	112
埃塞俄比亚	12338	科摩罗	84
埃及	11099	佛得角	59
刚果（金）	9901	圣多美和普林西比	23
坦桑尼亚	6550	塞舌尔	12

注:数据来自联合国人口司、统计司,各国际组织、各国相关人口与统计机构,选取参与共建"一带一路"倡议的非洲国家最新人口总数统计数据(单位:万人)。

（3）参与共建"一带一路"倡议的欧洲国家人口总数情况

在参与共建"一带一路"倡议的欧洲国家中，人口总数最多的国家是俄罗斯，超过1.4亿人，与排名第二的意大利相差近8500万人，这使得俄罗斯成为参与共建"一带一路"倡议的欧洲国家中唯一人口过亿的国家。除俄罗斯和意大利外，人口数量排名前五的国家还有乌克兰、波兰和罗马尼亚；马耳他为参与共建"一带一路"倡议的欧洲国家中人口数量最少的国家，为53万人，黑山、卢森堡、塞浦路斯和爱沙尼亚则位列倒数第二至五位，人口总数均未超过150万人（如表1-7所示）。

表1-7　人口总数排名前五和末五位的参与共建"一带一路"倡议的欧洲国家

国家名称	人口总数	国家名称	人口总数
俄罗斯	14424	爱沙尼亚	135
意大利	5894	塞浦路斯	125
乌克兰	3800	卢森堡	65
波兰	3682	黑山	62
罗马尼亚	1905	马耳他	53

注:数据来自联合国人口司、统计司,各国际组织、各国相关人口与统计机构,选取参与共建"一带一路"倡议的欧洲国家最新人口总数统计数据(单位:万人)。

基于相关数据计算得出，参与共建"一带一路"倡议的欧洲国家的平均人口数为1484万人，27个国家中仅有排名前五的国家人口总数超过平均值，其余22个国家人口总数均未超过平均值。此外，人口总数超过1000万人的国家只有8个，接近一半的参与共建"一带一路"倡议的欧洲国家人口总数不足500万人，整体人口数量偏少。

（4）参与共建"一带一路"倡议的南美洲国家人口总数情况

在参与共建"一带一路"倡议的南美洲国家中，人口总数最多的国家是阿根廷，人口约4623万人；最少的是苏里南，人口仅为62万人。参与共建"一带一路"倡议的南美洲国家人口数量情况，如图1-11所示。

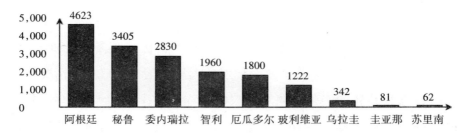

图1-11 参与共建"一带一路"倡议的南美洲国家人口总数情况

注：数据来自联合国人口司、统计司，各国际组织、各国相关人口与统计机构，选取参与共建"一带一路"倡议的南美洲国家最新人口总数统计数据（单位：万人）。

（5）参与共建"一带一路"倡议的北美洲国家人口总数情况

在参与共建"一带一路"倡议的北美洲国家中，人口总数排名前五的国家分别为多米尼加、古巴、洪都拉斯、尼加拉瓜和萨尔瓦多，人口总数分别为1123万人、1121万人、1043万人、695万人和637万人；多米尼克、安提瓜和巴布达、格林纳达、巴巴多斯与特立尼达和多巴哥为人口总数最少的五个国家，均未超过200万人（如图1-12所示）。

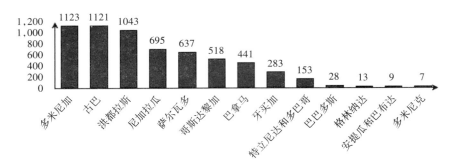

图1-12　参与共建"一带一路"倡议的北美洲国家人口总数情况

注:数据来自联合国人口司、统计司,各国际组织、各国相关人口与统计机构,选取参与共建"一带一路"倡议的北美洲国家最新人口总数统计数据(单位:万人)。

基于相关数据计算得出,参与共建"一带一路"倡议的北美洲国家的平均人口数为1814万人,接近70%的国家人口数超过150万人,仅有多米尼克、安提瓜和巴布达两个国家的人口总数小于10万人,超过1000万人口的国家包括洪都拉斯、古巴以及多米尼加。

(6)参与共建"一带一路"倡议的大洋洲国家人口总数情况

在参与共建"一带一路"倡议的大洋洲国家中,人口总数最高的国家是巴布亚新几内亚,人数为1014万人;最低的国家是纽埃,人数仅为1700人(如图1-13所示)。

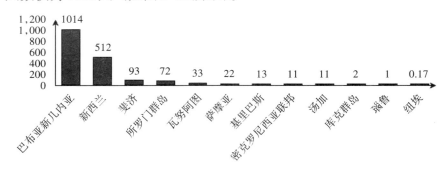

图1-13　参与共建"一带一路"倡议的大洋洲国家人口总数情况

注:数据来自联合国人口司、统计司,各国际组织、各国相关人口与统计机构,选取参与共建"一带一路"倡议的大洋洲国家最新人口总数统计数据(单位:万人);因纽埃和库克群岛两国数据未纳入相关数据库,为保证统计完整性,使用相关部门发布的两国国家概况中的数据进行填补。

基于相关数据计算得出,参与共建"一带一路"倡议的大洋洲国家的平均人口数为149万人,其中仅有巴布亚新几内亚人口超过1000万人,超过80%的国家人口数不足100万人,这与大洋洲以岛屿国家居多的情况相符合。

2."一带一路"共建国家人口增速情况

人口增长率是反映人口发展速度的重要指标,它能够表明人口自然增长的程度和趋势。总体而言,"一带一路"共建国家的平均人口增长率为1.08%,属正增长。

具体而言,"一带一路"共建国家中,非洲国家人口增长率最高,为2.18%;欧洲国家人口增长率最低,为-0.92%;南美洲和北美洲人口增长率均低于1%(如图1-14所示)。

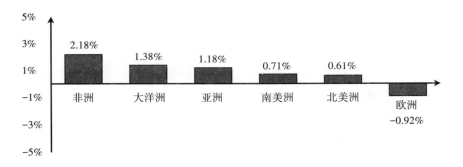

图1-14 "一带一路"共建国家人口增速情况(按大洲统计)

注:数据来自联合国人口司、统计司,各国际组织、各国相关人口与统计机构,选取"一带一路"共建国家最新人口增长率统计数据(单位:亿人);纽埃和库克群岛两国数据缺失。

在所有"一带一路"共建国家中,乌克兰的人口增长率最低且为负值,仅有-14.26%;人口增速最高的国家是尼日尔,高达3.7%;而牙买加的人口增速接近于0。

结合"一带一路"共建国家收入情况可知,以低收入和中等收入国家为主的非洲国家有较高的生育意愿,因而人口增长率较高;以高收入国家为主的欧洲国家生育意愿较低,导致人口增长缓慢且已进入人口"负增长"阶段。

3. "一带一路"共建国家人口密度情况

人口密度指单位土地面积上的人口数量，是衡量人口分布状况的重要指标。总体上，"一带一路"共建国家平均人口密度超过每平方千米100人，说明"一带一路"共建国家大体上均属于人口密集区。

具体而言，"一带一路"共建国家中，亚洲国家的人口密度最高。需要注意的是，人口密度最高的五个国家中，亚洲国家占据四个席位，位居第一的新加坡，人口密度高达每平方千米7595人，远超排名第二的巴林；北美洲、欧洲国家分列第二和第三；南美洲国家的人口密度最低，仅为每平方千米23.52人（如图1-15所示）。此外，值得注意的是，蒙古国虽然属于亚洲，但却是共建国家中人口密度最小的国家，平均每平方千米只有2.15人。

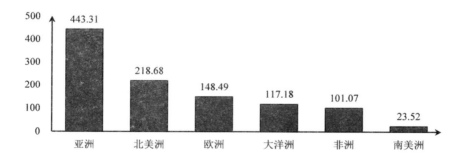

图1-15 "一带一路"共建国家人口密度情况（按大洲统计）

注：数据来自世界银行，选取"一带一路"共建国家最新人口密度统计数据（单位：人/平方千米）；因纽埃和库克群岛两国数据未纳入相关数据库，为保证统计完整性，使用相关部门发布的两国国家概况中的数据进行简单测算。

4. "一带一路"共建国家城镇化情况

城镇化是指农村人口转化为城镇人口的过程，是各国实现现代化和工业化的必然阶段。城镇化率是反映城镇化水平的重要指标，用于衡量城镇化发展水平，通过计算一个国家或地区城镇人口占总人口的比重得到。

结合联合国人口司和世界银行的有关数据进行分析发现，目前"一带一路"共建国家的平均城镇化率为56.98%，意味着超过一半的"一带一路"共建国家人口居住在城镇中。按所属大洲进行划分，参与共建"一带一路"倡议的南美洲国家的平均城镇化率最高，达到74.64%；而大洋洲国家的平均城镇化率最低，不到50%（如图1-16所示）。其中值得关注的是，在参与共建"一带一路"倡议的国家中，以高收入为主的欧洲国家，平均城镇化率却低于南美洲国家，位居次席。究其原因，可以结合收入水平进行分析，在参与共建"一带一路"倡议国家中，南美洲国家主要由中等收入，特别是中等偏上收入国家组成，这些国家大部分在20世纪下半叶就已经达到中等收入水平，工业化进程导致大量的农村人口涌入城市，城镇化率快速上升。但后期由于受到宏观政策、发展模式变化和科技创新发展瓶颈等一系列因素的影响，这些国家出现经济低迷、收入下降、社会矛盾显现等情况，"过度城市化"问题严重，大量人口聚集在城市的贫民窟中，呈现国家城镇化率高，但经济发展停滞的现象。

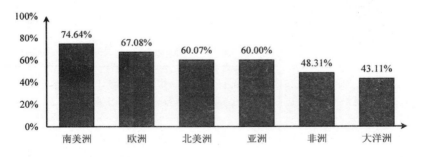

图1-16 "一带一路"共建国家城镇化情况（按大洲统计）

注：数据来自联合国人口司、世界银行，选取"一带一路"共建国家最新人口城镇化率统计数据；纽埃和库克群岛两国数据缺失。

进一步按照"一带一路"共建国家的城镇化率进行排序分析发现，新加坡、科威特和瑙鲁的城镇化率达到100%水平；而巴布亚新几内亚、布隆迪、尼日尔等非洲和大洋洲国家的城镇化率不及20%，两级差异巨大。结合收入水平进行分析,城镇化率排名前十的"一带一路"共建国家均为中等或高收入国家,其中中等偏上和高收入国家占90%;而排名末十位的共建国家则主要是中等偏下和低收入国家。从收入水平的角度看,"一带一路"共建国家城镇化率基本情况与收入水平基本保持一致(如表1-8所示)。

表1-8 城镇化率排名前十和末十位的"一带一路"共建国家

国家名称	城镇化率	收入水平	国家名称	城镇化率	收入水平
瑙鲁	100%	中等偏上	埃塞俄比亚	22.66%	低收入
新加坡	100%	高收入	尼泊尔	21.45%	中等偏下
科威特	100%	高收入	南苏丹	20.85%	低收入
卡塔尔	99.32%	高收入	斯里兰卡	19.03%	中等偏下
乌拉圭	95.69%	高收入	马拉维	17.98%	低收入
马耳他	94.88%	高收入	卢旺达	17.72%	低收入
阿根廷	92.35%	中等偏上	萨摩亚	17.62%	中等偏下
卢森堡	91.88%	高收入	尼日尔	16.89%	低收入
约旦	91.83%	中等偏下	布隆迪	14.42%	低收入
加蓬	90.74%	中等偏上	巴布亚新几内亚	13.58%	中等偏下

注:数据来自联合国人口司、世界银行,选取"一带一路"共建国家最新人口城镇化率统计数据;纽埃和库克群岛两国数据缺失。

5. "一带一路"共建国家人口老龄化水平与赡养压力情况

人口老龄化水平反映因人口生育率降低、人均寿命延长导致的总人口中年长人口比例增多而年轻人口比例下降的动态趋势情况。国际上通常将一个国家或地区60岁以上老年人口占总人口数的比例超过10%,或65岁以上老年人口占总人口数的比例超过7%时,称为老龄化社会。

结合世界银行发布的各国65岁及以上老年人口数、在总人口中的占比以及老年人口抚养比数据进行分析发现，整体上，"一带一路"共建国家平均65岁及以上老年人口数占比为8.15%，已经超过7%的标准线，意味着大多数"一带一路"共建国家可能即将或已经进入老龄化社会。在"一带一路"共建国家中，欧洲国家65岁及以上老年人口比最高，已经达到19.04%，其中意大利65岁以上老年人口比为24.05%，为所有共建国家中最高；非洲国家65岁及以上老年人口比最低，仅为3.58%。

此外，分析发现参与共建"一带一路"倡议的亚洲、非洲与大洋洲国家65岁及以上老年人口比低于7%，说明属于以上大洲的共建国家总体上还未进入老龄化社会；而参与共建"一带一路"倡议的南美洲、北美洲及欧洲国家65岁及以上老年人口比均超过7%，所属这些大洲的共建国家总体上已经步入老龄化社会（如图1-17所示）。

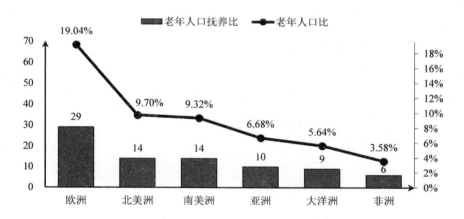

图1-17　"一带一路"共建国家老年人口比及老年人口抚养比情况（按大洲统计）

注：数据来自联合国人口司、世界银行，选取"一带一路"共建国家最新老年人口占比和老年人口抚养比统计数据（老年人口抚养比单位：人/100名劳动力年龄人口）；纽埃和库克群岛两国数据缺失。

同样，当一个国家进入老龄化时，劳动力人口需要承担更多对老年人口的赡养压力，这体现在老年人口抚养比或抚养系数上。这里所谈的老年人口抚养比是指一个国家中65岁及以上的被抚养老年人口在每一百名劳动力年龄人口中所占的比例。结合数据，整体而言，"一带一路"共建国家平均老年人口抚养比接近13∶100。如图1-17所示，参与共建"一带一路"倡议的欧洲国家老年人口抚养比最高，意味着每一百名劳动力年龄人口，需要赡养29位老人；北美洲和南美洲国家老年人口抚养比基本持平，为每一百名劳动力年龄人口，需要赡养14位老人；而非洲国家的老年人口抚养比最低，仅为6∶100，对于非洲国家的劳动人口而言，赡养老年人的压力并不大。

1.2.4 "一带一路"共建国家资源与环境概况

1. "一带一路"共建国家国土面积和森林面积占比情况

"一带一路"共建国家国土总面积合计约8727.03万平方千米，平均森林面积占比约为31%，这意味着接近三分之一的"一带一路"共建国家国土面积被森林覆盖。具体而言，参与共建"一带一路"倡议的非洲国家的国土总面积最大，超过3000万平方千米；相反，参与共建"一带一路"倡议的北美洲国家的国土总面积最小，仅为66.51万平方千米（如图1-18所示）。

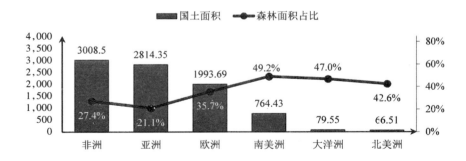

图1-18 "一带一路"共建国家国土面积和森林面积占比情况（按大洲统计）

注：数据来自联合国粮农组织、世界银行，选取"一带一路"共建国家最新森林面积占比统计数据（国土面积单位：万平方千米）；纽埃和库克群岛两国森林面积占比数据缺失。

综合"一带一路"共建国家国土面积和森林面积占比情况进行分析发现，其中国土总面积越大的国家，森林面积占比却较低。考虑气候等相关因素可知，产生此类现象的原因是非洲以及亚洲西部等地区有大面积的沙漠，植被覆盖率较低，虽然国土总面积较大，但森林面积占比却很小；而北美洲、南美洲及大洋洲的情况则刚好相反，虽然国土总面积不大，但森林面积占比均超过40%（如图1-18所示）。在热带雨林和海洋性气候的影响下，所属这些大洲的共建国家拥有更高的森林覆盖率，森林资源相对更为丰富。

（1）参与共建"一带一路"倡议的非洲国家国土面积和森林面积占比情况

根据相关数据，参与共建"一带一路"倡议的非洲国家中国土面积最大的是阿尔及利亚，面积最小的是塞舌尔，前者的国土面积约为后者的4800倍。除阿尔及利亚外，国土面积排名前五的国家还有刚果（金）、苏丹、利比亚和乍得，国土面积均在120万平方千米以上。总体而言，约60%的参与共建"一带一路"倡议的非洲国家的国土面积未超过100万平方千米，国土面积最小的四个国家均未达到1万平方千米（如表1-9所示）。

森林覆盖率方面，整体而言，参与共建"一带一路"倡议的非洲国家森林面积占比低于50%。其中，森林面积占比最高的国家为加蓬，因位于赤道附近，森林面积占比高达91.3%；而位于非洲北部的埃及沙漠广布，森林面积占比在参与共建"一带一路"倡议的非洲国家中最低，不到其国土面积的0.1%（如表1-9所示）。

表1-9 参与共建"一带一路"倡议的非洲国家国土面积和森林面积占比情况

国家名称	国土面积	森林面积	国家名称	国土面积	森林面积	国家名称	国土面积	森林面积
阿尔及利亚	238.18	0.8%	索马里	63.77	9.4%	马拉维	11.85	23.3%
刚果（金）	234.49	55.2%	中非	62.3	35.8%	贝宁	11.48	27.4%

续表1-9

国家名称	国土面积	森林面积	国家名称	国土面积	森林面积	国家名称	国土面积	森林面积
苏丹	187.8	9.7%	马达加斯加	58.73	21.3%	利比里亚	11.14	78.8%
利比亚	175.95	0.1%	博茨瓦纳	58.17	26.7%	塞拉利昂	7.23	34.8%
乍得	128.4	3.3%	肯尼亚	58.04	6.3%	多哥	5.68	22.2%
尼日尔	126.7	0.8%	喀麦隆	47.54	42.9%	几内亚比绍	3.61	70.1%
安哥拉	124.67	53%	摩洛哥	44.66	12.9%	莱索托	3.04	1.1%
马里	124.02	10.9%	津巴布韦	39.08	45%	赤道几内亚	2.81	87%
南非	121.91	14%	刚果(布)	34.2	64.2%	布隆迪	2.78	10.9%
埃塞俄比亚	113.62	15.1%	科特迪瓦	32.25	8.6%	卢旺达	2.63	11.2%
毛里塔尼亚	103.07	0.3%	布基纳法索	27.42	22.5%	吉布提	2.32	0.2%
埃及	100.15	0.05%	加蓬	26.77	91.3%	冈比亚	1.13	23.4%
坦桑尼亚	94.73	51.1%	几内亚	24.59	25%	佛得角	0.4	11.4%
尼日利亚	92.38	23.6%	乌干达	24.16	11.5%	科摩罗	0.19	17.5%
纳米比亚	82.43	8%	加纳	23.85	35.1%	圣多美和普林西比	0.1	53.4%
莫桑比克	79.94	46.4%	塞内加尔	19.67	41.7%			
赞比亚	75.26	60%	突尼斯	16.36	4.5%	塞舌尔	0.05	73.3%
南苏丹	64.69	11.3%	厄立特里亚	12.16	8.7%			

注:数据来自联合国粮农组织、世界银行,选取参与共建"一带一路"倡议的非洲国家最新森林面积占比统计数据(国土面积单位:万平方千米)。

（2）参与共建"一带一路"倡议的欧洲国家国土面积和森林面积占比情况

参与共建"一带一路"倡议的欧洲国家中国土面积最大的是俄罗斯,面积最小的是马耳他,马耳他的面积约为俄罗斯的五万分之一。同时,俄罗斯也是所有参与共建"一带一路"倡议的欧洲国家中唯一国土面积超过1000万平方千米的国家,排在第二位的乌克兰仅有60.36万平方千米的国土面积。总体而言，绝大多数参与共建"一带一路"倡议的欧洲国家的国土面积均未超过20万平方千米，国土面积最小的三个国家均未达到1万平方千米（如表1-10所示）。

森林覆盖率方面，参与共建"一带一路"倡议的欧洲国家森林面积占比相对较高。其中，森林面积占比最高的国家为黑山，接近61.5%。在参与共建"一带一路"倡议的欧洲国家中，有近80%的国家拥有30%及以上的森林覆盖率，优于参与共建"一带一路"倡议的亚洲和非洲国家，但仍低于参与共建"一带一路"倡议的南美洲和大洋洲国家（如表1-10所示）。

表1-10 参与共建"一带一路"倡议的欧洲国家国土面积和森林面积占比情况

国家名称	国土面积	森林面积	国家名称	国土面积	森林面积	国家名称	国土面积	森林面积
俄罗斯	1709.83	49.8%	葡萄牙	9.22	36.2%	爱沙尼亚	4.53	57%
乌克兰	60.36	16.7%	克罗地亚	8.81	34.7%	摩尔多瓦	3.39	11.7%
波兰	31.27	31%	塞尔维亚	8.5	32.4%	阿尔巴尼亚	2.88	28.8%
意大利	30.21	32.5%	奥地利	8.39	47.3%	北马其顿	2.57	39.7%
罗马尼亚	23.84	30.1%	捷克	7.89	34.7%	斯洛文尼亚	2.05	61.4%
白俄罗斯	20.76	43.3%	立陶宛	6.53	35.2%	黑山	1.38	61.5%
希腊	13.2	30.3%	拉脱维亚	6.46	54.9%	塞浦路斯	0.93	18.7%
保加利亚	11.1	36%	波黑	5.12	42.7%	卢森堡	0.26	34.5%
匈牙利	9.3	22.5%	斯洛伐克	4.9	40.1%	马耳他	0.03	1.4%

注：数据来自联合国粮农组织、世界银行，选取参与共建"一带一路"倡议的欧洲国家最新森林面积占比统计数据（国土面积单位：万平方千米）。

（3）参与共建"一带一路"倡议的亚洲国家国土面积和森林面积占比情况

根据相关数据，包括中国在内的参与共建"一带一路"倡议的亚洲国家中，国土面积最大的是中国，面积最小的是马尔代夫，国土面积仅为中国的0.003%。除中国外，国土面积排在前列的国家还有哈萨克斯坦、沙特阿拉伯、印度尼西亚和伊朗。总体而言，绝大多数参与共建"一带一路"倡议的亚洲国家的国土面积未超过100万平方千米，国土面积最小的五个国家均未达到1万平方千米（如表1-11所示）。

森林覆盖率方面，整体而言，参与共建"一带一路"倡议的亚洲国家森林面积占比低于40%。其中，森林面积占比最高的国家为文莱，受热带气候和海洋影响，森林面积占比接近72.1%；而位于西亚的众多国家，如阿曼、科威特、沙特阿拉伯和巴林等国，森林面积占比不到其国土面积的1%（如表1-11所示）。

表1-11　参与共建"一带一路"倡议的亚洲国家国土面积和森林面积占比情况

国家名称	国土面积	森林面积	国家名称	国土面积	森林面积	国家名称	国土面积	森林面积
中国	960	24%	伊拉克	43.51	1.9%	约旦	8.93	1.1%
哈萨克斯坦	272.49	1.2%	越南	33.13	47%	阿塞拜疆	8.66	13.8%
沙特阿拉伯	214.97	0.5%	马来西亚	33.04	58%	格鲁吉亚	6.97	40.6%
印度尼西亚	191.69	48.4%	阿曼	30.95	0.01%	斯里兰卡	6.56	34.1%
伊朗	174.52	6.6%	菲律宾	30	24.2%	亚美尼亚	2.97	11.5%
蒙古国	156.41	9.1%	老挝	23.68	71.8%	科威特	1.78	0.4%
巴基斯坦	79.61	4.8%	吉尔吉斯斯坦	19.99	7%	东帝汶	1.49	61.8%
土耳其	78.54	29.1%	叙利亚	18.52	2.8%	卡塔尔	1.15	–
缅甸	67.66	43.3%	柬埔寨	18.10	44.8%	黎巴嫩	1.05	14.1%
阿富汗	65.29	1.9%	孟加拉国	14.76	14.5%	巴勒斯坦	0.6	1.7%
也门	52.80	1%	尼泊尔	14.72	41.6%	文莱	0.58	72.1%
泰国	51.31	38.8%	塔吉克斯坦	14.14	3.1%	巴林	0.08	0.9%

国家名称	国土面积	森林面积	国家名称	国土面积	森林面积	国家名称	国土面积	森林面积
土库曼斯坦	48.81	8.8%	韩国	10.04	64.3%	新加坡	0.07	21.4%
乌兹别克斯坦	44.89	8.4%	阿联酋	9.86	4.7%	马尔代夫	0.03	2.7%

注:数据来自联合国粮农组织、世界银行,选取参与共建"一带一路"倡议的亚洲国家国最新森林面积占比统计数据(国土面积单位:万平方千米);卡塔尔森林面积占比数据缺失。

(4)参与共建"一带一路"倡议的南美洲国家国土面积和森林面积占比情况

参与共建"一带一路"倡议的南美洲国家的国土面积相对平均,面积最大的阿根廷仅是面积最小的苏里南的17倍,且苏里南的面积也超过16万平方千米,与其他大洲的共建国家略有不同(如表1-12所示)。

此外,参与共建"一带一路"倡议的南美洲国家的森林面积占比也是其他共建大洲国家中最高的,有近70%的国家森林覆盖率超过50%,森林资源较为丰富。值得一提的是,参与共建"一带一路"倡议的南美洲国家中,圭亚那和苏里南的森林面积占比都超过90%,意味着这两个国家几乎全境被森林覆盖(如表1-12所示)。

表1-12 参与共建"一带一路"倡议的南美洲国家国土面积和森林面积占比情况

国家名称	国土面积	森林面积	国家名称	国土面积	森林面积	国家名称	国土面积	森林面积
阿根廷	278.04	10.4%	委内瑞拉	91.21	52.3%	圭亚那	21.5	93.5%
秘鲁	128.52	56.4%	智利	75.67	24.7%	乌拉圭	17.62	11.7%
玻利维亚	109.86	46.7%	厄瓜多尔	25.64	50.1%	苏里南	16.38	97.3%

注:数据来自联合国粮农组织、世界银行,选取参与共建"一带一路"倡议的南美洲国家最新森林面积占比统计数据(国土面积单位:万平方千米)。

（5）参与共建"一带一路"倡议的北美洲国家国土面积和森林面积占比情况

相较于参与共建"一带一路"倡议的亚洲、非洲和欧洲国家，参与共建"一带一路"倡议的北美洲国家的国土面积则要小很多。国土面积最大的多米尼加也只有14.68万平方千米，而包括特立尼达和多巴哥、多米尼克、安提瓜和巴布达、巴巴多斯以及格林纳达等国的面积则不到1万平方千米（如表1-13所示）。

与国土面积较小形成鲜明对比，参与共建"一带一路"倡议的北美洲国家的森林面积占比却相对较高，森林覆盖面积占比超过30%的国家，占比近70%，这一数字略低于参与共建"一带一路"倡议的欧洲国家（如表1-13所示）。

表1-13 参与共建"一带一路"倡议的北美洲国家国土面积和森林面积占比情况

国家名称	国土面积	森林面积	国家名称	国土面积	森林面积	国家名称	国土面积	森林面积
多米尼加	14.68	45.3%	哥斯达黎加	5.11	59.8%	多米尼克	0.08	63.8%
尼加拉瓜	13.04	27.5%	萨尔瓦多	2.1	28%	安提瓜和巴布达	0.04	18.3%
洪都拉斯	11.25	56.6%	牙买加	1.1	55.5%			
古巴	10.99	31.2%	特立尼达和多巴哥	0.51	44.4%	巴巴多斯	0.04	14.7%
巴拿马	7.53	56.7%				格林纳达	0.03	52.1%

注：数据来自联合国粮农组织、世界银行，选取参与共建"一带一路"倡议的北美洲国家最新森林面积占比统计数据（国土面积单位：万平方千米）。

（6）参与共建"一带一路"倡议的大洋洲国家国土面积和森林面积占比情况

参与共建"一带一路"倡议的大洋洲国家以岛屿国家为主，除巴布亚新几内亚和新西兰外，其他国家的国土面积均未超过3万平方千米，同时有近60%的参与共建"一带一路"倡议的大洋洲国家的国土面积甚至不到1万平方千米。所有参与共建"一带一路"倡议的大洋洲国家中，瑙鲁的国土面积最小，仅为0.002万平方千米，与我国上海市虹口区面积相当（如表1-14所示）。

值得一提的是，参与共建"一带一路"倡议的大洋洲国家国土面积虽小，但受到海洋影响，大多数国家的森林覆盖率超过30%。因瑙鲁、纽埃和库克群岛等国家数据缺失，但根据其所处的环境判断，森林覆盖率应不会过低（如表1-14所示）。

表1-14　参与共建"一带一路"倡议的大洋洲国家国土面积和森林面积占比情况

国家名称	国土面积	森林面积	国家名称	国土面积	森林面积	国家名称	国土面积	森林面积
巴布亚新几内亚	46.28	79.1%	瓦努阿图	1.21	36.3%	密克罗尼西亚联邦	0.07	92.1%
新西兰	26.78	37.6%	萨摩亚	0.28	58%	纽埃	0.03	–
所罗门群岛	2.89	90.1%	基里巴斯	0.08	1.5%	库克群岛	0.02	–
斐济	1.83	62.8%	汤加	0.08	12.4%	瑙鲁	0.002	–

注：数据来自联合国粮农组织、世界银行，选取参与共建"一带一路"倡议的大洋洲国家最新森林面积占比统计数据（国土面积单位：万平方千米）；纽埃、库克群岛和瑙鲁等国森林面积占比数据缺失。

2."一带一路"共建国家水资源总量情况

除土地和森林资源外，水资源也是人类生存、生产所必不可少的核心资源。根据联合国粮农组织和世界银行的相关数据，对"一带一路"共建国家的可再生内陆淡水资源总量按大洲平均值进行计算发现，在"一带一路"共建国家中，南美洲国家的平均淡水资源最为丰富，达5334.56亿立方米；相反，北美洲国家的平均淡水资源相对较少，仅为453.01亿立方米。

此外，结合"一带一路"共建国家人口总数计算得到，除南美洲国家外，其余各大洲国家的平均人均可再生淡水资源均未超过1万立方米，但基本能够满足普通人的用水需求（如图1-19所示）。

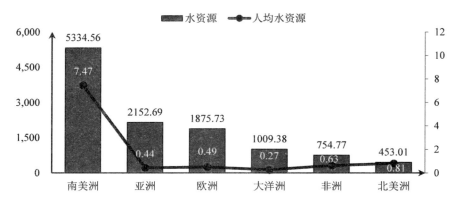

图1-19 "一带一路"共建国家水资源情况（按大洲统计）

注：数据来自联合国粮农组织、世界银行，选取"一带一路"共建国家最新可再生内陆淡水资源总量和人均水资源统计数据（水资源单位：亿立方米，人均水资源单位：万立方米）；科威特、塞舌尔、黑山、基里巴斯、库克群岛、密克罗尼西亚联邦、纽埃、萨摩亚和汤加等国数据缺失。

3. "一带一路"共建国家环境质量情况

近年来，大气污染成为各国环境保护和监测关注的主要话题。经过对"一带一路"共建国家PM2.5浓度数据进行分析发现（如图1-20所示），非洲国家的年平均PM2.5浓度高达每立方米41.23微克，远远超过世界卫生组织（WHO）提供的年均每立方米35微克的浓度限值，这意味着生活在非洲国家的大多数民众患病的概率较高。除此之外，参与共建"一带一路"倡议的亚洲国家的年平均PM2.5浓度也接近每立方米35微克的阈值，需要提高对空气污染的防治意识。除参与共建"一带一路"倡议的非洲和亚洲国家外，参与共建"一带一路"倡议的南美洲、北美洲、欧洲和大洋洲国家的年平均PM2.5浓度远低于每立方米35微克，所面临的空气污染压力并不大，但仍需重视。

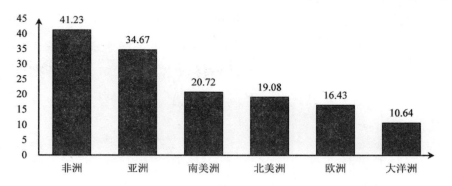

图 1-20 "一带一路"共建国家环境质量情况(按大洲统计)

注：数据来自世界银行，选取"一带一路"共建国家最新PM2.5浓度统计数据（PM2.5浓度单位：微克/立方米）；库克群岛和纽埃两国数据缺失。

第二章　价值观简介

　　"一带一路"建设，倡导不同民族、不同文化要"交而通"，而不是"交而恶"，彼此要多拆墙、少筑墙，把对话当作"黄金法则"用起来，大家一起做有来有往的邻居。

　　　　　　　——习近平2016年1月21日在阿拉伯国家联盟总部的演讲

　　千年来，古代丝绸之路使东西方文明相连，不仅促进了各国文化交流与繁荣发展，而且积淀了以和平合作、开放包容、互学互鉴、互利共赢为核心的丝路精神；十年来，共建"一带一路"倡议为世界各国的交流与发展提供开放合作平台，既传承和弘扬了丝路精神，又注入了新的时代内涵。

　　共建"一带一路"倡议已经成为共建国家居民进行文化交流的桥梁与纽带，参与共建"一带一路"倡议的国家来自世界六大洲，独有的历史与文化底蕴深刻影响着各国居民的价值观念和行为方式，这意味着对共建国家居民价值观进行认识和了解极为必要。

　　作为本书主要内容的指引，本章基本内容如下：（1）简要介绍价值观的定义与研究历程，包括不同时期学者们对于价值观的界定以及中西方学者们在价值观领域的研究历程；（2）从价值观的分类与测量两个部分对价值观所包含的具体内容进行探讨和分析，并在末尾的部分展示本书主要内容的框架。

　　通过阅读本章，读者能够较为清晰地理解价值观的基本含义、具体内容与测量方法，并对本书的基本框架有所熟悉。

2.1 价值观定义与研究历程简述

本节将首先介绍价值观的基本定义，特别是不同时期的学者赋予价值观的基本内涵，然后从西方和中国两个角度对价值观的研究历程进行简要阐述。

2.1.1 价值观定义

价值观及其相关问题是哲学、伦理学、社会学和社会心理学等学科关注的主要研究对象之一[①]。西方对价值观的研究早于中国[②]，价值观的英文单词"value"来自拉丁语"valere"，最初的含义指事物的客观经济价值或价格，后来又被定义为"某物有用或值得尊重的程度"。

伴随社会发展，"value"一词被赋予认知和观念层面的含义，即对人而言，什么事物是"值得的"。在此基础上，学界对价值观的探索逐步深入，并就价值观的定义达成基本共识。有学者将价值观定义为一种外显的或内隐的，有关什么是"值得的"看法，它是个人或群体的特征，影响人们对行为方式、手段和目的的选择，并提出价值取向（value orientation）的概念[③]。

而后，大多数学者都从观念、信念和观点的角度出发，对价值观进行定义，他们普遍认为价值观是能够影响和控制人们行为选择的心

[①] 杨宜音：《社会心理领域的价值观研究述要》，《中国社会科学》1998年第2期，第82–93页。

[②] 尤国珍：《近年来国内外价值观问题研究述评》，《四川大学学报（哲学社会科学版）》2011年第6期，第27–31页。

[③] Talcott Parsons and Edward Shils, *Toward a General Theory of Action*（New York：Routledge，2001），pp.3–29.

理建构或信念系统，同时也是人们对于目的和实践进行评价的观点①。

2.1.2 价值观的研究历程简述

1.西方价值观研究历程简述

前文提到，价值观英文单词"value"在早期意为价值，这种价值更多体现在经济层面。西方的哲学和经济学家最早开始对价值进行研究和讨论，并丰富和发展了价值理论（value theory），包括亚里士多德（Aristotle）、亚当·斯密（Adam Smith）、大卫·李嘉图（David Ricardo）和卡尔·马克思（Karl Marx）等学者和思想家都曾对价值相关问题进行过深入研究。

基于经济学上对于价值的探讨，20世纪初，有学者将"value"引入社会学和心理学范畴，并提出价值观的概念。1931年，美国心理学家奥尔波特（G. W. Allport）与英国心理学家弗农（P.E. Vernon）共同撰写并出版《一项价值观的研究》，开启了社会心理学界对价值观的研究与讨论。

伴随着研究的不断深入，学者们逐渐从强调客观价值的经济学思维中脱离出来，将价值观的重点放在以人为中心的主观现象上②，并于20世纪中期形成了对价值观较为普遍和一致性的定义，即作为一种能够影响人们行为选择的信念③；除形成统一的定义外，学者们还发现，价值观不仅是一种个体特征，而且还是一种群体社会特征④。

半个多世纪以来，西方学者们围绕价值观的定义、分类与测量等内容进行系统性的研究与讨论，形成了一系列研究成果与结论，

---

① 于光远：《社会主义建设与生活方式、价值观和人的成长》，《中国社会科学》1981年第4期，第3-12页。

② Talcott Parsons, *The Social System*(London: Routledge, 2013), p. 7.

③ Talcott Parsons and Edward Shils, *Toward a General Theory of Action*(New York : Routledge, 2001), pp. 159–189.

④ Milton Rokeach, A Theory of Organization and Change Within Value–Attitude Systems, *Journal of Social Issues* 24, No. 1(1968): 13–33.

对中国价值观相关研究产生较大的影响。

2.中国价值观研究历程简述

相较于西方，中国价值观研究起步相对较晚。20世纪80年代开始，逐渐有哲学和社会学领域的学者在马克思主义哲学和伦理学的基础上，研究和探讨价值观的相关问题[1]。

早期的国内学者们大多从马克思主义哲学关于价值的观点出发，将价值观定义为人们对各种人生目的和社会实践（包括生活方式和行为）进行认识和评价时所持的观点，并指出评价是价值观的核心问题[2]。除在哲学或伦理学领域对价值观进行探讨外，部分学者开始关注当代中国青年的价值观[3]和教育价值观[4]等一系列问题。

20世纪90年代以来，国内有关价值观的研究越来越丰富，并逐渐扩展到心理学、社会学以及管理学等领域，企业（组织文化）价值观[5]、婚姻价值观[6]、职业与工作价值观[7]、科学价值观[8]等一系列更为具体的概念得到深入的研究和探讨。

2.2 价值观分类与测量

本节将介绍价值观的分类与测量等相关内容。首先，对西方和中国学者关于价值观的分类方法进行较为简要的阐述；然后，对价

---

① 周国平：《马克思主义哲学和价值观》，《国内哲学动态》1982年第8期，第20–23页。

② 丁文：《价值与价值观试析》，《青年研究》1983年第3期，第1–9页。

③ 楼静波：《当代青年的职业价值观》，《青年研究》1990年第Z1期，第22–28页。

④ 顾明远：《论教育的传统与变革》，《中国社会科学》1987年第4期，第123–138页。

⑤ 高中华、吴春波、李超平：《100家中国500强企业价值观导向实证研究》，《管理学报》2011年第12期，第1748–1754页。

⑥ 邝海春：《当代青年婚姻与性价值观的嬗变——对广西405名青年的问卷调查》，《青年探索》1992年第5期，第6–12页。

⑦ 侯烜方、李燕萍、涂乙冬：《新生代工作价值观结构、测量及对绩效影响》，《心理学报》2014年第6期，第823–840页。

⑧ 李建军：《影响中国近代科学发展的科学价值观》，《自然辩证法通讯》2000年第6期，第56–63页。

值观较为传统的测量方法与相关调查量表进行介绍；最后，对本书的主要内容与基本框架做了相应说明。

2.2.1 价值观分类

1. 西方学者对于价值观的分类

对于价值观进行定义固然是重要的，在此基础上，学者们开始重视对价值观分类的探讨。在近百年来的研究历程中，学界涌现出多种经典且具有深远影响的价值观分类方法，下面将根据时间先后进行介绍：

早在价值观定义得到普遍认同之前，就有学者根据价值观的组成要素，将价值观分为认知的、道德的、经济的、政治的、审美的和宗教的共六种类型。

20世纪50年代，奥尔波特与弗农等在总结前人研究的基础上，将价值观分为经济的、理论的、审美的、社会性的、政治的和宗教的六类，并开发出相应的量表。

20世纪70年代，米尔顿·罗克奇（Milton Rokeach）从个体深层的信仰观念和表层的行为选择出发，将价值观区分为终极性（terminal）与工具性（instrumental）两种，其中包括18项具体价值观（如表2-1所示）。同时，罗克奇也根据价值观的分类开发出相应的调查量表，并得到各领域学者们的广泛使用[1]。

表2-1　罗克奇提出的价值观分类

类别	具体价值观
终极性价值观	舒适的生活、令人振奋的生活、成就感、和平的世界、美丽的世界、平等、家庭安全、自由、幸福、内心和谐、成熟的爱、国家安全、快乐、救世、自尊、社会认同、真正的友情、智慧

---

[1] 黄希庭、张进辅、张蜀林：《我国五城市青少年学生价值观的调查》，《心理学报》1989年第3期，第274—283页。

类别	具体价值观
工具性价值观	有雄心的、思想开发的、有能力的、欢乐的、干净的、勇敢的、宽容的、乐于助人的、诚实的、富有想象力的、独立的、智慧的、有逻辑的、有爱心的、服从的、有礼貌的、负责任的、自律的

进入20世纪80年代，著名荷兰心理学家和管理学家吉尔特·霍夫斯泰德（Geert Hofstede）等学者通过对来自40个国家的11.6万个样本的文化差异和价值观进行调查，根据分析结果，将价值观划分为权力距离（power distance）、不确定性规避（uncertainty avoidance）、集体主义—个人主义（collectivism versus individualism）和阳刚气质—阴柔气质（feminity versus masculinity）四个维度，并在后期补充了长期导向—短期导向（long-term versus short-term orientation）这一维度（如表2-2所示）。霍夫斯泰德对价值观的分类更多体现在国家间的文化差异上，因而在跨文化的研究中经常可以看到相关的研究结论及量表[①]。

表2-2 霍夫斯泰德提出的价值观分类

维度	具体含义
权力距离	在一个国家的机构和组织中,弱势成员对于权力分配不平等的期待和接纳程度
不确定性规避	某种文化中的成员在面对不确定或未知的情况时,感受到威胁的程度
集体主义—个人主义	集体主义指人们从出生起就融入到强大而紧密的内群体当中的社会,这个群体为人们提供终身保护,以换取人们对于该群体的绝对忠诚 个人主义指人与人之间松散联系的社会,人们只照顾自己及其核心家庭

---

① 吉尔特·霍夫斯泰德、格特·扬·霍夫斯泰德:《文化与组织:心理软件的力量(第2版)》,李原、孙健敏译,中国人民大学出版社,2010,第43-253页。

续表2-2

维度	具体含义
阳刚气质—阴柔气质	阳刚气质的社会指当情绪性的性别存在明显不同时,男性被认为是果断的、坚韧的、重视物质成就的;女性被认为是谦虚的、温柔的、重视生活质量的 阴柔气质的社会指当情绪性的性别角色互相重叠时,即男性和女性都被认为应该谦虚、温柔和关注生活质量的
长期导向—短期导向	长期导向意味着培育和鼓励以追求未来回报为导向的品德,尤其是坚韧和节俭 短期导向意味着培育和鼓励关于过去和当前的品德,尤其是尊重传统、维护面子,以及履行社会义务

进入20世纪90年代,价值观研究迎来新的发展,社会心理学家谢洛姆·施瓦茨(Shalom H.Schwartz)等人试图通过对数十个国家的价值观进行分析,以描绘世界范围的价值观地图。研究结果表明,在调查选取的57项价值观动机中,有10项在大多数国家中均存在,施瓦茨据此提出了基本价值观(basic values)。基本价值观包含自我定向、刺激、享乐主义、安全、遵从、传统、成就、权力、慈善和普通性,同时又可以进一步归纳为开放性(openness to change)、保守性(conservation)、自我提高(self-enhancement)和自我超越(self-transcendence)4种高阶价值观类型[1],具体含义如表2-3所示。

表2-3 施瓦茨提出的基本价值观分类

维度	类别	具体含义
开放性	自我定向	思想和行为选择上的独立
	刺激	生活中对多样化、新奇与挑战性的需求
	享乐主义	个体对于满足和快乐的需求

---

① Shalom H. Schwartz, Universals in the Content and Structure of Values: Theoretical Advances and Empirical Tests in 20 Countries, *in Advances in Experimental Social Psychology*, ed. M. P. Zanna (New York: Academic Press, 1992), pp. 1–65.

续表2-3

维度	类别	具体含义
保守性	安全	个人、社会以及关系的安全、和谐与稳定
	遵从	限制有可能伤害他人或违反社会期望的行为
	传统	对自己文化中习俗和观点的尊重、认同与接受
自我提高	成就	依据社会标准,取得个人成功
	权力	获得社会地位和声望,控制或支配资源
自我超越	慈善	维护和提高与自己关系密切的人的福利
	普通性	对于整个人类和大自然的理解、感激、容忍和保护

2.中国学者对于价值观的分类

以往由西方学者提出的经典价值观分类方法已经得到学界大多数研究者的认可并沿用至今,中国学者们在借鉴西方研究结果的基础上,根据文化的独特性,提出了许多贴近中国实际的价值观分类方法和体系。

20世纪80和90年代,国内学者们参考西方流行的价值观分类方法并稍加修改,将价值观分为政治的、道德的、审美的、宗教的、职业的、人际的、婚恋的、自我的、人生的和幸福的等10种具体类型;也有学者依然沿用罗克奇等人提出的工具性和终极性价值观分类,并将工具性价值观分为道德与能力两种具体价值观,将终极性价值观分为个人性和社会性两种具体价值观[1]。

二十多年来,国内的学者们将西方的价值观研究和中国传统价值观相结合,从心理学、教育学、管理学等多方面对价值观进行探讨,形成了一系列研究成果。

---

① 杨宜音:《社会心理领域的价值观研究述要》,《中国社会科学》1998年第2期,第82-93页。

2.2.2　价值观测量

1.SOV（Study of Values）

由奥尔波特、弗农和林德西编制的价值观研究量表（Allport-Veraon-Lindzey Scale）是社会心理学领域最早提出并得到大规模应用的价值观量表。

该量表基于奥尔波特等人提出的价值观分类，成型于20世纪30年代，经过两次修订后，在咨询、教学和研究等领域被广泛使用[①]。量表中设置一系列的行为情境，让个体对具体情境下的行为进行选择。

SOV量表由两个部分组成，共包括45个题项，其中第一部分30个题项，第二部分15个题项。多年来的应用实践表明，SOV量表的得分能够用于包括预测职业选择、价值观变化和群体差异等在内的多个方面；但伴随着实践的发展，量表中的部分题项内容和措辞逐渐变得陈旧与过时，并被使用者抱怨和诟病，SOV量表的年平均引用率一度跌至谷底。

针对SOV量表中存在的各种问题，有学者对原量表中的15个题项进行修改，使得量表更具包容性，并符合当前的社会现状。

2.RVS（Rokeach Values Survey）

罗克奇根据其对价值观的两大分类，于1967年开发出罗克奇价值观调查表（Rokeach Values Survey），是国际上广泛使用的价值观问卷。

该量表基于罗克奇提出的终极性和工具性两大价值观分类，通过展示36种具体价值观（每类共18种）及其简单描述，使被调查者按照所提供具体价值观对自身重要性进行排序，进而测量出不同的

---

① Richard E. Kopelman, Janet L. Rovenpor and Mingwei Guan, "The Study of Values: Construc - tion of the fourth edition," *Journal of Vocational Behavior* 62, No.2(2003): 203–220.

具体价值观对于不同人而言的相对价值和重要性。

3. GMVI（The Goal and Mode Values Inventories）

基于RVS，瓦莱丽·布雷斯韦特（Valerie Braithuaite）等学者于1985年编制出目标和生活方式价值观调查表（The Goal and Mode Values Inventories）。

该量表通过整合、总结和延伸RVS的相关题项和内容，从目标和行为两个方面对人们的价值观进行调查。其中，目标价值观包括个人目标和社会目标，大致与RVS中的终极价值观相对应；而行为价值观则更多体现RVS中的工具价值观内容，主要测量个体的一系列行为选择[1]。

4.SVS（Schwartz Value Survey）

施瓦茨通过对来自不同国家的大样本进行分析，确定了10种不同的价值观动机，并据此开发出施瓦茨价值观量表（Schwartz Value Survey）。

该量表包括4个维度和10种普通价值观，通过让个体对不同的价值观进行重要性评价，以分析个体的价值观差异。SVS与RVS是除VOS外，目前世界上使用最为广泛的价值观调查工具[2]。

5.WVS（World Values Survey）

近年来，除使用前文介绍的经典价值观测量量表外，许多公共组织、社会机构以及部分国家的统计部门为其所在的特定地区居民开发出一系列相应的价值观调查量表，如世界价值观调查（WVS）、欧洲价值观调查（EVS）、亚洲指标调查（Asia Barometer）、非洲指标调查（Afrobarometer）、拉丁美洲指标调查（Latinobarometro）等。其中，大部分调查为地区性的，而世界价值观调查则囊括了世界上大多数国家的样本，范围最大。

---

① Valerie A. Braithwaite and H. G. Law, "Structure of Human Values: Testing the Adequacy of the Rokeach Value Survey," *Journal of Personality and Social Psychology* 49, No.1(1985): 250–263.

② Shalom H. Schwartz, "A Theory of Cultural Value Orientations: Explication and Applications," *Comparative Sociology* 5, No.2–3(2006): 137–182.

　　世界价值观调查（WVS）是目前世界范围内最大的非商业性价值观调查研究计划，最初源于美国密歇根大学罗纳德·英格尔哈特（Ronald Inglehart）教授及其团队于1981年进行的欧洲价值观调查（EVS），随后将调查范围扩展到全球。WVS每五年在全球范围内进行一轮具有代表性的价值观调查，目前已经完成7轮，并已开展第8轮调查（2024—2026年），调查数据和量表题项免费公开，以供大众和学者进行了解与研究。WVS的调查题项内容涉及广泛，涵盖了包括社会学、政治学、国际关系、经济学、公共卫生、人口学、人类学和社会心理学等众多领域的话题。

　　WVS多年来受到世界各国的广泛关注，每年相关数据下载量超过80万条，学术界已有超过3万篇研究成果基于WVS的相关数据，国内也有许多学者基于WVS的数据对居民社会信任感、幸福感、生活满意度等问题进行研究[①]。考虑到"一带一路"共建国家数量众多，范围较广，本书亦使用来自世界价值观调查的部分数据进行分析。

2.2.3　本书框架

　　结合国内外学术界已有对于价值观的具体分类和世界价值观调查（WVS）的题项内容，本书从社会、工作和生活三种价值观类型出发，对部分"一带一路"共建国家居民价值观进行分析（本书框架如图2-1所示）。

　　这样的分类方式主要有两个依据：

　　一方面，本书对价值观的分类借鉴了国内外传统的分类方式，即依据不同的领域和内容，将价值观划分为经济的和社会的等类型。但考虑到越来越多的价值观研究关注个体层面的价值倾向和动机，

---

　　① 孙瑞琛、刘文婧、许燕：《不同出生年代的中国人生活满意度的变化》，《心理科学进展》2010年第7期，第1147-1154页。

本书又将与工作、职业相关的价值观作为单独一类进行具体探讨，以增加对"一带一路"共建国家居民价值观的系统理解。

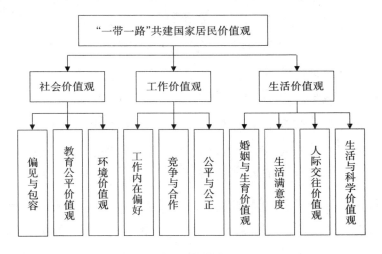

图2-1 本书框架

另一方面，本书对价值观的分类参考了世界价值观调查（WVS）的题项内容。以本书所使用的WVS问卷题项为例，其具体内容涉及包括社会价值观、幸福感与满意度、社会资本与信任、经济价值观、科学技术价值观等在内的多个方面，仅从题项内容而言，部分方面存在一定程度的重叠。同时，考虑到数据不完整或缺失等一系列因素，本书挑选了部分反映居民价值观的内容，最终形成了社会、工作与生活的结构体系。

1.社会价值观

本书第三至五章从偏见与包容、教育公平以及环境三个方面对"一带一路"共建国家居民的社会价值观进行较为深入的分析。

关注"一带一路"共建国家居民对于性别以及具有某些特殊属性或特征的群体的看法和态度，有助于加深对共建国家居民在文化包容上的理解。经济发展水平影响各国的教育发展水平，特别是教育的公平情况，通过分析共建国家居民的教育公平价值观，能够揭示"一带一路"共建国家居民对于教育问题的基本看法。此外，日趋严峻的生态环境问题同样是共建国家居民关注的重点问题之一。本书从共建各国居民对于环境保护的关注度、重要性以及对环境保护与经济发展之间关系的看法等方面出发,分析得出"一带一路"共建国家居民的环保意识以及共建国家在经济与环保问题上,关于何者优先考虑的看法。

2.工作价值观

本书第六至八章从工作内在偏好、竞争与合作以及公平与公正三个方面对"一带一路"共建国家居民的工作价值观进行系统介绍。

"一带一路"共建国家的经济水平和发展速度不一,这意味着共建国家居民对于工作的认知可能存在较大的差异。首先,共建国家居民对于工作本质的偏好有所不同,而即便是居住在相同国家或处于不同年龄段的居民,在成功偏好、风险偏好、创新偏好和工作重要性等方面的看法也不完全一致。

其次,经济发展与日常的企业或组织运转离不开对竞争与合作等相关问题的探讨。共建国家居民对于竞争与合作的看法受到所处国家的文化、社会等因素的影响,同时又会对其自身的工作过程、职业成功产生较为重要的作用。因此,了解共建国家居民对于竞争与合作的态度,对于想要前往相关国家进行投资或从事其他经济活动的人们大有裨益。

在考虑工作偏好和竞争合作动机的同时,职场公平、公正也是反映共建国家居民工作积极性和满意度的重要标志。共建国家居民在从事劳动过程中感受到的收入、机会等方面的公平性,不仅会直接影响其自身对工作的态度,而且还会间接影响其所在国家的职场生态、企业声誉与营商环境。

3.生活价值观

本书九至十二章从婚姻与生育、生活满意度、人际交往以及生活与科学四个方面对"一带一路"共建国家居民的生活价值观进行深入阐述。

　　婚姻与生育价值观是共建国家居民生活观念的重要体现，婚姻状况与人口发展状况有着密切的联系，共建国家居民的婚姻状况与生育意愿对其生产生活有着非常重要的影响。除婚姻与生育价值观外，共建国家居民对于生活的满意度感知也是非常重要的生活价值观话题。"一带一路"共建国家文化多元造就了各国居民截然不同的生活观念，并进一步影响共建国家居民的生活满意度情况。在考虑各国居民个体的生活满意度之外，人与人之间的交往态度和方式，即人际交往的价值观也需要进行探讨，特别是共建国家居民对于信任的看法值得关注。生活离不开科学，在科学技术快速发展的今天，对于科学的倾向和态度能够显著影响个体的生活质量，"一带一路"共建国家居民的科学价值观充分反映其所在国家的科学技术发展水平以及未来的发展潜力。

　　本书通过以上基本分类，从多个视角对"一带一路"共建国家居民的价值观进行分析和探讨，不仅有助于加深读者对"一带一路"共建国家的认识和理解，而且能够为共建"一带一路"倡议提供一定的参考。无论是想加强与"一带一路"共建国家的经济、贸易、文化、旅游、教育等领域的交流合作，还是想加深对"一带一路"共建国家居民的生活习惯、思维方式和认知观念的理解，读者都能从本书中找到可用的信息。

第二篇 "一带一路" 共建国家居民社会价值观

人类社会发展的历史表明,对一个民族、一个国家来说,最持久、最深层的力量是全社会共同认可的核心价值观。核心价值观,承载着一个民族、一个国家的精神追求,体现着一个社会评判是非曲直的价值标准。

——习近平2014年5月4日
在北京大学师生座谈会上的讲话

本篇内容包含三个章节,基于第7轮世界价值观调查数据,从偏见与包容、教育公平以及环境三个方面对"一带一路"共建国家居民的社会价值观进行深入分析。其中,第三章聚焦于"一带一路"共建国家居民在偏见与包容方面的价值观,重点探讨了共建国家居民对性别刻板印象的态度,以及多元文化、移民、同性恋、未婚同居和艾滋病等方面的包容度。同时,也关注了"一带一路"共建国家居民对成瘾行为的容忍程度。第四章聚焦于"一带一路"共建国家居民教育公平价值观,展示了共建国家的教育基本概况,包括公共教育经费支出和居民教育文化程度。随后对"一带一路"共建国家居民受教育机会进行比较,探讨了居民对教育性别公平的看法,并对各国居民关于教育问题的担忧进行了分析。第五章聚焦于"一带一路"共建国家居民环境价值观，介绍了共建国家的资源环境及保护现状，以及居民对环境保护的关注度和对环保组织的看法。通过对这三个章节的综合分析，本篇内容图文并茂地揭示了"一带一路"共建国家居民社会价值观的现状和特点。

第三章　偏见与包容

不同文明、宗教、种族求同存异、开放包容，并肩书写相互尊重的壮丽诗篇，携手绘就共同发展的美好画卷。

——习近平2017年5月14日在"一带一路"
国际合作高峰论坛开幕式上的演讲

　　刻板印象是社会上对某一个群体的特征所作的归纳、概括的总和①。刻板印象是当代社会认知理论研究的重要内容，是一种对陌生的或与自己生活相关性很低的社会人群及事物的简单认知。刻板印象有正向和负向之分，偏见便来自这种刻板印象的负向评价，具体指因为一个人的群体归属，就预先判断其具有某些与该群体相关的不良特质，从而对其产生消极和敌意的态度②。日常生活中，偏见不仅仅是一个如何对待个体的问题，同时也反映对这整个群体所产生的某种并没有充分证据的观念。

　　参与共建"一带一路"倡议的国家来自全球六大洲，这些国家有着独特的文化及特征，久而久之，不同社会影响下的人们对不同文化、群体或现象产生了固定的认知。那些负向的信念在某些时候会被放大，最后演变为不同形态上的偏见，甚至对某些属性或特征

---

　　① James L. Hilton and W. von Hippel, "Stereotypes," *Annual Review of Psychology* 47, No. 1 (1996): 237–271.

　　② 戈登·奥尔波特：《偏见的本质》，徐健吾译，中国人民大学出版社，2021，第47页。

的人群表现出排斥、限制等行为。反之，合理地消解这些负面性，人们也能对这些人群展现积极的一面，即包容。

基于此，本章内容将从三个方面展开：（1）重点讨论共建国家的女性在各个领域中常见的刻板印象，探讨她们在人口统计特征上的群组差异；（2）讨论共建国家居民对不同种族、不同语言、移民或外国工作者、同性恋、未婚同居、艾滋病等特殊群体或社会现象的包容度，以及有分析价值的群组差异；（3）关注药物和酗酒两种危害性较大的成瘾行为，讨论"一带一路"共建国家居民对这些行为的容忍度，及其在人口统计特征上的差异。

3.1 性别刻板印象

性别刻板印象指社会大众对于不同性别的角色、特征和行为的一种固定而概括性的看法，它在社会中的普遍性和广泛性已经被大量的研究和报道所证明。性别刻板印象突出地表现为女性在不同方面上的不平等。

首先是权利不平等，表现为女性在公共领域中的弱参与问题[1]；其次是工作机会不平等，这种对女性的工作偏见通常表现为尽管工作能力相当，但在工作稀缺时，用人单位会优先考虑男性，而非女性；最后是接受高等教育机会的不平等，这种对女性接受高等教育的偏见表现为相较于男性，人们认为接受高等教育对女性更不重要。

性别刻板印象加剧了性别歧视和社会不平等，但讨论不平等现象不是本节的重点，本节更关注于"一带一路"共建国家居民对这些不平等观点的看法，并依此判断各国居民对性别的偏见。

---

① 胡业方：《性别、权力与空间——农村妇女家庭与村庄权力类型研究》，《北京社会科学》2017年第11期，第103–111页。

3.1.1　对女性的政治参与偏见

社会中存在着各种形式的性别偏见，这些偏见被具象化为各种歧视行为，束缚着众多女性的幸福生活、职业发展和自我实现。推动性别公正非常重要，这意味着不论男性还是女性，都可以广泛而实质地享有在政治、经济、社会、文化事务上的权利。为此，需要在男女平等基本原则的前提下，实现不同性别机会的平等，以及权利结果的公正[①]。本节主要关注"一带一路"共建国家居民对性别不平等的看法，其中，政治参与的权利是众多权利之一。本节从"一带一路"共建国家居民对不同性别成为政治领导的看法，来捕捉政治参与中可能存在的性别偏见。

本节选取了世界价值观调查第7轮数据中Q29一题，该项题目为"你认可男性总体而言比女性更适合当政治领袖吗？"其中，1表示"非常同意"，2表示"同意"，3表示"不同意"，4表示"非常不同意"。计算该题均值，均值越小，代表"一带一路"共建国家居民对女性政治参与的偏见程度越大，这在一定程度上反映个体对女性竞争政治领导能力的质疑。

表3-1展现了"一带一路"共建国家居民对女性政治参与的偏见均值。整体上，该项得分均值为2.31，说明各国居民对女性政治参与的偏见程度均较低。中国（2.43）得分均值高于各国总体上的得分均值，说明我国居民在对待女性政治参与的偏见程度较小，在性别平等工作的推进上走在"一带一路"共建国家的前列。这在一定程度上反映了自新中国成立以来，我国妇女权利得到越来越多的重视和认可，性别平等工作取得成效[②]。从均值排名靠前的国家来

---

① 闵冬潮、刘薇薇：《质疑 挑战 反思——从男女平等到性别公正》，《妇女研究论丛》2010年第5期，第5–11页。

② 彭善民、陈晓丽、张易为：《社会治理视域下的基层妇女议事会运作》，《妇女研究论丛》2023年第4期，第44–57页。

看，卡塔尔（1.56）、也门（1.60）、埃及（1.67）、巴基斯坦（1.70）、巴勒斯坦（1.70）等国家的居民对女性的政治参与抱有偏见，这种偏见可能与宗教因素有关。这些国家的居民大部分信奉伊斯兰教，出于历史和文化的原因，一些漠视女性权利的观点和习俗被放大，所以女性的政治参与权利很大程度上被大众忽视[1]。从各大洲来看，"一带一路"共建国家中，南美洲国家（2.80）在该项得分均值最高，即该洲国家的居民对女性政治参与的偏见程度最低，其次是欧洲国家（2.50）和非洲国家（2.22），亚洲国家（2.15）的偏见程度最高。然而，在经济社会的不断发展之下，一些信仰伊斯兰教的国家中妇女的政治参与权利被更多人重视，如土耳其（2.32），虽然整体上得分排名靠后，但得分仍大于均值。

表3-1 "一带一路"共建国家居民对女性政治参与的偏见均值

排序	国家	均值	排序	国家	均值	排序	国家	均值
1	卡塔尔	1.56	22	突尼斯	2.17	43	摩洛哥	2.52
2	也门	1.60	23	乌克兰	2.18	44	蒙古国	2.53
3	埃及	1.67	24	格鲁吉亚	2.25	45	乌拉圭	2.54
4	巴基斯坦	1.70	25	伊朗	2.28	46	黎巴嫩	2.57
5	巴勒斯坦	1.70	26	哈萨克斯坦	2.28	47	埃塞俄比亚	2.58
6	乌兹别克斯坦	1.74	27	菲律宾	2.30	48	波兰	2.64
7	科威特	1.75	28	亚美尼亚	2.30	49	塞尔维亚	2.72
8	利比亚	1.83	29	马来西亚	2.31	50	智利	2.73
9	尼日利亚	1.83	30	土耳其	2.32	51	新加坡	2.73
10	约旦	1.83	31	马尔代夫	2.36	52	玻利维亚	2.75
11	加纳	1.83	32	越南	2.40	53	尼加拉瓜	2.77
12	阿尔及利亚	1.84	33	韩国	2.42	54	希腊	2.80

① 马克林:《伊斯兰教妇女观对西北穆斯林女性的影响》,《宁夏社会科学》2007年第3期,第71-75页。

排序	国家	均值	排序	国家	均值	排序	国家	均值
13	伊拉克	1.87	34	中国	2.43	55	新西兰	2.80
14	吉尔吉斯斯坦	1.90	35	南非	2.44	56	厄瓜多尔	2.81
15	塔吉克斯坦	1.94	36	斯洛伐克	2.44	57	委内瑞拉	2.91
16	缅甸	2.04	37	捷克	2.48	58	秘鲁	2.92
17	孟加拉国	2.08	38	罗马尼亚	2.48	59	特立尼达和多巴哥	2.93
18	阿塞拜疆	2.10	39	津巴布韦	2.49	60	斯洛文尼亚	2.94
19	印度尼西亚	2.11	40	塞浦路斯	2.50	61	阿根廷	2.95
20	俄罗斯	2.13	41	卢旺达	2.50			
21	泰国	2.17	42	肯尼亚	2.51			

注：数据来自WVS-Wave 7，题项Q29，4点量表，题为"你认可男性总体而言比女性更适合当政治领袖吗?"其中，1表示"非常同意"，2表示"同意"，3表示"不同意"，4表示"非常不同意"。计算该题均值，均值越小，代表"一带一路"共建国家居民对女性政治参与的偏见程度越大。

从性别上看，"一带一路"共建国家居民中，男性（2.18）比女性（2.43）对女性政治参与的偏见程度更高，而这种偏见的差异在不同年龄段之间不明显（均值差在0到0.05之间变化），但依然可以看到随着年龄的增长，这种偏见程度逐渐减少。

从受教育程度上看，"一带一路"共建国家居民随着文化水平的提高，对女性政治参与的偏见程度逐渐降低，表现为得分均值不断提高，在博士或等同学力的居民处达到最大（2.68）。没有接受正式教育的居民在该项得分最低（2.03），但整体看来这种偏见程度的极差并不大。

最后，从收入水平来看，"一带一路"共建国家居民对女性政治参与的偏见程度明显不同。随着收入水平的提高，这种偏见程度呈现U型的特征，中等偏下收入国家（2.17）居民的偏见程度最高，高收入国家（2.51）居民的偏见程度最低。考虑到文化水平的差异较为明显，比较不同收入水平下，各学历层次居民对女性政治参与的偏见程度是否存在差异，从图3-1可以看出，随着收入水平的提高，学历层次较高的居民在女性政治参与的偏见程度向低值（更大程度的偏见）趋于平缓。

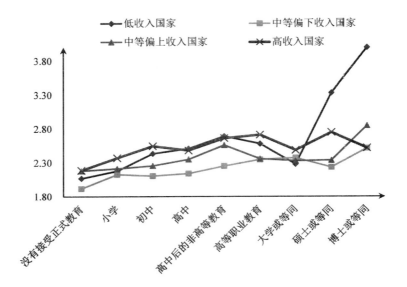

图3-1   "一带一路"共建国家居民女性政治参与偏见均值的性别差异

（按收入水平和受教育程度统计）

注：数据来自WVS-Wave 7，题项Q29，4点量表。

3.1.2   对女性的工作偏见

不同性别在不同领域和岗位上具有各自独特优势，平等的工作机会可以充分发挥各自潜能，最终提高整体工作效率和质量。然而，工作权利的不平等现象在一些国家和地区时常发生，表现为招录机会不平等、晋升天花板等。工作上的性别偏见可能源自社会对性别工作角色的固定预期以及父权制文化的影响。例如，男性常被期望从事领导、决策和技术类主导性工作，而女性则更多被期待在支持、服务和护理等支持性领域发挥作用。

为更好地了解对女性的工作偏见，本节从"一带一路"共建国家居民对工作权利存在性别不公观点的认可程度来判断对女性的工作偏见。具体来看，本节选取了世界价值观调查第 7 轮数据中 Q33 一题，该项题目为"你认可当工作机会稀缺时，男性应该比女性有更多的工作权利吗?"其中，1 表示"同意"，2 表示"中立"，3 表示"不同意"。计算该题均值，均值越小，代表"一带一路"共建国家居民对女性的工作偏见程度越大。

表 3-2 反映了"一带一路"共建国家居民对女性工作偏见的程度。从整体上看，共建国家居民对女性的工作偏见均值为 1.85，这体现出共建国家居民对女性的工作偏见程度较高。具体来看，在该项得分均值排名前五的国家分别是埃及（1.16）、巴基斯坦（1.21）、约旦（1.31）、缅甸（1.33）、伊拉克（1.33），说明这些国家的居民对女性的工作偏见程度更高。相比之下，斯洛文尼亚（2.68）、乌拉圭（2.66）、阿根廷（2.55）、新西兰（2.48）、委内瑞拉（2.44）等国家的得分均值大于 2.00，表明这些国家的居民对女性获取工作机会的偏见更小。从各大洲的得分均值来看，亚洲国家（1.64）和非洲国家（1.84）的居民对女性的工作偏见程度更高，而欧洲国家（2.10）和南美洲国家（2.35）的居民对女性的工作偏见程度较低。

表 3-2 "一带一路"共建国家居民对女性的工作偏见程度的均值

排序	国家	均值	排序	国家	均值	排序	国家	均值
1	埃及	1.16	22	韩国	1.67	43	中国	2.03
2	巴基斯坦	1.21	23	乌兹别克斯坦	1.67	44	希腊	2.06
3	约旦	1.31	24	土耳其	1.68	45	肯尼亚	2.11
4	缅甸	1.33	25	哈萨克斯坦	1.70	46	智利	2.17
5	伊拉克	1.33	26	马来西亚	1.79	47	捷克	2.18

续表3-2

排序	国家	均值	排序	国家	均值	排序	国家	均值
6	阿塞拜疆	1.33	27	摩洛哥	1.80	48	南非	2.19
7	孟加拉国	1.34	28	亚美尼亚	1.80	49	厄瓜多尔	2.21
8	也门	1.37	29	蒙古国	1.80	50	玻利维亚	2.24
9	利比亚	1.42	30	越南	1.82	51	新加坡	2.24
10	印度尼西亚	1.46	31	马尔代夫	1.87	52	波兰	2.29
11	吉尔吉斯斯坦	1.46	32	斯洛伐克	1.90	53	秘鲁	2.30
12	伊朗	1.49	33	俄罗斯	1.91	54	塞尔维亚	2.31
13	菲律宾	1.51	34	塞浦路斯	1.92	55	特立尼达和多巴哥	2.35
14	突尼斯	1.51	35	卢旺达	1.93	56	尼加拉瓜	2.37
15	卡塔尔	1.53	36	乌克兰	1.96	57	委内瑞拉	2.44
16	科威特	1.56	37	泰国	1.97	58	新西兰	2.48
17	巴勒斯坦	1.56	38	加纳	1.97	59	阿根廷	2.55
18	尼日利亚	1.56	39	格鲁吉亚	1.98	60	乌拉圭	2.66
19	阿尔及利亚	1.60	40	罗马尼亚	1.98	61	斯洛文尼亚	2.68
20	塔吉克斯坦	1.61	41	埃塞俄比亚	2.01			
21	黎巴嫩	1.62	42	津巴布韦	2.01			

注:数据来自WVS-Wave 7,题项Q33,3点量表,题为"你认可当工作机会稀缺时,男性应该比女性有更多的工作权利吗?"其中,1表示"同意",2表示"中立",3表示"不同意"。计算该题均值,均值越小,代表"一带一路"共建国家居民对女性的工作偏见程度越大。

从性别来看,"一带一路"共建国家居民中,男性(1.74)比女性(1.96)在对女性的工作偏见程度的得分均值更小,意味着男性对女性的工作偏见程度更大,但同时也发现,女性居民对女性的工作偏见程度也较高。然而，从年龄分布来看，"一带一路"共建国家中不同年龄段的居民对女性的工作偏见程度差异较小（均值差在0到0.9之间），均值介于1.83与1.93之间。

　　从受教育程度来看，"一带一路"共建国家居民的文化水平越高，对女性的工作偏见程度越低（如图3-2所示），而具有本科及以上学历的居民得分均值大于3.00，这体现出教育对个体塑造工作权利平等观念的重要影响。

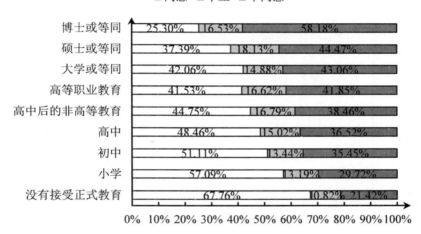

图3-2　"一带一路"共建国家居民对女性的工作偏见程度（按受教育程度统计）

　　注：数据来自WVS-Wave 7，题项Q33，3点量表。

　　从收入水平来看，"一带一路"共建国家居民对女性工作偏见的程度明显不同，高收入国家（2.10）居民更倾向于反对这种性别偏见，随着收入水平的降低，这种性别偏见越明显。尽管在低收入国家（1.81）均值有所回升，但仍低于2.00，这说明经济发展往往与公平的社会观念相辅相成。具体来看，中等偏下收入水平国家的居民对女性的工作偏见程度最高，将近60%的居民认为工作稀缺时，男性应该比女性有更多的工作权利，而高收入国家中47.50%的居民反对这种偏见（如图3-3所示）。

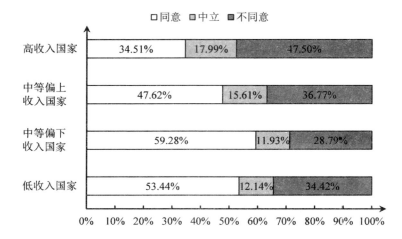

图3-3 "一带一路"共建国家居民对女性的工作偏见程度（按收入水平统计）

注：数据来自WVS-Wave 7，题项Q33，3点量表。

3.1.3 对女性接受高等教育的偏见

除了政治参与和工作参与，社会生活中还存在包括教育机会、家庭角色、外貌等其他的性别偏见。本节将重点放在"一带一路"共建国家居民对女性接受高等教育的偏见上。教育的重要性不言而喻，推动男女平等接受高等教育，可以让女性更好地根据能力和兴趣选择职业，充分发挥女性的潜力和才华，从而打破对女性负面的刻板印象。为此，有必要探究共建国家居民对女性接受高等教育的态度。

本节选取了世界价值观调查第7轮数据中Q30一题，该项题目为"你认可大学教育对男孩比对女孩更重要。"其中，1表示"非常同意"，2表示"同意"，3表示"不同意"，4表示"非常不同意"。计算该题均值，均值越小，代表"一带一路"共建国家居民对女性接受高等教育的偏见程度越大。

表3-3反映了不同共建国家对男女教育平等性的看法。在该项平均得分排名前五的国家分别为：新西兰（3.50）、特立尼达和多巴

哥（3.46）、希腊（3.36）、黎巴嫩（3.33）、塞尔维亚（3.31）。这些
国家的居民在性别平等的价值观上排名前列，体现出居民对性别平
等的重视与支持。而巴基斯坦（2.23）、缅甸（2.38）、吉尔吉斯斯坦
（2.40）、塔吉克斯坦（2.41）、乌兹别克斯坦（2.44）等国家的居民
平均得分较低，表明这些国家的居民对女性接受高等教育存在一定
的偏见。

表3-3　"一带一路"共建国家居民对女性接受高等教育的偏见均值

排序	国家	均值	排序	国家	均值	排序	国家	均值
1	巴基斯坦	2.23	22	泰国	2.81	43	秘鲁	3.07
2	缅甸	2.38	23	卡塔尔	2.81	44	委内瑞拉	3.07
3	吉尔吉斯斯坦	2.40	24	斯洛伐克	2.83	45	新加坡	3.09
4	塔吉克斯坦	2.41	25	尼加拉瓜	2.84	46	亚美尼亚	3.13
5	乌兹别克斯坦	2.44	26	伊拉克	2.84	47	肯尼亚	3.16
6	印度尼西亚	2.49	27	蒙古国	2.86	48	津巴布韦	3.18
7	也门	2.51	28	土耳其	2.88	49	格鲁吉亚	3.19
8	菲律宾	2.51	29	玻利维亚	2.88	50	马尔代夫	3.20
9	伊朗	2.54	30	厄瓜多尔	2.89	51	埃塞俄比亚	3.20
10	孟加拉国	2.57	31	俄罗斯	2.89	52	塞浦路斯	3.22
11	尼日利亚	2.63	32	巴勒斯坦	2.90	53	罗马尼亚	3.23
12	阿尔及利亚	2.65	33	突尼斯	2.90	54	乌拉圭	3.23
13	科威特	2.67	34	乌克兰	2.91	55	斯洛文尼亚	3.24
14	卢旺达	2.73	35	中国	2.92	56	阿根廷	3.25
15	马来西亚	2.74	36	加纳	2.95	57	塞尔维亚	3.31
16	韩国	2.75	37	智利	2.99	58	黎巴嫩	3.33
17	越南	2.75	38	约旦	2.99	59	希腊	3.36

续表3-3

排序	国家	均值	排序	国家	均值	排序	国家	均值
18	阿塞拜疆	2.76	39	埃及	3.00	60	特立尼达和多巴哥	3.46
19	哈萨克斯坦	2.78	40	捷克	3.01	61	新西兰	3.50
20	利比亚	2.78	41	摩洛哥	3.03			
21	南非	2.80	42	波兰	3.06			

注:数据来自WVS-Wave 7,题项Q30,4点量表,题为"你认可大学教育对男孩比对女孩更重要。"其中,1表示"非常同意",2表示"同意",3表示"不同意",4表示"非常不同意"。计算该题均值,均值越小,代表"一带一路"共建国家居民对女性接受高等教育的偏见程度越大。

从性别来看,平均而言,"一带一路"共建国家居民中,男性(2.77)比女性(2.97)在对女性接受高等教育的偏见程度的得分更小,意味着男性对女性接受高等教育的偏见程度更大。从年龄分布来看,"一带一路"共建国家中不同年龄段的居民对女性接受高等教育的偏见程度差异不明显(均值差在0到0.06之间),均值介于2.85与2.91之间。

从受教育程度来看,"一带一路"共建国家居民的文化水平越高,对女性接受高等教育的偏见程度越小。博士或等同学力的居民在这一偏见的均值得分最高(3.27),说明该学历下,居民的偏见程度最低,反之,没有接受正式教育的居民偏见程度最高(2.59)。图3-4展现了不同受教育程度下,各国居民对女性接受高等教育的偏见程度以及各个程度所占比例。

从收入水平来看,"一带一路"共建国家居民对女性接受高等教育的偏见均值,随着收入水平的提高,呈现先下降后上升的U型特征。从数据的内涵来看,中等偏下收入国家中,居民对女性接受高等教育的偏见最高,其均值最低为2.75;高收入国家中,居民对女性接受高等教育的偏见最低,其均值最高为3.08。图3-5更详尽地展现了不同偏见程度的比例。

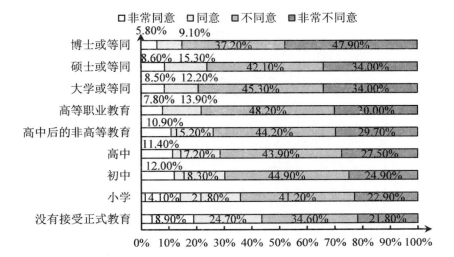

图3-4 "一带一路"共建国家居民对女性接受高等教育的偏见程度

（按受教育程度统计）

注：数据来自WVS-Wave 7,题项Q30,4点量表。

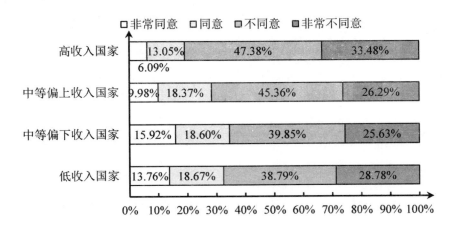

图3-5 "一带一路"共建国家居民对女性接受高等教育的偏见程度

（按收入水平统计）

注：数据来自WVS-Wave 7,题项Q30,4点量表。

3.2 多元文化包容

正如世上没有两片完全一样的树叶，每个个体总能找到与他者区分的特征，这些特征呈现出文化的多元性。多样的文化装点了世界的五彩斑斓，却造就了不同个体或群体之间的冲突与斗争，学会包容是促进和谐稳定、繁荣发展的重要能力。"一带一路"共建国家各具特色的文化蕴含着机遇和挑战，只有了解共建国家居民对不同特征的包容度，才能更好地展开交流与合作。因此，本节将分别从种族、语言、移民或外国工作者、同性恋、未婚同居、艾滋病等文化特征来分析"一带一路"共建国家居民的文化包容性。此外，本节采用二分变量衡量包容度，着重分析的是包容度的高低，处理时，只取某一值的比例。

3.2.1 对不同种族的包容度

对不同种族的包容度是个体对于与自己不同肤色或民族身份的个人和群体的接纳程度，它表现为与不同种族的人建立友好关系，并提供支持与帮助。相对而言，种族偏见是一种狭隘的看法，它忽视了种族的独特性和文化的多样性，可能导致这些受到种族偏见的群体遭遇不公平的对待。"一带一路"共建国家具有种族繁多、文化多元的特征，为了解共建国家居民对不同种族的包容度，本节选取了世界价值观调查第7轮数据中Q19一题，该项题目为"你是否介意与你种族不同的邻居？"选项为"介意"或"不介意"。"不介意"的比例被视为"一带一路"共建国家居民对不同种族的包容度。

表3-4为"一带一路"共建国家居民对不同种族的包容比例。整体上，共建国家居民对不同种族的包容度均值为80.20%，将近

30%的共建国家居民对不同种族的包容度高于90%，说明"一带一路"共建国家居民能接受与自己不同种族的人和睦相处。但是，缅甸（29.58%）、越南（37.58%）、阿塞拜疆（43.51%）、巴勒斯坦（56.00%）、土耳其（58.12%）这些国家的居民对不同种族的包容度较低，可能对与自己不同种族的人带有偏见或避而远之。

表3-4 "一带一路"共建国家居民对不同种族的包容比例

排序	国家	比例	排序	国家	比例	排序	国家	比例
1	乌拉圭	99.30%	22	塞浦路斯	86.27%	43	约旦	75.64%
2	特立尼达和多巴哥	98.50%	23	乌兹别克斯坦	86.00%	44	巴基斯坦	74.69%
3	新加坡	97.91%	24	罗马尼亚	85.07%	45	马尔代夫	74.01%
4	阿根廷	97.91%	25	韩国	84.82%	46	乌克兰	73.32%
5	新西兰	97.26%	26	俄罗斯	84.53%	47	伊朗	72.38%
6	卢旺达	96.53%	27	尼日利亚	84.32%	48	科威特	71.91%
7	智利	94.90%	28	埃及	83.50%	49	塞尔维亚	70.41%
8	津巴布韦	94.76%	29	埃塞俄比亚	83.44%	50	亚美尼亚	70.01%
9	玻利维亚	94.72%	30	中国	81.35%	51	伊拉克	68.17%
10	马来西亚	94.52%	31	菲律宾	81.15%	52	格鲁吉亚	67.89%
11	波兰	94.20%	32	南非	80.43%	53	孟加拉国	67.68%
12	厄瓜多尔	94.00%	33	阿尔及利亚	80.25%	54	泰国	67.53%
13	肯尼亚	93.01%	34	尼加拉瓜	80.25%	55	也门	66.00%
14	秘鲁	92.85%	35	捷克	79.79%	56	黎巴嫩	64.08%
15	委内瑞拉	92.10%	36	加纳	79.19%	57	土耳其	58.12%
16	利比亚	91.56%	37	突尼斯	78.10%	58	巴勒斯坦	56.00%
17	印度尼西亚	91.28%	38	蒙古国	76.80%	59	阿塞拜疆	43.51%
18	卡塔尔	91.23%	39	斯洛伐克	75.96%	60	越南	37.58%

续表3-4

排序	国家	比例	排序	国家	比例	排序	国家	比例
19	哈萨克斯坦	89.66%	40	塔吉克斯坦	75.83%	61	缅甸	29.58%
20	斯洛文尼亚	89.06%	41	希腊	75.67%			
21	摩洛哥	86.50%	42	吉尔吉斯斯坦	75.67%			

注：数据来自WVS-Wave 7,题项Q19,题为"你是否介意与你种族不同的邻居？"选项为"介意"或"不介意"。"不介意"的比例被视为"一带一路"共建国家居民对不同种族的包容度。

"一带一路"共建国家中不同性别、不同年龄段的居民对不同种族的包容度之间没有明显差异，包容度差异均小于5%。从受教育程度来看，受教育程度越高的共建国家居民对不同种族的包容度大体上呈现增高的趋势，接受过高等职业教育的居民在该项的比例最高（85.14%），没有接受正式教育的居民则在这一选项上比例最低（74.19%），如图3-6所示。

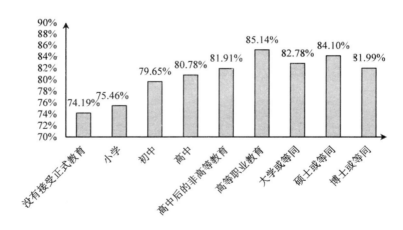

图3-6 "一带一路"共建国家居民对不同种族的包容比例（按受教育程度统计）

注：数据来自WVS-Wave 7,题项Q19,题为"你是否介意与你种族不同的邻居？"选项为"介意"或"不介意"。"不介意"的比例被视为"一带一路"共建国家居民对不同种族的包容度。

从收入水平来看，"一带一路"共建国家居民对不同种族的包容度，随着收入水平的提高呈现先下降后上升的趋势特征。中等偏下收入国家（76.36%）中居民的包容度最低，而高收入国家（88.02%）中居民的包容度最高（如图3-7所示）。

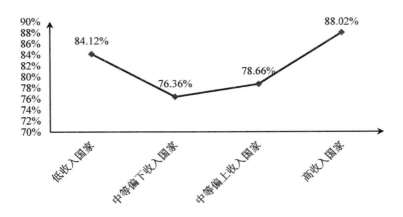

图3-7　"一带一路"共建国家居民对不同种族的包容比例（按收入水平统计）

注：数据来自WVS-Wave 7，题项Q19，题为"你是否介意与你种族不同的邻居？"选项为"介意"或"不介意"。"不介意"的比例被视为"一带一路"共建国家居民对不同种族的包容度。

3.2.2　对不同语言的包容度

语言是联通人们心灵的桥梁，但不同国家可能在语言上存在较大差异，同一个地区甚至存在"十里不同音"的现象。"一带一路"共建国家语言种类丰富，要促进国际经济交流、社会交流和人才交流，前提是要学会尊重并理解其他语言，即包容讲不同语言的人。为此，本节选取了世界价值观调查第7轮数据中Q26一题，该项题目为"你是否介意与你语言不同的邻居？"选项为"介意"或"不介意"。"不介意"的比例被视为"一带一路"共建国家居民对不同语言的包容度。

表3-5展现了"一带一路"共建国家居民对不同语言的包容比例。整体上，共建国家在该项的比例均值为82.64%，可见，大部分国家对其他语言的包容度高，这有利于"一带一路"共建国家政策沟通、设施联通、贸易畅通、资金融通和民心相通。但是，有些共建国家的居民对不同语言的包容度较低，如果在当地开展交流合作，可能会遇到一定的阻碍，比如缅甸（29.25%）、越南（50.17%）、孟加拉国（53.06%）、伊拉克（59.75%），这些国家分别来自东南亚、南亚和西亚地区，尤其是缅甸，仅有不到30%的居民能包容不同语言的人。从各大洲来看，共建国家居民对不同语言的包容度从低到高依次是亚洲（77.08%）、北美洲（85.31%）、非洲（86.30%）、欧洲（88.36%）、南美洲（92.30%）、大洋洲（95.55%）。

表3-5 "一带一路"共建国家居民对不同语言的包容比例

排序	国家	比例	排序	国家	比例	排序	国家	比例
1	新加坡	97.96%	22	斯洛伐克	90.03%	43	加纳	78.41%
2	肯尼亚	97.32%	23	印度尼西亚	89.97%	44	约旦	77.14%
3	波兰	96.89%	24	卡塔尔	89.91%	45	突尼斯	75.82%
4	阿根廷	96.21%	25	捷克	88.65%	46	阿塞拜疆	75.15%
5	哈萨克斯坦	95.92%	26	吉尔吉斯斯坦	88.33%	47	巴基斯坦	74.54%
6	马来西亚	95.89%	27	塔吉克斯坦	87.75%	48	泰国	74.40%
7	新西兰	95.55%	28	委内瑞拉	87.73%	49	埃及	74.33%
8	乌拉圭	95.40%	29	俄罗斯	87.46%	50	乌克兰	72.04%
9	斯洛文尼亚	95.04%	30	韩国	87.15%	51	科威特	71.14%
10	秘鲁	94.53%	31	希腊	87.04%	52	黎巴嫩	69.67%
11	津巴布韦	94.34%	32	厄瓜多尔	85.75%	53	也门	68.70%
12	罗马尼亚	94.05%	33	南非	85.33%	54	伊朗	68.65%

排序	国家	比例	排序	国家	比例	排序	国家	比例
13	智利	93.80%	34	塞尔维亚	84.44%	55	菲律宾	68.00%
14	特立尼达和多巴哥	93.29%	35	亚美尼亚	83.60%	56	土耳其	63.06%
15	玻利维亚	93.22%	36	蒙古国	83.33%	57	巴勒斯坦	60.80%
16	乌兹别克斯坦	92.93%	37	摩洛哥	83.08%	58	伊拉克	59.75%
17	埃塞俄比亚	92.92%	38	马尔代夫	82.27%	59	孟加拉国	53.06%
18	卢旺达	92.27%	39	阿尔及利亚	81.92%	60	越南	50.17%
19	利比亚	91.30%	40	中国	81.08%	61	缅甸	29.25%
20	塞浦路斯	90.42%	41	格鲁吉亚	79.78%			
21	尼日利亚	90.22%	42	尼加拉瓜	78.67%			

注：数据来自WVS-Wave 7，题项Q26，题为"你是否介意与你语言不同的邻居？"选项为"介意"或"不介意"。"不介意"的比例被视为"一带一路"共建国家居民对不同语言的包容度。

从人口统计特征来看，"一带一路"共建国家中不同性别、不同年龄段的居民对不同语言包容度的比例几乎没有差异（比例差介于0与3.47%之间）。从受教育程度来看，随着居民受教育程度的提高，对不同语言的包容度比例越来越大，博士或等同学力的人（90.37%）对不同语言的包容度最高，并且可以看到在接受小学教育后的居民对不同语言的包容度增幅最大，达到5.57%（如图3-8所示）。

从收入水平来看，不同收入水平的国家中，高收入国家对不同语言的包容度最高（91.06%），低收入国家（86.21%）、中等偏下收入国家（77.17%）次之，中等偏上收入国家最低（82.63%），这一趋势特征与上一节分析的一样，呈现先下降后上升的U型特征。

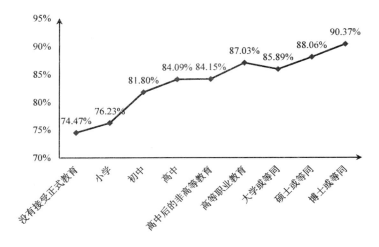

图3-8 "一带一路"共建国家居民对不同语言的包容比例（按受教育程度统计）

注：数据来自WVS-Wave 7，题项Q26，题为"你是否介意与你语言不同的邻居？"选项为"介意"或"不介意"。"不介意"的比例被视为"一带一路"共建国家居民对不同语言的包容度。

3.2.3 对移民或外国工作者的包容度

移民或外国工作者是国际人口迁徙的结果，体现世界日益全球化的趋势。"一带一路"倡议重在高水平、高起点上打造国际合作新平台，国际人才交流是必不可少的。事实上，对接收国来说，移民或外国工作者虽然带来了劳动力、技术和多样的文化，但也面临社会融入等一系列社会问题。当地人可能会将这些外来者视为抢夺工作机会的竞争者，从而形成对移民或外国工作者的偏见。为此，本节关注"一带一路"共建国家居民对移民或外国工作者的包容度，选取了世界价值观调查第7轮数据中Q21一题，该项题目为"你是否介意移民或外国工作者的邻居？"选项为"介意"或"不介意"。"不介意"的比例被视为"一带一路"共建国家居民对移民或外国工作者的包容度。

表3-6为"一带一路"共建国家居民对移民或外国工作者的包

容比例。整体来看，比例均值达到74.19%，说明大部分共建国家居民对移民或外国工作者的包容度高，而少部分共建国家居民对移民或外国工作者的包容度低，分别是缅甸（27.17%）、塞尔维亚（45.73%）、越南（47.25%）、马来西亚（49.43%）、土耳其（50.60%）。从各大洲来看，共建国家居民对移民或外国工作者的包容度从低到高依次是亚洲（68.73%）、欧洲（72.58%）、非洲（77.95%）、北美洲（85.72%）、南美洲（90.02%）、大洋洲（95.27%）。

表3-6　"一带一路"共建国家居民对移民或外国工作者的包容比例

排序	国家	比例	排序	国家	比例	排序	国家	比例
1	乌拉圭	97.50%	22	吉尔吉斯斯坦	80.67%	43	俄罗斯	68.12%
2	阿根廷	95.81%	23	塔吉克斯坦	80.25%	44	蒙古国	67.95%
3	新西兰	95.27%	24	埃及	80.00%	45	格鲁吉亚	67.22%
4	津巴布韦	95.01%	25	塞浦路斯	79.81%	46	捷克	66.72%
5	卢旺达	94.56%	26	尼加拉瓜	79.50%	47	科威特	62.78%
6	特立尼达和多巴哥	93.19%	27	加纳	79.12%	48	伊拉克	61.50%
7	肯尼亚	93.01%	28	哈萨克斯坦	78.61%	49	泰国	61.27%
8	波兰	92.44%	29	韩国	77.99%	50	阿塞拜疆	60.68%
9	玻利维亚	89.78%	30	摩洛哥	76.83%	51	巴勒斯坦	60.10%
10	委内瑞拉	89.66%	31	利比亚	76.76%	52	黎巴嫩	59.83%
11	厄瓜多尔	89.58%	32	马尔代夫	76.35%	53	孟加拉国	59.24%
12	智利	89.10%	33	罗马尼亚	76.02%	54	伊朗	58.17%
13	新加坡	88.52%	34	也门	75.80%	55	南非	57.21%
14	乌兹别克斯坦	87.73%	35	突尼斯	75.00%	56	卡塔尔	53.49%
15	尼日利亚	86.58%	36	希腊	74.08%	57	土耳其	50.60%
16	斯洛文尼亚	86.44%	37	中国	73.80%	58	马来西亚	49.43%

续表3-6

排序	国家	比例	排序	国家	比例	排序	国家	比例
17	印度尼西亚	85.16%	38	约旦	72.40%	59	越南	47.25%
18	菲律宾	84.67%	39	阿尔及利亚	72.00%	60	塞尔维亚	45.73%
19	埃塞俄比亚	83.77%	40	斯洛伐克	71.44%	61	缅甸	27.17%
20	秘鲁	82.11%	41	乌克兰	70.10%			
21	亚美尼亚	81.86%	42	巴基斯坦	69.82%			

注：数据来自WVS-Wave 7，题项Q21，题为"你是否介意移民或外国工作者的邻居?"选项为"介意"或"不介意"。"不介意"的比例被视为"一带一路"共建国家居民对移民或外国工作者的包容度。

从性别来看，"一带一路"共建国家居民中，男性（73.80%）比女性（74.56%）对移民或外国工作者的包容度略低。从年龄来看，共建国家居民对移民或外国工作者的包容度，随着年龄的增长呈现先增后减的趋势特征。其中，31～70岁的居民相较于其他年龄段，对移民或外国工作者的包容度更低，尤其是51～60岁的居民对移民或外国工作者的包容度最低（72.18%）（如图3-9所示）。

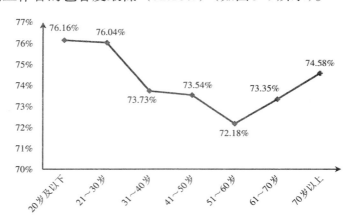

图3-9 "一带一路"共建国家居民对移民或外国工作者的包容比例（按年龄段统计）

注：数据来自WVS-Wave 7，题项Q21，题为"你是否介意移民或外国工作者的邻居?"选项为"介意"或"不介意"。"不介意"的比例被视为"一带一路"共建国家居民对移民或外国工作者的包容度。

从受教育程度来看，"一带一路"共建国家中不同文化水平的居民对移民或外国工作者的包容度明显不同，如图3-10所示。特别地，博士或等同学力的居民对移民或外国工作者的包容度最低（65.82%），这与该学历层次对其他社会特征的包容度明显不同。

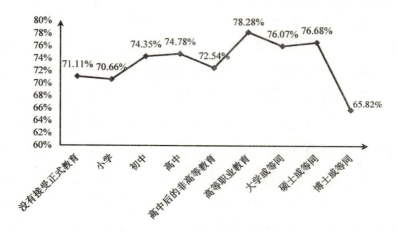

图3-10　"一带一路"共建国家居民对移民或外国工作者的包容比例

（按受教育程度统计）

注：数据来自WVS-Wave 7，题项Q21，题为"你是否介意移民或外国工作者的邻居？"选项为"介意"或"不介意"。"不介意"的比例被视为"一带一路"共建国家居民对移民或外国工作者的包容度。

从收入水平来看，"一带一路"共建国家居民对移民或外国工作者的包容度，随着收入水平的提高呈现先减后增的趋势特征。低收入国家（86.04%）和高收入国家（80.07%）中居民的包容度较高，中等偏下收入国家（73.82%）居民的包容度较低，中等偏上收入国家（69.13%）居民的包容度最低。

3.2.4　对同性恋的包容度

性取向是指个体对于性别的吸引和亲密关系的偏好，包括异性恋、同性恋等，它展现了人们在情感连接和性吸引方面的多种可能性。随着社会的关注和讨论，性少数群体也逐渐走入人们的视野，被更多的社会所接纳。同性恋是有关性少数群体话题中被讨论最广泛的群体之一，"一带一路"共建国家居民对同性恋的包容在一定程度上能反映居民对其他性取向的态度。本节选取了世界价值观调查第7轮数据中Q22一题，该项题目为"你是否介意同性恋的邻居？"其中，1表示"介意"，2表示"不介意"。"不介意"的比例被视为"一带一路"共建国家居民对同性恋的包容度。

表3-7展现了"一带一路"共建国家居民对同性恋的包容比例。整体上，共建国家包容比例均值为42.38%，说明共建国家居民对同性恋的包容度普遍较低，因为同性恋与社会所期望的婚姻规范不一致，侧面反映了目前性少数群体在社会生活中面临的种种困境。其中，乌拉圭（95.10%）、阿根廷（92.82%）、新西兰（92.43%）这些国家对同性恋的包容比例高达90%，而约旦（6.23%）、阿塞拜疆（6.39%）、缅甸（8.67%）、津巴布韦（9.90%）这些国家中的居民对同性恋的包容比例均低于10%，这体现了共建国家居民对同性恋的包容度差异较大。从各大洲来看，共建国家居民对同性恋的包容度从低到高依次是非洲（27.41%）、亚洲（32.62%）、欧洲（55.39%）、北美洲（59.75%）、南美洲（76.63%）、大洋洲（92.40%）。

表3-7　"一带一路"共建国家居民对同性恋的包容比例

排序	国家	比例	排序	国家	比例	排序	国家	比例
1	乌拉圭	95.10%	21	蒙古国	54.70%	41	印度尼西亚	24.50%
2	阿根廷	92.82%	22	特立尼达和多巴哥	52.65%	42	越南	23.92%
3	新西兰	92.43%	23	黎巴嫩	52.33%	43	土耳其	21.46%
4	菲律宾	83.08%	24	乌克兰	50.47%	44	加纳	21.46%
5	捷克	81.77%	25	伊拉克	44.92%	45	韩国	20.40%

排序	国家	比例	排序	国家	比例	排序	国家	比例
6	智利	76.20%	26	罗马尼亚	43.56%	46	孟加拉国	20.14%
7	新加坡	73.86%	27	突尼斯	42.15%	47	摩洛哥	20.08%
8	玻利维亚	71.00%	28	阿尔及利亚	41.92%	48	亚美尼亚	16.57%
9	厄瓜多尔	68.50%	29	马来西亚	39.60%	49	卡塔尔	16.32%
10	委内瑞拉	68.40%	30	利比亚	37.37%	50	埃及	16.00%
11	尼加拉瓜	66.75%	31	塞尔维亚	37.37%	51	马尔代夫	14.53%
12	希腊	66.47%	32	乌兹别克斯坦	35.00%	52	格鲁吉亚	13.39%
13	泰国	64.87%	33	巴勒斯坦	34.70%	53	卢旺达	11.59%
14	斯洛文尼亚	64.55%	34	俄罗斯	34.36%	54	尼日利亚	10.99%
15	秘鲁	64.45%	35	也门	31.30%	55	津巴布韦	9.90%
16	南非	62.16%	36	埃塞俄比亚	30.33%	56	缅甸	8.67%
17	波兰	61.59%	37	中国	28.17%	57	阿塞拜疆	6.39%
18	巴基斯坦	58.85%	38	吉尔吉斯斯坦	27.50%	58	约旦	6.23%
19	斯洛伐克	58.74%	39	哈萨克斯坦	26.57%			
20	塞浦路斯	54.93%	40	肯尼亚	24.86%			

注：数据来自WVS-Wave 7，题项Q22，题为"你是否介意同性恋的邻居？"选项为"介意"或"不介意"。"不介意"的比例被视为"一带一路"共建国家居民对同性恋的包容度。

从性别来看，"一带一路"共建国家居民中，男性（40.57%）比女性（43.97%）对同性恋的包容度更低。从年龄段来看，共建国家居民对同性恋的包容度，随着年龄的增长呈现先减后增的趋势特征。70岁以上的居民对同性恋的包容比例最高（48.61%），而31~40岁的居民对同性恋的包容比例最低（41.25%）（如图3-11所示）。

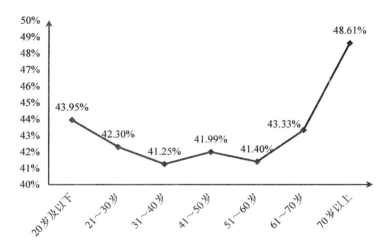

图3-11 "一带一路"共建国家居民对同性恋的包容比例(按年龄段统计)

注:数据来自WVS-Wave 7,题项Q22,题为"你是否介意同性恋的邻居?"选项为"介意"或"不介意"。"不介意"的比例被视为"一带一路"共建国家居民对同性恋的包容度。

从受教育程度来看,"一带一路"共建国家中居民对同性恋的包容度,随着文化水平的提高而逐渐增加,其中,没有接受正式教育的居民对同性恋的包容度最低(34.40%),而博士或等同学力的居民对同性恋的包容度最高(51.75%)。

从收入水平来看,随着收入水平的提高,"一带一跸"共建国家居民对同性恋的包容度越高,低收入国家(22.95%)的居民对同性恋的包容度最低,高收入国家(61.45%)的居民对同性恋的包容度最高。考虑到文化水平与收入水平的趋势一致性,通过交叉分析可知,除了博士或等同学力居民的包容比例外,低收入国家的居民,随着文化水平的提高,对同性恋的包容度逐渐降低;相反,高收入国家的居民,随着文化水平的提高,对同性恋的包容度大体上呈现逐渐上升的趋势(如图3-12所示)。

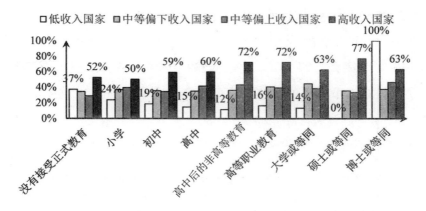

□低收入国家 ▨中等偏下收入国家 ▥中等偏上收入国家 ■高收入国家

图3-12 不同文化水平下"一带一路"共建国家居民对同性恋的包容比例
（按收入水平和受教育程度统计）

注：数据来自WVS-Wave 7，题项Q22，题为"你是否介意同性恋的邻居？"选项为"介意"或"不介意"。"不介意"的比例被视为"一带一路"共建国家居民对同性恋的包容度。

3.2.5 对未婚同居的包容度

未婚同居是指男女双方以非夫妻名义公开或秘密地共同生活的一种两性关系，在许多国家中不受法律的保护，甚至会受到社会道德的谴责。为了解"一带一路"共建国家居民对未婚同居的包容度，本节选取了世界价值观调查第7轮数据中Q25一题，该项题目为"你是否介意未婚同居的邻居？"其中，1表示"介意"，2表示"不介意"。"不介意"的比例被视为"一带一路"共建国家居民对未婚同居的包容度。

表3-8是"一带一路"共建国家居民对未婚同居的包容比例，平均比例为68.72%。具体而言，共建国家居民对未婚同居的包容比例排名最后的五个国家分别是缅甸（9.50%）、约旦（18.70%）、孟加拉国（22.30%）、也门（23.70%）、伊朗（23.95%）。这些国家的居民大多信仰宗教，宗教教义对社会生活有较为严格的规定，因此，

这些国家的居民对未婚同居的社会现象包容度最低。而排在最前的五位国家分别是阿根廷（99.20%）、新西兰（98.49%）、乌拉圭（98.40%）、捷克（97.51%）、波兰（96.79%）。从各大洲来看，共建国家居民对未婚同居的包容度从低到高依次是亚洲（53.76%）、非洲（70.82%）、北美洲（88.49%）、欧洲（91.68%）、南美洲（95.36%）、大洋洲（98.49%）。

表3-8 "一带一路"共建国家居民对未婚同居的包容比例

排序	国家	比例	排序	国家	比例	排序	国家	比例
1	阿根廷	99.20%	21	厄瓜多尔	91.58%	41	黎巴嫩	58.67%
2	新西兰	98.49%	22	塞尔维亚	90.87%	42	乌兹别克斯坦	49.13%
3	乌拉圭	98.40%	23	菲律宾	85.00%	43	伊拉克	48.67%
4	捷克	97.51%	24	南非	84.59%	44	塔吉克斯坦	46.83%
5	波兰	96.79%	25	吉尔吉斯斯坦	82.67%	45	阿塞拜疆	43.41%
6	智利	96.70%	26	蒙古国	82.23%	46	土耳其	42.22%
7	斯洛伐克	96.68%	27	尼加拉瓜	81.83%	47	摩洛哥	41.00%
8	特立尼达和多巴哥	96.50%	28	塞浦路斯	80.72%	48	突尼斯	40.36%
9	俄罗斯	96.02%	29	埃塞俄比亚	76.80%	49	卡塔尔	37.26%
10	卢旺达	95.48%	30	亚美尼亚	75.72%	50	越南	34.67%
11	玻利维亚	95.44%	31	津巴布韦	75.62%	51	阿尔及利亚	34.17%
12	斯洛文尼亚	95.32%	32	乌克兰	73.89%	52	印度尼西亚	31.13%
13	罗马尼亚	94.70%	33	格鲁吉亚	73.46%	53	巴勒斯坦	30.40%
14	委内瑞拉	94.29%	34	泰国	73.07%	54	马尔代夫	30.15%
15	新加坡	94.09%	35	加纳	71.13%	55	伊朗	23.95%
16	秘鲁	93.52%	36	尼日利亚	69.85%	56	也门	23.70%

排序	国家	比例	排序	国家	比例	排序	国家	比例
17	肯尼亚	93.42%	37	巴基斯坦	63.71%	57	孟加拉国	22.30%
18	哈萨克斯坦	92.48%	38	利比亚	61.29%	58	约旦	18.70%
19	韩国	91.97%	39	中国	59.43%	59	缅甸	9.50%
20	希腊	91.81%	40	马来西亚	59.41%			

注：数据来自WVS-Wave 7，题项Q25，题为"你是否介意未婚同居的邻居？"选项为"介意"或"不介意"。"不介意"的比例被视为"一带一路"共建国家居民对未婚同居的包容度。

从性别来看，"一带一路"共建国家居民中，男性（69.14%）比女性（68.33%）对未婚同居的包容度更高。从年龄段来看，共建国家中不同年龄段的居民对未婚同居的包容度存在明显差异，70岁以上的居民对未婚同居的包容度最高（81.12%），而41～50岁的居民对未婚同居的包容度最低（65.92%）（如图3-13所示）。

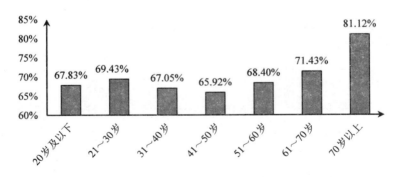

图3-13　"一带一路"共建国家居民对未婚同居的包容比例（按年龄段统计）

注：数据来自WVS-Wave 7，题项Q25，题为"你是否介意未婚同居的邻居？"选项为"介意"或"不介意"。"不介意"的比例被视为"一带一路"共建国家居民对未婚同居的包容度。

从受教育程度来看，"一带一路"共建国家中居民对未婚同居的包容度，随着文化水平的提高而逐渐提高，其中，没有接受正式教育的居民对未婚同居的包容度最低（51.60%），而博士或等同学力的居民对未婚同居的包容度最高（84.50%）。

从收入水平来看，随着收入水平的提高，"一带一路"共建国家居民对未婚同居的包容度呈现先减后增的趋势特征。按照包容比例，从低到高依次为中等偏下收入国家（58.22%），中等偏上收入国家（65.88%）、低收入国家（70.24%）、高收入国家（90.81%）。

3.2.6 对艾滋病的包容度

艾滋病，全称为获得性免疫缺陷综合征（Acquired Immuno Deficiency Syndrome，AIDS），是一种由人类免疫缺陷病毒（Human Immunodeficiency Virus，HIV）引起的传染病。病毒传播主要通过性接触、血液以及母婴传播，病死率极高。根据我国的艾滋病疫情报告[1]，传播途径最多的是异性性传播（72.8%），其次是同性性传播（25.7%）、注射毒品（0.3%）。为此，本节选取了世界价值观调查第7轮数据中Q20一题，该项题目为"你是否介意患有艾滋病的邻居？"其中，1表示"介意"，2表示"不介意"。"不介意"的比例被视为"一带一路"共建国家居民对艾滋病的包容度。

表3-9为"一带一路"共建国家居民对艾滋病的包容比例，各国平均比例为47.16%。其中，居民对艾滋病的包容比例最高的五个国家分别是阿根廷（96.81%）、乌拉圭（95.80%）、津巴布韦（92.51%）、肯尼亚（92.45%）、卢旺达（91.29%），这些国家主要来自南美洲和非洲，并且当中大部分国家的艾滋病情况较为严峻。居民对艾滋病包容比例较低的五个国家则是越南（5.33%）、阿塞拜疆（7.09%）、韩国（7.15%）、约旦（12.39%）、缅甸（14.92%），与前面的高比例形成鲜明对比，这也体现了"一带一路"共建国家居民对艾滋病的包容度差异较大。从各大洲来看，共建国家居民对艾滋病的包容度从低到高依次是亚洲（35.41%）、欧洲（58.57%）、非洲

---

① 中国疾病预防控制中心性病艾滋病预防控制中心：《2023年12月全国艾滋病性病疫情》，《中国艾滋病性病》2024年第3期，第225页。

（71.45%）、北美洲（80.17%）、南美洲（81.30%）、大洋洲（90.73%）。

表3-9　"一带一路"共建国家居民对艾滋病的包容比例

排序	国家	比例	排序	国家	比例	排序	国家	比例
1	阿根廷	96.81%	22	希腊	65.30%	43	印度尼西亚	39.81%
2	乌拉圭	95.80%	23	马尔代夫	64.29%	44	塞尔维亚	37.32%
3	津巴布韦	92.51%	24	罗马尼亚	63.95%	45	科威特	33.61%
4	肯尼亚	92.45%	25	加纳	62.37%	46	吉尔吉斯斯坦	33.33%
5	卢旺达	91.29%	26	斯洛伐克	61.72%	47	孟加拉国	33.19%
6	新西兰	90.73%	27	乌克兰	60.08%	48	卡塔尔	32.45%
7	特立尼达和多巴哥	88.09%	28	捷克	58.04%	49	格鲁吉亚	31.61%
8	智利	85.80%	29	摩洛哥	57.42%	50	巴勒斯坦	28.90%
9	南非	82.19%	30	马来西亚	54.84%	51	土耳其	26.23%
10	厄瓜多尔	82.00%	31	黎巴嫩	54.25%	52	塔吉克斯坦	22.92%
11	玻利维亚	77.65%	32	阿尔及利亚	53.83%	53	中国	22.47%
12	波兰	75.16%	33	蒙古国	52.63%	54	伊朗	18.55%
13	尼加拉瓜	73.58%	34	泰国	51.40%	55	也门	18.10%
14	斯洛文尼亚	73.53%	35	塞浦路斯	50.26%	56	乌兹别克斯坦	15.60%
15	新加坡	73.46%	36	伊拉克	46.08%	57	缅甸	14.92%
16	利比亚	73.16%	37	俄罗斯	45.86%	58	约旦	12.39%
17	突尼斯	71.82%	38	尼日利亚	45.59%	59	韩国	7.15%
18	秘鲁	70.85%	39	亚美尼亚	43.58%	60	阿塞拜疆	7.09%
19	委内瑞拉	68.91%	40	菲律宾	43.50%	61	越南	5.33%
20	埃塞俄比亚	68.28%	41	埃及	43.17%			
21	巴基斯坦	65.31%	42	哈萨克斯坦	41.69%			

注：数据来自WVS-Wave 7,题项Q20,题为"你是否介意患有艾滋病的邻居?"选项为"介意"或"不介意"。"不介意"的比例被视为"一带一路"共建国家居民对艾滋病的包容度。

从性别来看，"一带一路"共建国家居民中，男性（53.07%）比女性（52.60%）对艾滋病的包容度略高。从年龄来看，共建国家居民对艾滋病的包容度，随着年龄的增大，呈现先减后增的趋势特征。51～60岁的居民在这一特征的包容比例最低（49.48%），而20岁及以下（54.97%）和70岁以上（53.98%）的居民的包容比例相对更高，但差距依然很小。

从受教育程度来看，"一带一路"共建国家居民对艾滋病的包容比例，大致上随着受教育程度的提高，呈现先增加后减少的趋势。其中，接受高等职业教育（56.72%）的居民对艾滋病的包容比例最高，而没有接受正式教育（47.41%）和获得博士或等同学力（47.32%）的居民在这一比例均较低（如图3-14所示）。

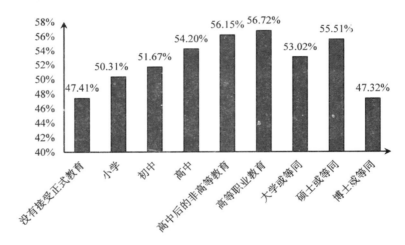

图3-14 "一带一路"共建国家居民对艾滋病的包容比例（按受教育程度统计）

注：数据来自WVS-Wave 7，题项Q20，题为"你是否介意患有艾滋病的邻居？"选项为"介意"或"不介意"。"不介意"的比例被视为"一带一路"共建国家居民对艾滋病的包容度。

从收入水平来看，"一带一路"共建国家中低收入国家居民对艾滋病的包容比例最大（64.26%），其次是高收入国家（62.90%）、中等偏上收入国家（49.32%），中等偏下收入国家（48.53%）最低。随着收入水平的提高，包容比例呈现先减后增的趋势，如图3-15

所示。

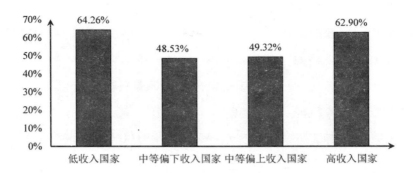

图3-15　"一带一路"共建国家居民对艾滋病的包容比例（按收入水平统计）

注：数据来自WVS-Wave 7，题项Q20，题为"你是否介意患有艾滋病的邻居？"选项为"介意"或"不介意"。"不介意"的比例被视为"一带一路"共建国家居民对艾滋病的包容度。

3.3　成瘾行为容忍度

对于成瘾行为，如酗酒、药物滥用等，社会普遍持有较低的容忍度，并鼓励个人寻求帮助，克服成瘾。"一带一路"共建国家政府也采取了一系列措施来减少成瘾行为的发生，比如通过法律法规限制酒精广告，提高烟草和酒精产品的税收，以及鼓励公共健康行为的宣传，来提高人们对成瘾行为危害的认识。本节将讨论"一带一路"共建国家居民对酗酒和药物成瘾行为的容忍程度。

3.3.1　对酗酒行为的容忍度

酗酒对人体危害严重，长期过量饮酒会损害肝脏、心脏等器官。同时，酗酒也会影响个人的情绪和行为，甚至引发家庭和社会矛盾。本节选取了世界价值观调查第7轮数据中Q24一题，该项题目为"你是否介意酗酒的邻居？"选项为"介意"或"不介意"。"不介意"

的比例被视为"一带一路"共建国家居民对酗酒行为的容忍度。

　　表3-10是"一带一路"共建国家居民对酗酒行为的容忍比例，数据显示，大部分国家对酗酒容忍度低。排在最后五位的国家分别是越南（4.83%）、缅甸（6.25%）、约旦（7.90%）、伊朗（9.61%）、塞尔维亚（12.20%），说明这些国家的居民对酗酒行为的包容度较低。相比之下，乌拉圭（66.40%）、阿根廷（60.32%）、尼加拉瓜（56.00%）、委内瑞拉（50.34%）、黎巴嫩（50.00%）等国家的居民对酗酒行为的容忍度较高，容忍比例超过50%。从各大洲来看，共建国家居民对酗酒行为的容忍比例从高到低依次是北美洲（50.08%）、南美洲（47.51%）、大洋洲（36.90%）、非洲（32.45%）、欧洲（27.29%）、亚洲（24.17%）。

表3-10　"一带一路"共建国家居民对酗酒行为的容忍比例

排序	国家	比例	排序	国家	比例	排序	国家	比例
1	乌拉圭	66.40%	22	肯尼亚	35.58%	43	捷克	20.81%
2	阿根廷	60.32%	23	津巴布韦	34.86%	44	巴勒斯坦	20.30%
3	尼加拉瓜	56.00%	24	波兰	34.37%	45	斯洛伐克	20.12%
4	委内瑞拉	50.34%	25	加纳	34.21%	46	孟加拉国	20.12%
5	黎巴嫩	50.00%	26	菲律宾	33.58%	47	哈萨克斯坦	19.98%
6	厄瓜多尔	49.08%	27	秘鲁	31.08%	48	马来西亚	17.14%
7	卢旺达	48.07%	28	乌克兰	30.99%	49	亚美尼亚	15.99%
8	玻利维亚	45.00%	29	突尼斯	30.89%	50	乌兹别克斯坦	15.93%
9	特立尼达和多巴哥	44.54%	30	科威特	30.62%	51	阿塞拜疆	15.37%
10	巴基斯坦	43.51%	31	新加坡	28.98%	52	塔吉克斯坦	15.25%
11	利比亚	43.31%	32	卡塔尔	26.23%	53	中国	15.17%
12	伊拉克	42.33%	33	土耳其	25.92%	54	也门	13.70%
13	希腊	41.97%	34	吉尔吉斯斯坦	25.92%	55	马尔代夫	12.61%
14	南非	40.78%	35	蒙古国	24.60%	56	埃及	12.33%

排序	国家	比例	排序	国家	比例	排序	国家	比例
15	智利	37.90%	36	尼日利亚	22.72%	57	塞尔维亚	12.20%
16	韩国	37.67%	37	埃塞俄比亚	22.70%	58	伊朗	9.61%
17	斯洛文尼亚	37.51%	38	罗马尼亚	22.27%	59	约旦	7.90%
18	新西兰	36.90%	39	摩洛哥	22.17%	60	缅甸	6.25%
19	印度尼西亚	36.47%	40	格鲁吉亚	22.13%	61	越南	4.83%
20	泰国	35.73%	41	俄罗斯	21.60%			
21	塞浦路斯	35.67%	42	阿尔及利亚	21.25%			

注:数据来自WVS-Wave 7,题项Q24,题为"你是否介意酗酒的邻居?"选项为"介意"或"不介意"。"不介意"的比例被视为"一带一路"共建国家居民对酗酒行为的容忍度。

从性别来看,"一带一路"共建国家居民中,男性(32.21%)比女性(27.26%)对酗酒行为的容忍度更高。从年龄来看,"一带一路"共建国家居民对酗酒行为的容忍度,随着年龄的增大而逐渐降低,其中,21～30岁(32.41%)的居民对酗酒行为的容忍度最高,70岁以上(24.46%)的居民则最低(如图3-16所示)。

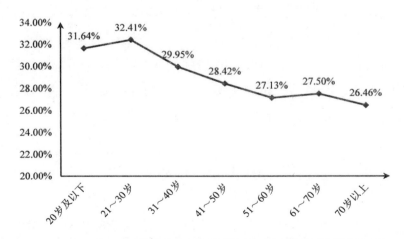

图3-16　"一带一路"共建国家居民对酗酒的容忍比例(按年龄段统计)

注:数据来自WVS-Wave 7,题项Q24,题为"你是否介意酗酒的邻居?"选项为"介意"或"不介意"。"不介意"的比例被视为"一带一路"共建国家居民对酗酒行为的容忍度。

从受教育程度来看，"一带一路"共建国家居民对酗酒行为的容忍比例在受教育程度上存在明显不同。其中，小学（32.34%）学历的居民对酗酒行为的容忍比例最高，而硕士或等同学力（22.63%）的居民在这一比例最低（如图3-17所示）。

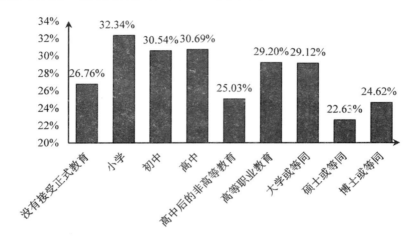

图3-17 "一带一路"共建国家居民对酗酒的容忍比例（按受教育程度统计）

注：数据来自WVS-Wave 7，题项Q24，题为"你是否介意酗酒的邻居?"选项为"介意"或"不介意"。"不介意"的比例被视为"一带一路"共建国家居民对酗酒行为的容忍度。

从收入水平来看，"一带一路"共建国家中高收入国家居民对酗酒行为的包容比例最大（34.06%），其次是低收入国家（30.64%）、中等偏上收入国家（28.89%），中等偏下收入国家（26.87%）最低。随着收入水平的提高，包容比例呈现先减后增的趋势，这一趋势特征与前文所述的社会特征包容比例类似。

3.3.2 对药物成瘾行为的容忍度

药物成瘾行为是指个体对某种药物产生强烈的依赖，以至于无法控制自己的使用行为，即使这种使用对个体的身体健康、心理状态和社会功能产生明显的负面影响。药品管理的规范化关乎人民的幸福与健康，尤其是那些具有强烈成瘾性、危害性极大的药物，比如甲基苯丙胺、吗啡等，一般被国家严格管制。本节选取了世界价值观调查第7轮数据中Q18一题，该项题目为"你是否介意药物成瘾的邻居？"选项为"介意"或"不介意"。"不介意"的比例被视为"一带一路"共建国家居民对药物成瘾行为的容忍度。

表3-11为"一带一路"共建国家居民对药物成瘾行为的容忍度比例，平均比例为15.01%，这说明大部分共建国家的居民对药物成瘾行为的容忍度较低。我国对具有成瘾性的药物管控严格，在各个专项行动和主题教育下，居民对具有强烈成瘾性药物的防范意识提高。表现在数据上，我国居民对药物成瘾行为的容忍比例为3.47%，是排名最低的五个国家之一，其余国家分别是越南（1.17%）、韩国（1.93%）、乌兹别克斯坦（2.07%）、缅甸（2.08%）。即便是在排名靠前的国家中，如黎巴嫩（41.58%）、乌拉圭（44.10%）、巴基斯坦（47.47%），居民对药物成瘾行为的容忍比例仍然低于50%。从各大洲来看，共建国家居民对药物成瘾行为的容忍比例从高到低依次是北美洲（28.51%）、南美洲（21.21%）、大洋洲（19.77%）、欧洲（18.09%）、非洲（14.68%）、亚洲（12.20%）。

表3-11 "一带一路"共建国家居民对药物成瘾行为的容忍比例

排序	国家	比例	排序	国家	比例	排序	国家	比例
1	巴基斯坦	47.47%	22	特立尼达和多巴哥	16.12%	43	哈萨克斯坦	8.23%
2	乌拉圭	44.10%	23	秘鲁	16.01%	44	埃塞俄比亚	7.95%
3	黎巴嫩	41.58%	24	阿尔及利亚	15.83%	45	埃及	7.67%
4	尼加拉瓜	38.83%	25	科威特	15.58%	46	也门	7.50%
5	伊拉克	33.92%	26	利比亚	15.05%	47	斯洛伐克	7.16%
6	突尼斯	32.68%	27	巴勒斯坦	14.60%	48	马来西亚	6.09%
7	乌克兰	31.61%	28	肯尼亚	14.38%	49	印度尼西亚	5.97%
8	希腊	29.60%	29	智利	13.90%	50	卡塔尔	5.09%

续表3-11

排序	国家	比例	排序	国家	比例	排序	国家	比例
9	蒙古国	29.24%	30	委内瑞拉	13.87%	51	菲律宾	4.83%
10	斯洛文尼亚	28.25%	31	南非	13.51%	52	塔吉克斯坦	4.83%
11	波兰	26.81%	32	津巴布韦	13.23%	53	阿塞拜疆	4.69%
12	阿根廷	26.42%	33	伊朗	12.81%	54	亚美尼亚	3.98%
13	厄瓜多尔	24.00%	34	俄罗斯	11.82%	55	塞尔维亚	3.94%
14	加纳	23.71%	35	吉尔吉斯斯坦	11.17%	56	约旦	3.57%
15	新西兰	19.77%	36	泰国	11.13%	57	中国	3.47%
16	塞浦路斯	19.31%	37	土耳其	10.51%	58	缅甸	2.08%
17	孟加拉国	18.52%	38	格鲁吉亚	9.82%	59	乌兹别克斯坦	2.07%
18	摩洛哥	16.83%	39	尼日利亚	9.30%	60	韩国	1.93%
19	玻利维亚	16.67%	40	马尔代夫	9.14%	61	越南	1.17%
20	罗马尼亚	16.56%	41	捷克	9.11%			
21	新加坡	16.40%	42	卢旺达	8.78%			

注:数据来自WVS-Wave 7,题项Q18,题为"你是否介意药物成瘾的邻居?"选项为"介意"或"不介意"。"不介意"的比例被视为"一带一路"共建国家居民对药物成瘾行为的容忍度。

"一带一路"共建国家中居民对药物成瘾行为的容忍比例在不同性别和年龄上没有明显差异(比例差值均小于5%),而这一比例在不同受教育程度上存在一定的差别(如图3-18所示)。博士或等同学力(9.05%)的居民对药物成瘾行为的包容度最低,初中学历(13.67%)和高中学历(14.05%)的居民在这一比例相对较低,而没有接受正式教育(17.16%)以及接受高中后的非高等教育(17.15%)的居民在该比例相对较高。

从收入水平上看,"一带一路"共建国家居民对药物成瘾行为的容忍比例在不同收入水平的国家中截然不同,低收入国家(8.17%)

和中等偏上收入国家（11.29%）的居民对药物成瘾行为的容忍比例远低于高收入国家（17.53%）和中等偏下收入（18.18%）国家（如图3-19所示）。总体而言，共建国家居民对药物成瘾行为容忍程度较低，这体现了各国居民对做好成瘾性药物管理的美好愿望。

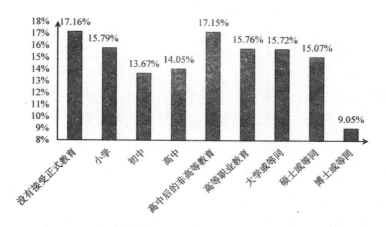

图3-18　"一带一路"共建国家居民对药物成瘾行为的容忍比例（按受教育程度统计）

注：数据来自WVS-Wave 7，题项Q18，题为"你是否介意药物成瘾的邻居？"选项为"介意"或"不介意"。"不介意"的比例被视为"一带一路"共建国家居民对药物成瘾行为的容忍度。

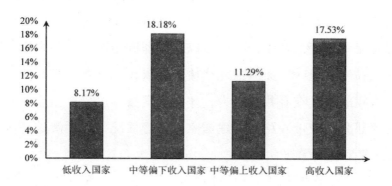

图3-19　"一带一路"共建国家居民对药物成瘾行为的容忍比例（按收入水平统计）

注：数据来自WVS-Wave 7，题项Q18，题为"你是否介意药物成瘾的邻居？"选项为"介意"或"不介意"。"不介意"的比例被视为"一带一路"共建国家居民对药物成瘾行为的容忍度。

第四章　教育公平价值观

> 　　教育公平是社会公平的重要基础，要不断促进教育发展成果更多更公平惠及全体人民，以教育公平促进社会公平正义。
>
> 　　　　——习近平2016年9月9日在北京市八一学校考察时的讲话

　　百年大计，教育为本。从某种意义上说，教育不仅是为国民投资，更是投资于一个国家和民族的未来。目前，国家之间的竞争俨然已成为人才竞争，要想在日趋激烈的国际竞争中立于不败之地，首先要解决好教育问题。虽然教育一直是世界各国所关注的话题，但是仍有各种各样的教育问题亟待解决。根据2022年《联合国教科文组织全民教育全球监测报告》，如今仍有2.44亿名6～18岁的儿童和青年无书可读，其中，撒哈拉以南的非洲地区失学率最高，其次是中亚和南亚地区。面对如此严峻的结果，世界各国都必须重新反思，寻找原因。唯有共同努力，才能取得持续进步。基于此，本章将介绍部分"一带一路"共建国家的教育概况，以了解这些国家的教育水平和教育公平状况。

　　本章基本内容如下：（1）简要介绍部分"一带一路"共建国家的教育基本概况，包括部分"一带一路"共建国家公共教育经费支出情况以及各国居民的教育文化程度。（2）阐明部分"一带一路"共建国家的教育发展水平与教育公平程度。一方面，通过对各个国家居民受教育机会的统计分析，反映该国的教育发展水平；另一方面，通过对各个国家居民对孩子教育问题的担心程度，揭示人们对教育问题的看法与认识。

通过本章的介绍与分析可以发现，一些国家出现的教育投资不足，居民受教育机会不多等，应该引起当地政府的高度重视，同时需要这些国家积极寻找解决方案，加大问责力度。另外，事实上，各个国家都要为实现联合国可持续发展目标（SDGs）的愿景"提供包容和公平的优质教育，让全民终身享有学习机会"而共同努力并履行责任。

4.1　教育基本概况

本节对教育基本概况的介绍将从以下两个方面展开，首先介绍"一带一路"共建国家的公共教育经费支出情况，包括公共教育支出占公共支出总额的比例和公共教育支出占国内生产总值的比例，然后对各国居民教育文化程度进行分析与讨论。

4.1.1　公共教育经费支出

为了评判一个国家对教育领域的重视程度，可以通过该国教育经费的投入规模进行衡量。根据经济合作与发展组织的国际标准分类，衡量教育经费投入规模的关键指标主要分为两个方面：一是公共教育支出占公共支出总额的比例，二是公共教育支出占国内生产总值的比例[①]。这两个比例越高，则说明该国在公共教育领域的投资比重越大。

参考世界银行数据库中公布的数据，选取并整理了2019—2022

---

① 陈纯槿、郅庭瑾：《世界主要国家教育经费投入规模与配置结构》，《中国高教研究》2017年第11期，第77–85页。

年部分"一带一路"共建国家最新的公共教育经费支出数据，包括公共教育支出占公共支出总额的比例以及公共教育支出占国内生产总值的比例两类数据。虽然所有"一带一路"共建国家的数据在世界银行数据库中均有记载，但部分国家在教育领域的数据仍有缺失，因此，最终整理得到了125个国家的数据。由于作图面积受限，且数据显示大部分国家都集中在均值及低于均值的部分，因此，图4-1仅展示了位于均值附近及以下的110个国家的公共教育经费支出情况，剩余15个国家的数据详见图注部分。

从图4-1可以看出，大部分国家公共教育支出占国内生产总值的比例和公共教育支出占公共支出的比例正相关且呈同步趋势。公共教育支出占国内生产总值的比例较低的国家，其公共教育支出占公共支出的比例也较低（如斯里兰卡和毛里塔尼亚）。然而，就二者都高的情况而言，出现了不匹配的现象，其中最明显的两个国家为基里巴斯和塞拉利昂。基里巴斯公共教育支出占国内生产总值的比例为15.59%，位居第一，但其公共教育支出占公共支出总额的比例为18.90%，排在第20位。塞拉利昂则情况相反，其公共教育支出占公共支出总额的比例为33.42%，位居第一，但公共教育支出占国内生产总值的比例为9.44%，排在第5位。

就公共教育支出占国内生产总值的比例而言，大部分国家的公共教育支出占国内生产总值的比例集中在2%～6.5%之间，且125个国家的平均水平为4.46%。只有8个国家低于2%，分别是中非（1.87%）、老挝（1.86%）、孟加拉国（1.83%）、毛里塔尼亚（1.75%）、巴基斯坦（1.69%）、柬埔寨（1.67%）、黎巴嫩（1.67%）和斯里兰卡（1.51%）。就中国而言，中国的公共教育支出占国内生产总值的比例接近4%（数据来自世界银行数据库），与其他"一带一路"共建国家相比，处于中下水平。

就公共教育支出占公共支出总额的比例而言，所有国家总体分布在7%～20%之间，只有6个国家低于7%，分别是瑙鲁（6.98%）、安哥拉（6.64%）、多米尼克（6.41%）、斯里兰卡（5.35%）、毛里塔尼亚（5.04%）和瓦努阿图（5.01%）。125个国家的平均水平为13.93%。就中国而言，中国的公共教育支出占公共支出总额的比例为10.5%（数据来自世界银行数据库），与其他"一带一路"共建国家相比，也处于中下水平。

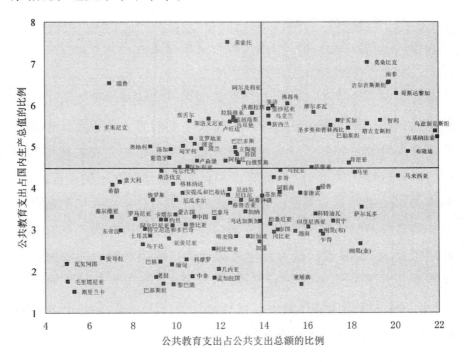

图4-1 "一带一路"共建国家公共教育经费支出

注：数据来自世界银行；未在图中展示的15个国家的数据如下（括号中左边为公共教育支出占公共支出总额的比例，右边为公共教育支出占国内生产总值的比例）：埃塞俄比亚（23.01%，4.07%），玻利维亚（10.79%，8.44%），博茨瓦纳（21.47%，8.06%），多米尼加（22.44%，3.75%），古巴（16.66%，11.52%），哈萨克斯坦（24.09%，4.39%），基里巴斯（18.90%，15.59%），密克罗尼西亚联邦（18.61%，10.54%），摩洛哥（23.87%，5.60%），纳米比亚（24.71%，10.03%），尼加拉瓜（22.69%，4.09%），塞拉利昂（33.42%，9.44%），塞内加尔（22.17%，5.59%），土库曼斯坦（28.00%，3.78%），伊朗（22.67%，3.20%）。

总的来看，"一带一路"共建国家的公共教育支出占国内生产总值比例的平均值为4.46%，刚刚达到联合国教科文组织《教育2030

行动框架》（以下简称"框架"）提议的4%～6%的最低标准；公共教育支出占公共支出总额比例的平均值为13.93%，尚未达到框架提议的15%～20%之内。这说明"一带一路"共建国家中有超过一半的国家对教育的投资还低于框架规定的下限。对于这些国家，要按照国情增加教育的公共投入，尽早达到国际上规定的标准。

4.1.2　居民教育文化程度

在对部分"一带一路"共建国家的教育领域投资情况有了初步认识后，接下来了解一下各个国家受访者的教育文化程度。根据联合国开发计划署每年于《人类发展报告》中发布的人类发展指数的三大成分指标（预期寿命、教育水平和生活质量）之一的教育指数，对部分"一带一路"共建国家的教育程度进行分析。这里的教育指数的衡量标准为人口平均受教育年限与预期受教育年限相结合。指数越接近1，说明该国教育程度越高（人口平均受教育年限越接近预期受教育年限）；指数越接近0，说明该国教育程度越低。排除非"一带一路"共建国家和缺失数据的国家，总共得到149个"一带一路"共建国家的统计数据结果（如表4-1所示）。

从表4-1可以看出，教育指数排名前十的国家分别为新西兰（0.92）、捷克（0.89）、斯洛文尼亚（0.89）、立陶宛（0.88）、爱沙尼亚（0.87）、拉脱维亚（0.87）、波兰（0.87）、韩国（0.86）、奥地利（0.85）以及格鲁吉亚（0.85），指数都在0.85及以上，说明这些国家居民的受教育程度普遍较高。教育指数排名后十的国家分别为中非（0.34）、几内亚（0.34）、埃塞俄比亚（0.33）、吉布提（0.31）、乍得（0.30）、南苏丹（0.30）、马里（0.29）、布基纳法索（0.29）、厄立特里亚（0.28）以及尼日尔（0.21），指数都在0.35以下，且全部为非洲国家，说明非洲国家居民的受教育程度普遍较低。中国的教育指数为0.64（数据来自联合国开发计划署），排名第74位，在"一带

"一路"共建国家中处于中等水平。

表4-1 "一带一路"共建国家居民的教育指数

排序	国家	教育指数	排序	国家	教育指数	排序	国家	教育指数
1	新西兰	0.92	51	约旦	0.71	101	伊拉克	0.53
2	捷克	0.89	52	摩尔多瓦	0.71	102	摩洛哥	0.53
3	斯洛文尼亚	0.89	53	阿塞拜疆	0.71	103	瓦努阿图	0.53
4	立陶宛	0.88	54	南非	0.71	104	刚果（布）	0.53
5	爱沙尼亚	0.87	55	阿曼	0.71	105	乌干达	0.53
6	拉脱维亚	0.87	56	文莱	0.70	106	孟加拉国	0.51
7	波兰	0.87	57	卡塔尔	0.70	107	汤加	0.51
8	韩国	0.86	58	厄瓜多尔	0.70	108	东帝汶	0.51
9	奥地利	0.85	59	巴拿马	0.69	109	洪都拉斯	0.50
10	格鲁吉亚	0.85	60	萨摩亚	0.69	110	莱索托	0.50
11	白俄罗斯	0.84	61	马其顿	0.69	111	尼泊尔	0.50
12	希腊	0.84	62	牙买加	0.69	112	安哥拉	0.50
13	俄罗斯	0.83	63	秘鲁	0.69	113	马达加斯加	0.50
14	新加坡	0.83	64	土耳其	0.69	114	刚果（金）	0.50
15	斯洛伐克	0.83	65	玻利维亚	0.69	115	柬埔寨	0.49
16	马耳他	0.82	66	安提瓜和巴布达	0.68	116	老挝	0.49
17	阿根廷	0.82	67	阿尔及利亚	0.66	117	尼日利亚	0.48
18	匈牙利	0.82	68	菲律宾	0.66	118	科摩罗	0.47
19	哈萨克斯坦	0.81	69	泰国	0.66	119	贝宁	0.47
20	塞浦路斯	0.81	70	巴勒斯坦	0.66	120	所罗门群岛	0.47
21	保加利亚	0.81	71	博茨瓦纳	0.66	121	马拉维	0.45
22	智利	0.80	72	塔吉克斯坦	0.66	122	卢旺达	0.45
23	乌克兰	0.79	73	突尼斯	0.66	123	赤道几内亚	0.44
24	卢森堡	0.79	74	中国	0.64	124	缅甸	0.44

续表4-1

排序	国家	教育指数	排序	国家	教育指数	排序	国家	教育指数
25	克罗地亚	0.79	75	多米尼加	0.64	125	坦桑尼亚	0.44
26	意大利	0.79	76	黎巴嫩	0.64	126	利比里亚	0.43
27	黑山	0.79	77	苏里南	0.64	127	巴布亚新几内亚	0.43
28	沙特阿拉伯	0.79	78	加蓬	0.63	128	布隆迪	0.42
29	斐济	0.79	79	土库曼斯坦	0.63	129	科特迪瓦	0.42
30	古巴	0.78	80	越南	0.63	130	阿富汗	0.42
31	塞尔维亚	0.78	81	印度尼西亚	0.62	131	叙利亚	0.41
32	巴巴多斯	0.78	82	基里巴斯	0.62	132	巴基斯坦	0.41
33	汤加	0.77	83	科威特	0.62	133	几内亚比绍	0.39
34	蒙古国	0.77	84	利比亚	0.62	134	塞拉利昂	0.39
35	罗马尼亚	0.76	85	多米尼加	0.61	135	毛里塔尼亚	0.39
36	葡萄牙	0.76	86	埃及	0.60	136	莫桑比克	0.39
37	巴林	0.76	87	圭亚那	0.60	137	冈比亚	0.37
38	格林纳达	0.76	88	密克罗尼西亚联邦	0.59	138	塞内加尔	0.37
39	亚美尼亚	0.75	89	萨尔瓦多	0.58	139	也门	0.35
40	斯里兰卡	0.75	90	赞比亚	0.58	140	中非	0.34
41	阿尔巴尼亚	0.75	91	纳米比亚	0.57	141	几内亚	0.34
42	伊朗	0.74	92	马尔代夫	0.56	142	埃塞俄比亚	0.33
43	委内瑞拉	0.74	93	加纳	0.56	143	吉布提	0.31
44	吉尔吉斯斯坦	0.74	94	尼加拉瓜	0.56	144	乍得	0.30
45	乌拉圭	0.73	95	津巴布韦	0.56	145	南苏丹	0.30
46	塞舌尔	0.73	96	圣多美和普林西比	0.56	146	马里	0.29
47	特立尼达和多巴哥	0.72	97	印度	0.56	147	布基纳法索	0.29

排序	国家	教育指数	排序	国家	教育指数	排序	国家	教育指数
48	哥斯达黎加	0.72	98	佛得角	0.56	148	厄立特里亚	0.28
49	马来西亚	0.72	99	肯尼亚	0.55	149	尼日尔	0.21
50	乌兹别克斯坦	0.72	100	喀麦隆	0.55			

注：数据来自联合国开发计划署。

4.2　教育发展水平与教育公平价值观

本节对教育发展水平与教育公平价值观的介绍将从以下三个方面展开，首先介绍"一带一路"共建国家居民受教育机会的公平性，其次介绍各国居民对教育性别公平性的看法，最后介绍各国居民对教育问题的担忧程度。

4.2.1　各国居民受教育机会的比较

入学率是衡量教育普及度、教育发展水平和教育机会平等性的一个重要指标[①]。世界银行的统计数据显示，各国居民在小学和中学的入学率相差不大，总体较高，几乎都在80%以上。而相对来说，各国高等院校的入学率差异较大，因此，本节将着重分析"一带一路"共建国家的高等院校的入学率。根据世界银行统计的2021年各国居民在高等院校的入学率，将"一带一路"共建国家筛选出来，剔除了缺失数据的国家，最终得到109个国家的数据（如表4-2所示）。

---

① 邓莉、彭正梅：《确保"起跑线"公平——基于OECD国家和中国的学前教育机会指标比较》，《南京师大学报（社会科学版）》2020年第6期，第62-74页。

表4-2　"一带一路"共建国家居民的高等院校入学率(202 年)

排序	国家	入学率	排序	国家	入学率	排序	国家	入学率
1	希腊	150.20%	38	伊朗	57.34%	75	卢森堡	20.73%
2	土耳其	125.76%	39	匈牙利	56.52%	76	肯尼亚	20.48%
3	阿根廷	107.13%	40	黑山	56.07%	77	加纳	20.39%
4	韩国	100.32%	41	吉尔吉斯斯坦	55.92%	78	汤加	20.24%
5	新加坡	97.10%	42	罗马尼亚	55.27%	79	尼加拉瓜	19.90%
6	塞浦路斯	96.54%	43	哥斯达黎加	54.72%	80	加蓬	19.62%
7	智利	96.22%	44	阿尔及利亚	53.40%	81	土库曼斯坦	18.25%
8	奥地利	93.94%	45	巴拿马	53.04%	82	萨摩亚	17.57%
9	拉脱维亚	93.48%	46	阿联酋	52.71%	83	塞内加尔	16.81%
10	俄罗斯	83.33%	47	古巴	51.08%	84	塞舌尔	15.28%
11	斯洛文尼亚	82.24%	48	斯洛伐克	50.73%	85	多哥	15.07%
12	新西兰	79.41%	49	斐济	50.56%	86	柬埔寨	15.00%
13	格鲁吉亚	78.94%	50	泰国	49.14%	87	尼泊尔	14.00%
14	巴林	77.24%	51	摩洛哥	46.18%	88	巴基斯坦	12.60%
15	乌拉圭	75.17%	52	巴勒斯坦	44.98%	89	老挝	12.46%
16	保加利亚	74.03%	53	波黑	44.63%	90	安哥拉	11.06%
17	爱沙尼亚	73.15%	54	阿曼	43.84%	91	阿富汗	10.86%
18	马耳他	73.02%	55	印度尼西亚	42.63%	92	贝宁	10.80%
19	克罗地亚	72.33%	56	越南	42.22%	93	科特迪瓦	9.78%
20	中国	71.98%	57	阿塞拜疆	41.77%	94	布基纳法索	9.73%
21	立陶宛	71.91%	58	北马其顿	40.55%	95	津巴布韦	9.72%
22	葡萄牙	71.87%	59	马来西亚	40.27%	96	苏里南	8.80%
23	意大利	71.29%	60	埃及	37.82%	97	莫桑比克	7.30%
24	波兰	70.93%	61	突尼斯	37.80%	98	卢旺达	7.03%
25	白俄罗斯	70.87%	62	马尔代夫	36.27%	99	几内亚	6.72%
26	乌克兰	70.72%	63	约旦	36.01%	100	刚果(金)	6.67%

排序	国家	入学率	排序	国家	入学率	排序	国家	入学率
27	塞尔维亚	69.69%	64	卡塔尔	35.09%	101	布隆迪	6.52%
28	捷克	69.11%	65	菲律宾	34.89%	102	马达加斯加	6.15%
29	哈萨克斯坦	64.85%	66	文莱	32.70%	103	毛里塔尼亚	5.95%
30	摩尔多瓦	64.39%	67	乌兹别克斯坦	31.53%	104	赤道几内亚	5.37%
31	蒙古国	64.32%	68	萨尔瓦多	30.82%	105	坦桑尼亚	5.11%
32	阿尔巴尼亚	62.73%	69	纳米比亚	28.37%	106	马里	4.73%
33	黎巴嫩	61.60%	70	南非	25.24%	107	乍得	4.53%
34	科威特	61.56%	71	洪都拉斯	25.13%	108	尼日尔	4.27%
35	亚美尼亚	59.81%	72	斯里兰卡	22.96%	109	马拉维	2.70%
36	多米尼加	58.52%	73	博茨瓦纳	22.90%			
37	厄瓜多尔	57.94%	74	孟加拉国	22.84%			

　　注:数据来自世界银行;高等院校入学率指的是不论年龄大小,大学(ISCED 5 和 6)在校生总数占中学之后 5 年学龄人口总数的百分比;总入学率可能超过100%,因为包含了较早或较晚入学及复读的超龄和小龄学生。

　　数据结果显示,这109个"一带一路"共建国家的高等院校入学率平均值为44.68%,远低于小学和中学的入学率,说明平均一半以上的居民都没有接受过高等教育。不过,鉴于高等院校选拔人才、择优录取的原则,这一数据也反映了高等院校所发挥的遴选作用,因此,也较为合理。此外,入学率最高的前5个国家分别为希腊(150.20%)、土耳其(125.76%)、阿根廷(107.13%)、韩国(100.32%)以及新加坡(97.10%),都在95%以上。入学率最低的后5个国家分别为坦桑尼亚(5.11%)、马里(4.73%)、乍得(4.53%)、尼日尔(4.27%)以及马拉维(2.70%),都低于6%,且都为非洲国家。这与当地经济落后和政局动荡有着较为紧密的关系,这些国家中往往大部分人都没有进入大学学习的机会。中国的高等院校入学率为71.98%,排在第20位,相比于其他"一带一路"共建国家，处于偏上水平，说明中国接受高等教育的人较多，受教育机会相对平等。总的来说，在收入水平越高的国家，居民受到较高教育层次的机会就越大，同时也反映了该国教育机会更公平和教育水平更先进。

4.2.2　对于教育性别公平的看法

部分"一带一路"共建国家居民对于教育是否在不同性别中的重要程度有所差异这一问题，表达了自己的观点，侧面反映出居民对于教育的性别公平性的态度。根据WVS第7轮的数据，通过对受访者询问"您认为相比于女孩，大学教育对男孩更重要"进行调查分析，其中，1表示"非常同意"，2表示"同意"，3表示"不同意"，4表示"非常不同意"。结果如图4-2所示，约有72%的受访者表示不同意（包括非常不同意和不同意），只有28%的受访者认为大学教育对男孩更重要（包括非常同意和同意）。因此，大部分"一带一路"共建国家都不存在严重的教育性别歧视问题。

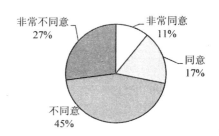

图4-2　"一带一路"共建国家居民对教育性别公平性的态度

注：数据来自WVS-Wave 7，题项Q30，4点量表。

4.2.3　对于教育问题的担忧

部分"一带一路"共建国家居民对自己孩子能否受到良好教育

的问题，持有不同的态度，这一角度也可以反映该国教育发展程度如何。在教育水平较为先进的国家，居民普遍不会太担心自己孩子的教育问题；相反，在教育水平相对落后的国家中，教育问题既是一个家庭面对的难题，又是关乎国家生存发展的大计。

表4-3　"一带一路"共建国家居民对孩子不能受到良好教育持不同态度的占比

国家	非常担心	比较担心	不太担心	不担心	国家	非常担心	比较担心	不太担心	不担心
阿尔及利亚	55.00%	20.60%	12.80%	11.70%	缅甸	90.30%	7.80%	0.90%	1.00%
阿根廷	20.40%	30.80%	19.40%	29.30%	摩洛哥	27.80%	32.10%	16.80%	23.30%
阿塞拜疆	37.30%	33.60%	14.40%	14.60%	南非	37.60%	31.20%	15.40%	15.80%
埃及	51.80%	30.90%	10.40%	6.90%	尼加拉瓜	55.50%	21.80%	12.40%	10.30%
埃塞俄比亚	78.30%	15.00%	4.40%	2.30%	尼日利亚	71.00%	19.00%	7.90%	2.10%
巴基斯坦	68.20%	17.60%	6.70%	7.60%	塞尔维亚	36.40%	31.60%	15.50%	16.50%
巴勒斯坦	37.20%	25.90%	21.30%	15.60%	塞浦路斯	27.80%	19.60%	14.40%	38.30%
波兰	17.60%	29.30%	18.80%	34.30%	斯洛伐克	4.30%	18.50%	25.20%	52.00%
玻利维亚	52.20%	23.40%	14.90%	9.60%	斯洛文尼亚	19.00%	22.70%	19.00%	39.30%
俄罗斯	28.40%	31.40%	20.20%	20.00%	塔吉克斯坦	31.50%	21.30%	18.80%	28.50%
厄瓜多尔	51.80%	31.30%	11.50%	5.40%	泰国	31.40%	35.90%	12.50%	20.30%
菲律宾	56.10%	33.60%	8.50%	1.80%	特立尼达和多巴哥	30.70%	14.70%	11.90%	42.80%
格鲁吉亚	60.60%	21.00%	7.30%	11.20%	突尼斯	66.80%	18.30%	13.30%	1.50%
哈萨克斯坦	39.40%	33.70%	14.80%	12.10%	土耳其	37.20%	41.20%	16.90%	4.60%
韩国	19.40%	44.50%	27.80%	8.30%	委内瑞拉	45.70%	32.20%	12.80%	9.30%
吉尔吉斯斯坦	63.10%	21.80%	8.40%	6.70%	乌克兰	40.70%	27.20%	15.60%	16.40%
加纳	79.00%	13.50%	2.80%	4.70%	乌拉圭	62.90%	19.00%	5.80%	12.40%
捷克	4.40%	20.10%	25.80%	49.70%	乌兹别克斯坦	22.80%	25.60%	22.50%	29.10%

续表4-3

国家	非常担心	比较担心	不太担心	不担心	国家	非常担心	比较担心	不太担心	不担心
津巴布韦	78.50%	14.50%	4.00%	3.10%	希腊	18.40%	20.30%	12.50%	48.80%
卡塔尔	69.50%	16.60%	7.30%	6.60%	新加坡	35.00%	23.40%	24.50%	17.00%
科威特	51.70%	20.60%	14.00%	13.70%	新西兰	8.40%	17.50%	20.50%	53.60%
肯尼亚	65.90%	17.00%	10.90%	6.20%	亚美尼亚	61.00%	15.30%	5.90%	17.80%
黎巴嫩	36.80%	29.10%	17.80%	16.30%	也门	54.90%	29.80%	8.40%	6.90%
利比亚	67.60%	13.90%	10.10%	8.40%	伊拉克	50.00%	26.40%	16.30%	7.30%
卢旺达	54.70%	38.40%	6.70%	0.20%	伊朗	14.20%	32.20%	29.50%	24.00%
罗马尼亚	24.60%	20.70%	19.60%	35.10%	印度尼西亚	69.90%	24.90%	3.70%	1.50%
马尔代夫	65.70%	17.10%	17.20%	0%	约旦	44.00%	27.30%	10.60%	18.10%
马来西亚	59.30%	26.70%	8.70%	5.40%	越南	68.40%	23.80%	5.90%	1.90%
蒙古国	31.70%	31.00%	23.40%	13.90%	智利	56.40%	17.70%	10.90%	15.00%
孟加拉国	52.90%	30.60%	7.20%	9.40%	中国	39.50%	37.40%	15.90%	7.20%
秘鲁	63.60%	23.80%	6.50%	6.10%					

注:数据来自WVS-Wave 7,题项Q143,4点量表和WVS-Wave 6,题项V182,4点量表;阿尔及利亚、阿塞拜疆、巴勒斯坦、波兰、格鲁吉亚、加纳、卡塔尔、科威特、卢旺达、南非、斯洛文尼亚、特立尼达和多巴哥、乌兹别克斯坦和也门14个国家的数据来自WVS-Wave 6。

如表4-3所示,通过对受访者询问"你会在多大程度上担心下面这种情况:不能给我的孩子良好的教育"进行调查分析,其中,1表示"非常担心",2表示"比较担心",3表示"不太担心",4表示"不担心"。结果显示,最不担心孩子不能受到良好教育的前十名国家分别为新西兰(53.60%)、斯洛伐克(52.00%)、捷克(49.70%)、希腊(48.80%)、特立尼达和多巴哥(42.80%)、斯洛文尼亚(39.30%)、塞浦路斯(38.30%)、罗马尼亚(35.10%)、波兰

（34.30%）以及阿根廷（29.30%），这10个国家都属于中等偏上收入国家行列，它们的国内生产总值较高且经济发达。在这些国家的居民看来，他们并不太担心，甚至不担心不能给自己的孩子良好的教育。因为在这些较发达的国家，人口总量较少且物质资源丰富，政府对公共教育经费的支出也处于世界平均水平的中上游，能够保障大部分家庭的孩子受到良好的教育，所以大部分人不太担心，甚至不担心孩子不能受到良好的教育。在其他经济水平属于中等偏下的国家中，孩子是否能受到良好的教育依然是大部分人所担心的问题。有7个国家超过90%的人表示非常担心或比较担心孩子不能受到良好的教育，包括缅甸（90.30%，7.80%）、加纳（79.00%，13.50%）、津巴布韦（78.50%，14.50%）、埃塞俄比亚（78.30%，15.00%）、尼日利亚（71.00%，19.00%）、印度尼西亚（69.90%，24.90%）和越南（68.40%，23.80%）。其中有4个国家为非洲国家（加纳、津巴布韦、埃塞俄比亚和尼日利亚），3个国家为亚洲国家（缅甸、印度尼西亚和越南）。这些国家大多经济较为落后，这在一定程度上造成了当地教育水平的极不发达。一直以来，这些国家也在谋求融资进行教育改革，争取国际援助和社会捐助，但是仍有困难难以解决[①]。

接下来，结合WVS第6轮和第7轮中关于教育文化程度的数据与对教育的担心程度的数据，形成了四象限图（如图4-3所示）。从图中可以看出，大部分国家集中在受教育文化程度较低且对教育担心程度较高的象限中，这也较为合理。然而，也有部分"一带一路"共建国家的情况较为出乎意料。比如亚美尼亚、吉尔吉斯斯坦和利比亚这三个国家，它们的平均受教育程度在4.33～4.44范围内，排在第8～10位，说明其教育程度相对而言较高；但对教育的担心程度均值在1.59～1.81之间，低于平均值，说明其对教育的担心程度很高。也就是说，这三个国家本身教育程度较高，但仍然十分担心

---

① 刘静：《发展中国家的学校改进研究述评》，《外国中小学教育》2014年第10期，第13-19页。

自己的孩子不能受到良好的教育。与此类似，捷克与特立尼达和多巴哥也出现了二者不匹配的情况，不过情况刚好相反。捷克的平均受教育程度为3.15，略低于平均值，而其对教育的担心程度却高达3.21，说明捷克本身受教育程度并不高，但却一点儿也不担心自己的孩子不能受到良好的教育，这表明捷克的居民对本国教育较为有信心。特立尼达和多巴哥的平均受教育程度为2.01，在所有国家中排名倒数第4位，然而，其对教育的担心程度却为2.67，远高于平均值，在所有国家中排名第7位，这说明该国教育程度很低，却不担心自己的孩子不能受到良好的教育。

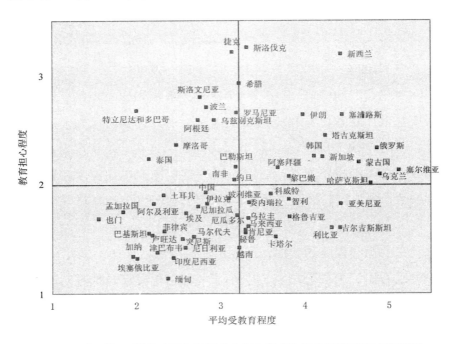

图4-3 "一带一路"共建国家居民教育担心程度和平均受教育程度象限图

注:数据来自WVS-Wave 7,题项Q275,9点量表和题项Q143,4点量表以及WVS-Wave 6,题项V248,9点量表和题项V182,4点量表。教育文化程度由低到高共分为九类:0表示"没有接受正式教育",1表示"小学",2表示"初中",3表示"高中",4表示"高中后的非高等教育",5表示"高等职业教育",6表示"大学或等同",7表示"硕士或等同",8表示"博士或等同"。将WVS第6版中的量纲以此为标准进行了转化。平均受教育程度均值越大,表示学历越高;教育担心程度均值越大,表示越不担心教育问题。

接下来，按照"一带一路"共建国家所属的地区进行分类，将统计的数据以堆积条形图的形式直观地展示（如图4-4所示）。整体而言，非洲、南美洲和亚洲地区的国家有超过七成的受访者表示担心孩子不能受到良好的教育，其中非洲地区表示担心的占比高达83.20%（包括选择非常担心和比较担心两个选项），欧洲和大洋洲的国家则表示没那么担心，尤其是大洋洲，只有25.90%的受访者表示担心。

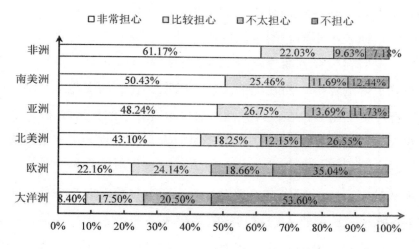

图4-4 "一带一路"共建国家居民对孩子不能受到良好教育的态度的占比

（按大洲统计）

注：数据来自WVS-Wave 7，题项Q143，4点量表和WVS-Wave 6，题项V182，4点量表；其中，北美洲只包含两个国家（尼加拉瓜、特立尼达和多巴哥），大洋洲只包含一个国家（新西兰），仅供参考。

此外，就中国情况而言，约有76.90%的受访者表示担心，23.10%表示不担心。这一数据在所有"一带一路"共建国家中处于中间位置，相比于其他发展中国家而言，较为乐观，这可能与中国推行九年义务教育这一政策相关。通过先后实行"一费制"和"两免一补"等相关政策①，中国适龄孩子上学的门槛和成本极大降低，

---

① 廖其发：《新中国70年义务教育的发展历程与成就——兼及普及教育》，《西南大学学报（社会科学版）》2019年第5期，第5-13页。

很大程度上保证了适龄孩子都能接受教育，减轻了居民的教育担忧和教育负担。虽然中国的义务教育已从"不均衡"发展到"初步均衡"，但仍面临着"优质均衡"的问题与任务。中国城乡发展的不平衡在教育领域上也十分明显，教育资源的短缺问题，尤其在乡村教育中更为严峻，城乡义务教育一体化是当代中国亟须解决的任务和难题①。

　　不同收入水平下，"一带一路"共建国家的居民对孩子不能受到良好教育，持不同态度的占比也是有差异的（如图4-5所示）。随着国家收入水平的提高，对孩子不能受到良好教育表示担心的居民占比降低，而表示不担心的居民占比上升。这说明在经济水平低下的国家，政府在教育方面投资少，存在的教育问题也多，孩子的教育得不到更好的保障。而在经济发达的国家，它们的文化水平高，公共教育经费支出多，在教育方面对居民也有更多的优惠政策②。相比低收入和中等偏下收入国家，中等偏上收入和高收入国家中，有更多的居民可以享受到优质的教育资源，因而，也不难理解在较高收入水平的国家中，那些表示不担心的居民占比相对较高一些。正如图4-5所示，从低收入国家到高收入国家，表示不担心的居民的占比呈递增趋势。然而，从总体上来看，除高收入国家外，表示非常担心和比较担心的居民占比相对较高，可见，孩子能否接受良好的教育，依然是各个国家所需要重点关注的问题。

　　不同年龄段下，"一带一路"共建国家的居民对孩子不能受到良好教育的担心程度的均值也是有差异的（如图4-6所示），均值越小，说明越担心。总体而言，21～50岁的居民对自己孩子不能受到良好教育最为担心，尤其是31～40岁的居民，均值最低，为1.76。他们的孩子正处于接受教育的适龄阶段，因此，他们对教育问题最为关注和担心。从51岁以后，随着年龄的不断增长，人们对孩子不

---

① 卢海丽等：《城乡教育一体化视野下乡村义务教育优质均衡发展的困境及疏解》，《教育理论与实践》2023年第28期，第26–33页。
② 沈华、邱文琪、梁冰洁：《"一带一路"国家高等教育政府投入与中国合作》，《电子科技大学学报(社科版)》2017年第5期，第1–5页。

能受到良好教育的担心程度逐渐下降，70岁以上的担心程度最低，均值为2.86。这些年龄段居民的孩子大多已经结束了教育阶段，逐渐迈入了人生的另一阶段，因此，教育问题对这些年龄段的居民已构不成太大的担忧。

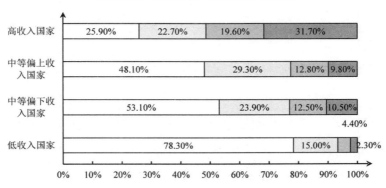

图4-5　"一带一路"共建国家居民对孩子不能受到良好教育的态度的占比

（按收入水平统计）

注：数据来自WVS-Wave 7，题项Q143，4点量表和WVS-Wave 6，题项V182，4点量表。

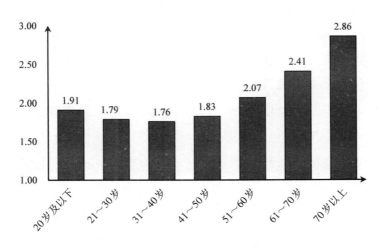

图4-6　"一带一路"共建国家居民对孩子不能受到良好教育的态度的均值

（按年龄段统计）

注：数据来自WVS-Wave 7，题项Q143，4点量表和题项Q262；均值越小，表示越担心孩子不能受到良好教育。

第五章　环境价值观

> 人与自然是生命共同体。生态环境没有替代品，用之不觉，失之难存。当人类合理利用、友好保护自然时，自然的回报常常是慷慨的；当人类无序开发、粗暴掠夺自然时，自然的惩罚必然是无情的。人类对大自然的伤害最终会伤及人类自身，这是无法抗拒的规律。
>
> ——习近平2018年5月18日在全国生态环境保护大会上的讲话

21世纪，人类生存与发展面临着诸多问题，其中不可或缺的一个重大问题就是环境问题。随着对经济发展中不断出现的问题的思考，人们逐渐认识到环境问题的重要性，开始不断采取措施及行动来保护赖以生存的环境。"一带一路"倡议覆盖了除南极洲外的所有大洲，包含众多国家及地区，这些国家及地区因为地理位置、气候环境、人类生产活动的差异，形成了各种各样的环境问题，并且各国环境问题的严重性大相径庭。

环境价值观是指个人基于自己的人生观对环境及环境问题的根本看法①。通过世界价值观调查的数据，本章对"一带一路"共建国家的环境问题及其环境保护的关注度进行了分析。首先，结合第一章的相关描述，对"一带一路"共建国家的资源环境及环境保护现状进行总体介绍分析，包括对各国某些自然资源现状的分析以及各

---

① 王晓楠：《阶层认同、环境价值观对垃圾分类行为的影响机制》，《北京理工大学学报（社会科学版）》2019年第3期，第57—66页。

国签订的国际公约和协议等；其次，基于世界价值观调查第7轮的数据，分析"一带一路"共建国家对环境保护的关注程度和重视程度，不仅介绍了各国对于环保组织的态度和看法，还说明了各国对于环境保护的重要性以及环保和经济发展之间关系的看法。分析结果表明，"一带一路"共建国家的确或多或少都存在着环境问题，各国对于环境保护的意识还是比较高的，不存在漠视环境问题的国家。此外，由于共建国家经济发展、人们生活水平的差异，不同的国家在面临经济发展与环境保护优先考虑何者时，做出的选择是不同的。

5.1　资源环境及保护现状

环境问题，除了地理、气候等原生自然因素导致外，多由人类活动引起，人类生产活动使得环境质量出现变化并对人类的生产生活产生影响。目前，世界各国已经认识到的重大环境问题（影响全球的环境问题），包括全球变暖、臭氧层破坏、淡水资源紧张、土地荒漠化等，这些问题大都是由于人类活动导致的，例如大规模工业生产、水污染、乱砍滥伐等人类活动。在认识到环境问题的紧迫性后，各国开始对环境保护不断关注，并在各环境论坛及峰会上签订协议、公约等来共同应对环境问题。

目前来说，世界各地的各种资源环境均有不容乐观之处，例如淡水资源、能源紧张、森林资源等。正如第一章中的1.2.4节所分析的情况那样，总体而言，"一带一路"共建国家的森林资源、可再生内陆淡水资源能基本满足各国所需。然而，西亚和北非地区受当地气候、地形等因素影响，在森林资源和淡水资源方面面临着较为严峻的挑战。这不仅影响了当地的生态环境，也对其经济发展和社会稳定产生一定程度的负面影响。

众多国家的领导以及人民已经逐渐认识到环境问题的严峻性，近些年对环境保护的关注度不断加强[①]。2005年2月16日，141个国家和地区签署了旨在遏制全球气候变暖的《京都议定书》；2016年4月22日，175个国家及地区在巴黎气候变化大会上签订了《巴黎协定》，旨在应对气候环境变化。为了更加有效地执行《巴黎协定》及联合国可持续发展目标，2018年5月11日，联合国大会投票通过一项决议，为制定《世界环境公约》建立框架。该公约是世界范围内的综合公约，旨在通过确立环境保护的基本原则来巩固全球环境治理的框架。中国作为"一带一路"倡议中承担重要角色的国家，对改善全球环境问题、共建人类命运共同体义不容辞。2020年，中国所提出的碳达峰、碳中和的"双碳"目标已成为全球气候行动的重要目标，得到了世界各国的广泛支持和认可[②]。与此同时，各国也逐渐开始注重经济的可持续发展、绿色发展，在发展经济的同时，注重对环境的保护。

5.2 环境保护关注度

本部分对环境保护关注度的介绍将从以下两个方面展开，首先介绍"一带一路"共建国家居民对环保组织的看法，包括对环保组织的信心和在环保组织中的参与度，然后介绍各国居民对环境保护重要性的看法与态度。

---

① 周国梅：《绿色发展与环境保护关注问题分析》，《环境保护》2016年第22期，第31–34页。

② 吕江、张可：《"一带一路"能源合作的制度建构：发展历程、中国贡献与路径抉择》，《东北亚论坛》2024年第2期，第34–46页。

5.2.1　对环保组织的看法

1.对环保组织的信心

环保组织作为一种非营利性组织，其宗旨就是环境保护[①]。通过分析"一带一路"共建国家居民对环保组织的信心，可以看出该国环保组织的工作是否取得一定的成效，以及是否得到本国居民的认可，也可以从侧面反映该国对于环境保护的关注度。在世界价值观调查（第7轮）第79题项中，询问居民"对于环保组织，你能告诉我，你对它们有多少信心吗？"通过4点量表进行回答，1表示"非常有信心"，2表示"比较有信心"，3表示"不太有信心"，4表示"完全没有信心"。均值得分越小，表示对环保组织的信心越大。分析结果如表5-1所示，排在前七位的国家都为亚洲国家，分别是菲律宾（1.93）、缅甸（1.93）、印度尼西亚（1.94）、越南（1.94）、伊朗（2.04）、马来西亚（2.06）和中国（2.06），说明亚洲国家的一些环保组织在环境保护方面的确发挥了重要作用，得到人们的认可。均值得分在3以上的只有两个国家，分别是黎巴嫩（3.01）和埃及（3.32）。总体而言，"一带一路"共建国家居民对环保组织较为有信心。

表5-1　"一带一路"共建国家居民对环保组织的信心均值

排序	国家	均值	排序	国家	均值	排序	国家	均值
1	菲律宾	1.93	17	哈萨克斯坦	2.29	33	希腊	2.62
2	缅甸	1.93	18	马尔代夫	2.31	34	约旦	2.63
3	印度尼西亚	1.94	19	韩国	2.32	35	摩洛哥	2.64
4	越南	1.94	20	吉尔吉斯斯坦	2.32	36	蒙古国	2.65

---

① 李宁、王义保：《环保组织在环境冲突治理中的作用机制探析——基于利益、价值与认知视角》，《云南行政学院学报》2015年第3期，第94—99页。

续表5-1

排序	国家	均值	排序	国家	均值	排序	国家	均值
5	伊朗	2.04	21	尼加拉瓜	2.34	37	秘鲁	2.65
6	马来西亚	2.06	22	新西兰	2.34	38	委内瑞拉	2.67
7	中国	2.06	23	智利	2.34	39	突尼斯	2.69
8	乌拉圭	2.07	24	尼日利亚	2.35	40	乌克兰	2.7
9	埃塞俄比亚	2.15	25	阿根廷	2.38	41	亚美尼亚	2.7
10	泰国	2.18	26	巴基斯坦	2.38	42	塞尔维亚	2.75
11	肯尼亚	2.19	27	塞浦路斯	2.43	43	罗马尼亚	2.88
12	新加坡	2.19	28	玻利维亚	2.48	44	利比亚	2.91
13	塔吉克斯坦	2.23	29	土耳其	2.49	45	伊拉克	2.95
14	津巴布韦	2.25	30	斯洛伐克	2.51	46	黎巴嫩	3.01
15	孟加拉国	2.26	31	俄罗斯	2.53	47	埃及	3.32
16	厄瓜多尔	2.27	32	捷克	2.58			

注:数据来自WVS—Wave 7,题项Q79,4点量表。

不同收入水平下,参与共建"一带一路"倡议国家的居民对环保组织信心的占比存在差异(如图5-1所示)。随着国家收入水平的提高,居民对环保组织非常有信心的占比降低。相比于高收入国家,低收入国家反而对环保组织更有信心(包括非常有信心和比较有信心)。一方面,这可能是因为低收入国家的政府往往面临资源有限、治理能力不足的困境,难以独自应对环境问题,而环保组织作为非政府力量,能够及时为当地居民提供实际帮助[1]。这种补充作用使得环保组织在低收入国家中显得尤为重要,因此,更容易获得低收入

---

[1] 黄建:《国家治理现代化背景下社会组织的价值研究》,《领导之友》2017年第19期,第36—40页。

国家居民的信任和支持。另一方面,在高收入国家,环保组织可能会面临来自商业利益集团的压力和阻力,导致其在某些问题上难以取得进展。而在低收入国家,这种利益冲突相对较少,环保组织更容易得到社会各界的支持和合作①。

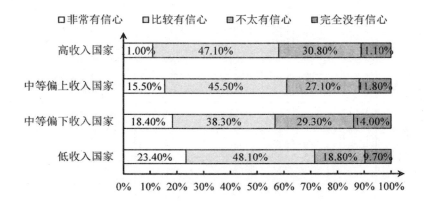

图5-1 "一带一路"共建国家居民对环保组织信心的占比(按收入水平统计)

注:数据来自WVS-Wave 7,题项Q79,4点量表。

2.环保组织的参与度

"一带一路"共建国家居民在环保组织中的参与度,也可以体现各国对环保组织的看法和对环保的关注度。在世界价值观调查(第7轮)的题项Q99中,询问受访者"对于环保组织,你能告诉我,你是该组织的积极成员、非积极成员,还是非成员吗?"通过3点量表进行回答,0表示"非成员",1表示"积极成员",2表示"非积极成员"。在分析时,对选择1和2的进行汇总,将其整体表示为"成员",选择0的仍表示为"非成员"。表5-2呈现了部分"一带一路"共建国家中居民属于环保组织的成员(包括积极成员和非积极成员)的占比。结果显示,虽然肯尼亚在"一带一路"共建国家中排名最高(成员占比为39.40%),但其参与度不足40%,说明"一带一路"共建国家居民在环保组织中的参与度整体较低。

---

① Ishita Roy, Tanzil Al Raquib, and Amit Kumar Sarker, "Contribution of Ngos for Socio-Economic Development in Bangladesh," *Science Journal of Business and Management* 5, No. 1(2017):1–8.

表5-2 "一带一路"共建国家居民在环保组织的参与度

排序	国家	成员占比	排序	国家	成员占比	排序	国家	成员占比
1	肯尼亚	39.40%	17	智利	15.40%	33	土耳其	5.10%
2	印度尼西亚	34.90%	18	玻利维亚	15.20%	34	亚美尼亚	5.10%
3	泰国	32.00%	19	塞浦路斯	14.60%	35	委内瑞拉	5.00%
4	马来西亚	26.30%	20	伊朗	12.80%	36	秘鲁	4.90%
5	尼加拉瓜	25.60%	21	厄瓜多尔	12.20%	37	新加坡	4.90%
6	利比亚	23.40%	22	伊拉克	10.20%	38	哈萨克斯坦	4.30%
7	埃塞俄比亚	22.00%	23	乌克兰	9.70%	39	黎巴嫩	4.30%
8	蒙古国	21.80%	24	斯洛伐克	8.30%	40	中国	3.90%
9	摩洛哥	21.80%	25	阿根廷	7.00%	41	越南	3.70%
10	塔吉克斯坦	21.60%	26	塞尔维亚	6.20%	42	希腊	3.50%
11	尼日利亚	21.00%	27	马尔代夫	6.10%	43	约旦	3.50%
12	津巴布韦	19.10%	28	缅甸	6.00%	44	吉尔吉斯斯坦	3.20%
13	新西兰	18.10%	29	突尼斯	5.80%	45	捷克	2.70%
14	菲律宾	17.40%	30	罗马尼亚	5.60%	46	俄罗斯	2.10%
15	巴基斯坦	17.30%	31	韩国	5.10%	47	埃及	0.50%
16	乌拉圭	16.60%	32	孟加拉国	5.10%			

注:数据来自WVS-Wave 7,题项Q99,3点量表。

不同年龄段下,参与共建"一带一路"倡议国家的居民在环保组织的参与度存在差异(如图5-2所示),均值越大,说明参与度越高。总体而言,随着年龄的不断增长,人们在环保组织的参与度逐渐下降。30岁及以下的居民参与度相对而言更高,均值在0.2以上,尤其是20岁及以下的居民,参与度最高,均值接近0.25。这些年龄段的居民正值青少年,有良好的身体条件支持他们参与环保组织,同时,他们对环境保护的满腔热血和心怀大志,可能也是促使其积极参与环保事业的动力。相反，60岁以上的居民参与度最低，均值小于0.15，更接近0（表示非环保组织成员）。这些年龄段的居民已逐渐步入老年，身体每况愈下，已没有太多的精力和体力参与环保组织，即使关注环保问题，但也力不从心。

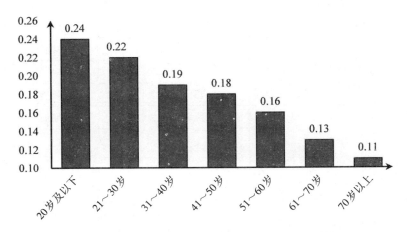

图5-2　"一带一路"共建国家居民在环保组织参与度的均值（按年龄段统计）

注：数据来自WVS-Wave 7，题项Q99，3点量表和题项Q262；均值越大，表示在环保组织的参与度越高。

5.2.2　对环境保护重要性的看法

资源环境现状的不容乐观需要各个国家加强对环境保护的关注力度，而"一带一路"共建国家对环境保护重要性的看法是如何的呢？下面通过世界价值观调查（第6轮）的题项对其进行分析。在V78题项中定义了一类群体，即"爱护环境对我来说很重要；爱护自然，节约生命资源"这样的群体，通过6点量表来衡量自己是否符合该类群体，1表示"非常像"，2表示"像"，3表示"有些像"，4表示"仅有点像"，5表示"不像"，6表示"非常不像"。均值得分越小，表示对环境保护的关注程度越高。具体分析结果如表5-3所示。

表5-3 "一带一路"共建国家居民对环境保护重要性的看法

排序	国家	均值	排序	国家	均值	排序	国家	均值
1	卡塔尔	1.50	17	马来西亚	2.29	33	阿根廷	2.69
2	格鲁吉亚	1.88	18	也门	2.30	34	吉尔吉斯斯坦	2.70
3	乌兹别克斯坦	1.89	19	埃及	2.37	35	亚美尼亚	2.71
4	利比亚	1.91	20	乌拉圭	2.39	36	新西兰	2.75
5	约旦	1.91	21	科威特	2.40	37	中国	2.83
6	斯洛文尼亚	1.94	22	秘鲁	2.45	38	阿塞拜疆	2.84
7	加纳	1.95	23	摩洛哥	2.47	39	爱沙尼亚	2.85
8	菲律宾	2.07	24	巴勒斯坦	2.51	40	新加坡	2.91
9	特立尼达和多巴哥	2.16	25	俄罗斯	2.54	41	突尼斯	2.92
10	塞浦路斯	2.18	26	黎巴嫩	2.56	42	韩国	2.94
11	波兰	2.20	27	津巴布韦	2.57	43	乌克兰	2.94
12	罗马尼亚	2.21	28	智利	2.57	44	白俄罗斯	2.98
13	尼日利亚	2.21	29	泰国	2.60	45	卢旺达	3.02
14	厄瓜多尔	2.24	30	阿尔及利亚	2.62	46	哈萨克斯坦	3.03
15	土耳其	2.24	31	南非	2.62			
16	伊拉克	2.28	32	巴基斯坦	2.64			

注：数据来自WVS-Wave 6，题项V78，6点量表。

结果显示，排名前五的国家分别为卡塔尔（1.50）、格鲁吉亚（1.88）、乌兹别克斯坦（1.89）、利比亚（1.91）和约旦（1.91），它们的均值都在2.00以下，说明这几个国家中的大部分人都认为爱护环境对自己而言很重要，也反映了这几个国家对环境保护的意识和重要性认识强于其他"一带一路"共建国家。同时，在这些"一带一路"共建国家中，除了卢旺达（3.02）和哈萨克斯坦（3.03）两国外，其余国家均值得分全部在3.00以下，说明"一带一路"共建国家大多有着较强的环境保护意识，对自然环境的关注程度和重视程度都是较高的。此外，中国的均值为2.83，处于排名靠后的位置，说明中国对环境保护重要性的认识还较为薄弱，相比于其他"一带一路"共建国家还有待加强。

结合"对环境保护重要性看法"（V78）题项和"对环保组织的信心"（Q79）题项形成了四象限图（如图5-3所示），均值越小，说明共建国家居民认为环境保护越重要，对环保组织越有信心。从图中可以看出，菲律宾、马来西亚、厄瓜多尔和尼日利亚这几个国家既认为环境保护很重要，又对环保组织充满信心。此外，虽然一些国家的环境保护意识较差，但对于环保组织的信心却较高，如新加坡、哈萨克斯坦以及韩国等，说明这些国家的环保组织的确得到了本国居民的支持和认可。与此相反，诸如利比亚、埃及、约旦、伊拉克和罗马尼亚等国家的居民，虽然十分认同环境保护很重要，但对于本国的环保组织却缺乏信心，说明这些国家的环保组织工作做得还不尽如人意，没有达到本国居民的期望和要求。

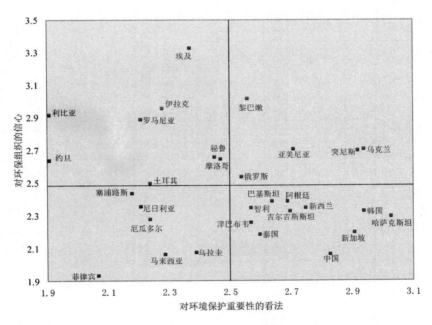

图5-3 "一带一路"共建国家居民对环境保护重要性看法和对环保组织信心的象限图

注：数据来自WVS-Wave 6，题项V78，6点量表和WVS-Wave 7，题项Q79，4点量表。均值越小，说明共建国家居民认为环境保护越重要，对环保组织越有信心。

除了上述分析外，我们还通过世界价值观调查（第7轮）的另一个题项Q111（在第6轮中为题项V81），对部分"一带一路"共建国家人们的环境保护关注度进行进一步的分析。在该题项中列出了人们在讨论环境和经济增长时所作的两个陈述，选项1为"应优先考虑保护环境，即使这会导致经济增长放缓和就业机会减少"，选项2为"应优先考虑经济增长和创造就业机会，即使环境会受到一定程度的影响"。此外，该题项中还设置了选项3"其他答案（可自愿选择）"，在这里对其进行了缺失值的等价处理（因"其他答案"该项选择未包含有效信息）。具体分析结果如表5-4所示。

表5-4 "一带一路"共建国家居民支持优先保护环境的占比

排序	国家	环境优先	排序	国家	环境优先	排序	国家	环境优先
1	印度尼西亚	77.80%	21	韩国	57.50%	41	孟加拉国	47.70%
2	玻利维亚	74.60%	22	蒙古国	57.50%	42	肯尼亚	46.90%
3	越南	73.30%	23	摩洛哥	55.20%	43	埃塞俄比亚	46.70%
4	乌拉圭	72.60%	24	塞浦路斯	54.90%	44	伊拉克	44.70%
5	中国	72.40%	25	津巴布韦	54.10%	45	塔吉克斯坦	44.60%
6	新西兰	70.50%	26	泰国	54.10%	46	马尔代夫	44.30%
7	伊朗	68.50%	27	斯洛伐克	53.80%	47	巴基斯坦	43.00%
8	乌兹别克斯坦	68.30%	28	缅甸	51.40%	48	阿尔及利亚	42.10%
9	菲律宾	68.10%	29	俄罗斯	51.30%	49	波兰	42.00%
10	吉尔吉斯斯坦	67.10%	30	乌克兰	51.20%	50	尼日利亚	41.40%
11	尼加拉瓜	66.20%	31	亚美尼亚	51.20%	51	罗马尼亚	41.10%
12	卡塔尔	64.00%	32	约旦	51.00%	52	委内瑞拉	39.50%
13	马来西亚	63.40%	33	斯洛文尼亚	51.00%	53	也门	38.60%
14	格鲁吉亚	61.40%	34	哈萨克斯坦	50.80%	54	黎巴嫩	38.20%

排序	国家	环境优先	排序	国家	环境优先	排序	国家	环境优先
15	新加坡	60.60%	35	利比亚	50.60%	55	南非	37.20%
16	秘鲁	60.00%	36	塞尔维亚	50.40%	56	埃及	36.60%
17	希腊	59.10%	37	阿根廷	50.20%	57	突尼斯	36.60%
18	智利	57.90%	38	加纳	50.20%	58	阿塞拜疆	35.60%
19	土耳其	57.80%	39	巴勒斯坦	49.90%	59	卢旺达	34.70%
20	厄瓜多尔	57.50%	40	捷克	48.80%	60	科威特	33.10%

注：数据来自WVS-Wave 7，题项Q111，3点量表和WVS-Wave 6，题项V81，3点量表；阿尔及利亚、阿塞拜疆、巴勒斯坦、波兰、格鲁吉亚、加纳、卡塔尔、科威特、卢旺达、南非、斯洛文尼亚、乌兹别克斯坦和也门13个国家的数据来自WVS-Wave 6。

结果显示，"一带一路"共建国家支持优先保护环境的平均值为53.01%，说明大部分国家一半以上的人们都认为保护环境优先于经济增长。在这些国家中，有6个国家对环境保护的关注程度在70%以上，分别是印度尼西亚（77.80%）、玻利维亚（74.60%）、越南（73.30%）、乌拉圭（72.60%）、中国（72.40%）以及新西兰（70.50%），其余大多数国家处于50%～60%之间。此外，还有9个国家对环境优先的支持率在40%以下，分别是委内瑞拉（39.50%）、也门（38.60%）、黎巴嫩（38.20%）、南非（37.20%）、埃及（36.60%）、突尼斯（36.60%）、阿塞拜疆（35.60%）、卢旺达（34.70%）以及科威特（33.10%）。总体而言，与经济发展、扩大就业相比，"一带一路"共建国家大多较为支持优先保护环境，不过各国之间存在着一些显著差距，这可能与各国所处地理位置和经济发展水平不同有关[①]。

接下来，按照"一带一路"共建国家所属的地区进行分类，将

---

① 崔哲、孙平、王国华：《"一带一路"沿线国家经济增长水平对环境污染影响的实证研究》，《经营与管理》2023年第6期，第166–174页。

统计的数据以条形图的形式直观地展示（如图5-4所示）。结果显示，大洋洲和北美洲国家的居民更加支持保护环境优先，他们对环境保护的重视程度更高。在所有大洲中，非洲国家的居民对保护环境优先的支持率最低，总体而言，他们更支持经济增长优先，对环境保护的重视程度较低。亚洲国家和欧洲国家的居民对于保护环境优先，还是经济增长优先，这两种观点的态度较为平均，支持率各占一半左右，不过总的来说，他们还是更倾向于支持保护环境优先。

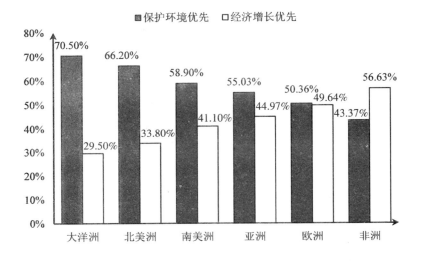

图5-4 "一带一路"共建国家居民对支持保护环境优先的占比（按大洲统计）

注：数据来自WVS-Wave 7,题项Q111,3点量表和WVS-Wave 6,题项V81,3点量表；其中，北美洲只包含一个国家（尼加拉瓜），大洋洲只包含一个国家（新西兰），仅供参考。

按照"一带一路"共建国家收入水平的不同对数据进行分类，结果如图5-5所示。可以看出，低收入国家与其他三类差异较大，前者有60.00%的国家居民支持经济增长优先，只有40.00%的国家居民支持保护环境优先。高收入国家、中等偏上收入国家和中等偏下收入国家之间差异不大，都有超过一半的国家居民支持保护环境优先。这说明了在低收入国家中，经济发展依然是居民认为的首要目标，保护环境次之；而收入水平中等或较高的国家居民更加注重保护环境，认为保护环境优于经济增长。

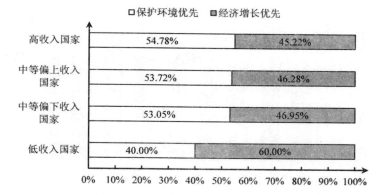

图5-5 "一带一路"共建国家居民对支持保护环境优先的占比(按收入水平统计)

注:数据来自WVS-Wave 7,题项Q111,3点量表和WVS-Wave 6,题项V81,3点量表。

按照"一带一路"共建国家居民受教育程度的不同对数据进行分类,结果如图5-6所示。总体而言,随着教育水平的不断提升,支持保护环境优先的比例增大。没有接受正式教育的居民对优先保护环境的支持占比最低,为48.30%;而大学或等同学力的居民对优先保护环境的支持占比最高,为63.40%;其次是硕士或等同学力(58.90%)以及博士或等同学力的居民(58.20%)。也就是说,大学及以上学历的人最能意识到保护环境的重要性,其环保意识最强,即使面临经济发展优先,还是保护环境优先的两难抉择时,大多数人也能选择优先保护环境。

接下来,结合V78和V81题项,形成了四象限图(如图5-7所示),均值越小,说明越支持环境保护优先,认为环境保护越重要。从图中可以看出,卡塔尔、乌兹别克斯坦、马来西亚、格鲁吉亚和菲律宾这几个国家的居民既表示出对环境保护的关注和重视,又能在考虑到经济发展与扩大就业因素后,仍支持保护环境优先,展现出较为统一的态度。然而,有一些国家的居民,比如约旦、埃及、尼日利亚和罗马尼亚,虽然表现出对环境保护的关注程度较高,但在面临经济发展和环境保护这个两难困境中,更倾向于优先去选择发展经济、扩大就业,而非优先去关注对环境的保护。

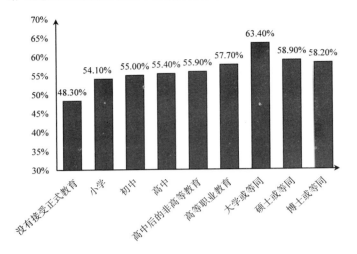

图5-6 "一带一路"共建国家居民对支持保护环境优先的占比(按受教育程度统计)

注:数据来自WVS-Wave 7,题项Q111,3点量表和题项Q275,9点量表。

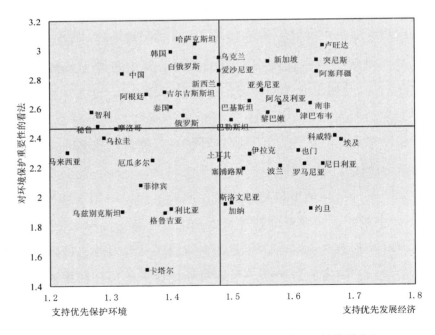

图5-7 "一带一路"共建国家居民对环境保护重要性的看法和

支持优先保护环境的象限图

注:数据来自WVS-Wave 6,题项V78,6点量表和题项V81,3点量表;均值越小,说明越支持环境保护优先,认为环境保护越重要。

第三篇　"一带一路"共建国家
居民工作价值观

希望广大劳动群众大力弘扬劳模精神、劳动精神、工匠精神,诚实劳动、勤勉工作,锐意创新、敢为人先,依靠劳动创造扎实推进中国式现代化,在强国建设、民族复兴的新征程上充分发挥主力军作用。

——习近平2023年4月30日
向全国广大劳动群众致以节日的祝贺和诚挚的慰问

本篇内容包含三个章节,基于第7轮世界价值观调查数据,从工作内在偏好、竞争与合作、公平与公正三个方面,对"一带一路"共建国家居民的工作价值观进行较为深入的分析。其中,第六章聚焦于"一带一路"共建国家居民的工作内在偏好,关注居民对成功的追求、风险承担意愿、创新偏好以及对工作重要性的看法。这些偏好反映了"一带一路"共建国家居民在工作中的动机和价值取向,对于理解他们的工作态度和行为有重要意义。第七章聚焦于"一带一路"共建国家居民竞争与合作价值观,分析居民对竞争和合作的看法及其影响因素,展示收入水平、地区、工作单位性质、年龄和教育水平等因素对居民竞争和合作价值观的影响。第八章聚焦于"一带一路"共建国家居民公平与公正价值观,探讨居民对收入分配方式和职场受贿的接受度，并考察地区、工作单位性质、教育水平、收入等因素对公平与公正价值观的影响。这些分析对于理解"一带一路"共建国家的工作文化具有重要意义。

第六章　工作内在偏好

　　幸福和美好未来不会自己出现，成功属于勇毅而笃行的人。

——习近平2018年4月10日

在博鳌亚洲论坛2018年年会开幕式上的主旨演讲

　　工作内在偏好价值观是指员工对工作本身的特质与内涵所持有的独特认知和偏好。这包括了那些与个人兴趣相契合、具备实际价值、令人觉得重要与有意义，以及充满趣味性和灵活性的工作内容。这种价值观体现了个人对工作内容、性质以及工作环境的偏好和期望，是个人在工作选择和职业发展中重要的内在驱动力。工作内在偏好价值观高的人会更倾向于选择那些符合自己兴趣、技能和价值观的工作，他们注重工作是否能够带来内心的满足感和成就感，是否有助于实现自我价值。因此，他们更有可能在自我满足感更强、更适合自我的工作环境中工作，并做出更高的角色内绩效。此外，工作内在偏好价值观对个体的职业发展具有重要影响。它有助于个体明确自己的职业目标和方向，从而做出更明智的职业决策。同时，它也能够激发个体的工作热情和动力，使其在工作中更加投入和专注，进而取得更好的职业发展成果。

　　本章将基于世界价值观调查的数据，深入剖析人们在成功偏好、风险偏好、创新偏好以及工作重要性等四个方面的观念与态度。这些维度不仅揭示了不同个体对于工作的认知差异，也为理解和预测人们的职业发展提供重要参考。成功偏好是个体追求成功、实现目标和获得成就的内在动力，它反映人们对于自身价值的追求和对未来的期许。风险偏好则体现不同个体在面对不确定性和风险时的态度，这种偏好的差异不仅影响人们的职业选择，也决定他们在面对职场挑战时的应对策略。创新偏好则代表着人们对于新颖、独特想法的接受和追求程度，它不仅有助于提升个人的职业竞争力，也为组织的创新和发展注入新的活力。工作重要性则反映人们对工作在生活各要素中的地位和价值的认知。对于大多数人来说，工作不仅是谋生的手段，更是实现自我价值、追求幸福生活的重要途径。他们普遍认为工作能够带来成就感、满足感和社交机会，是生活中不可或缺的一部分。

通过对世界价值观调查数据的深入剖析，可以更加全面地了解"一带一路"共建国家居民不同个体在工作内在偏好价值观方面的差异。这不仅有助于我们为个体提供更为精准的职业指导和支持，也为企业和组织在人才招聘、培训和管理等方面，提供重要的参考依据。

6.1 成功偏好

成功偏好，可以理解为个体对于追求成功、实现目标和获得成就的倾向和喜好。这种偏好通常与个人的价值观、自我期望、动力来源，以及对于挑战和机遇的态度密切相关。具有成功偏好的人通常会为自己设定清晰、具体的目标，并不断努力去实现这些目标。他们具有很强的自我驱动力和内在动机，享受追求成功的过程，并相信自己的能力和价值，也愿意投入时间和精力，去获取新的知识和技能。

世界价值观调查对于个人成功偏好的测量采用了投射方法。首先向被调查者描述一个典型的成功人物形象，这个人物重视成功，具有坚定的目标意识、强烈的自我驱动力，以及不断学习和成长的精神。随后，被调查者需要根据自己的真实感受，评价自己与所描述人物的相似程度，1表示"非常像"，2表示"像"，3表示"比较像"，4表示"有一点像"，5表示"不像"，6表示"根本不像"。我们将相似程度按照均值从小到大进行排序，如表6-1所示，均值越低，代表认为自己与成功的人相似程度越高，即具有成功偏好。

表6-1 "一带一路"共建国家居民认为自己与成功的人的相似程度均值

排序	国家	均值	排序	国家	均值	排序	国家	均值
1	卡塔尔	1.57	17	菲律宾	2.61	33	泰国	3.02
2	加纳	1.87	18	南非	2.61	34	亚美尼亚	3.02
3	约旦	1.91	19	格鲁吉亚	2.64	35	秘鲁	3.04
4	科威特	2.07	20	特立尼达和多巴哥	2.64	36	智利	3.08
5	突尼斯	2.15	21	也门	2.65	37	中国	3.13
6	尼日利亚	2.18	22	乌兹别克斯坦	2.67	38	阿根廷	3.19
7	津巴布韦	2.22	23	斯洛文尼亚	2.76	39	哈萨克斯坦	3.23
8	利比亚	2.26	24	埃及	2.78	40	阿塞拜疆	3.29
9	阿尔及利亚	2.31	25	卢旺达	2.79	41	白俄罗斯	3.41
10	土耳其	2.33	26	波兰	2.81	42	摩洛哥	3.51
11	巴基斯坦	2.40	27	俄罗斯	2.83	43	乌克兰	3.54
12	伊拉克	2.42	28	吉尔吉斯斯坦	2.88	44	新西兰	3.76
13	黎巴嫩	2.48	29	罗马尼亚	2.88	45	爱沙尼亚	3.89
14	塞浦路斯	2.48	30	新加坡	2.93	46	乌拉圭	3.99
15	厄瓜多尔	2.52	31	马来西亚	2.99			
16	巴勒斯坦	2.57	32	韩国	3.01			

注：数据来自WVS-Wave 6，题项V75，6点量表；均值越低，代表认为自己与成功的人相似程度越高，即具有成功偏好。

从表6-1中的数据可以看出，整体来讲，各国居民普遍展现出较高的成功偏好，其中，卡塔尔（1.57）、加纳（1.87）和约旦（1.91）等国家居民的成功偏好尤为显著，他们普遍认为自身与成功人士之间存在高度的相似性。而乌拉圭（3.99）、爱沙尼亚（3.89）和新西兰（3.76）等国家居民的成功偏好则相对较低。

深入分析这一现象，我们可以发现各国居民普遍展现出较高的成功偏好的多重原因。首先，人类天生渴望自我肯定，追求在各个领域的卓越与成功。这种内在需求促使人们倾向于高估自身能力和成就，进而形成较高的成功偏好。其次，社会比较心理在其中发挥了重要作用。人们往往通过与他人的比较来评估自己的价值，当观察到成功者的特质和经历时，可能会不自觉地认为自己与这些成功者有相似之处，从而提升自己的自尊和自我价值感。此外，现代媒体对成功故事的广泛传播也起到了推波助澜的作用。媒体经常展示成功人士的光辉形象和成功经历，这在一定程度上塑造了公众对成功的普遍认知，使人们认为成功是一种普遍可及的目标，并认为自己也应该具备成功的特质和潜力。最后，认知偏差也是导致人们普遍认为自己具有成功偏好的原因之一。人们在处理信息时，容易受到自身认知结构的影响，可能过度关注自己与成功者的相似之处，而忽视自己与他们的差异。这种认知偏差导致一种"我与成功者很像"的错觉，进一步强化了人们的成功偏好认知。

如图6-1所示，尽管国家间的收入水平存在差异，但个人对成功的偏好程度却相对接近，普遍表现出对成功的重视。值得注意的是，在"一带一路"共建国家中，中等偏下收入国家的居民对成功的偏好更为显著。这一现象的原因可以从多个角度来解释。首先，无论收入水平如何，人类对自我价值的追求和对成就的渴望是普遍存在的。成功作为实现个人价值和社会认可的重要途径，自然成为大多数人追求的目标。因此，不同收入水平的国家中，居民对成功的偏好程度相差不大。其次，中等偏下收入国家的居民可能由于面临更多的经济和社会压力，对成功的渴望更为迫切。在这些国家，资源相对有限，竞争更为激烈，因此，个人成功的意义可能更加重大。成功的实现不仅能够带来物质上的改善，还能够提升个人的社会地位和尊严，因此，中等偏下收入国家的人们对成功的偏好更为强烈。

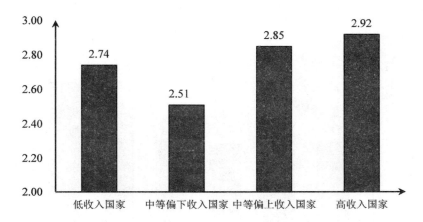

图6-1　"一带一路"共建国家居民认为自己与成功的人的相似程度（按收入水平统计）

注：数据来自WVS-Wave 6，题项V75，6点量表；均值越低，代表认为自己与成功的人相似程度越高，即具有成功偏好。

图6-2展现了"一带一路"共建国家不同地区的人们对于成功的不同偏好和态度。其中，参与共建"一带一路"倡议的大洋洲国家（仅代表新西兰）的居民在认为自己与成功人士的相似程度上的得分均值最高，达到了3.76，反映出他们普遍认为自己与成功人士的相似度并不高，其原因可能在于新西兰独特的文化和社会背景。一方面，新西兰以其丰富多样的文化传统著称，这种多样性在对待成功的观念上，体现得尤为显著。相较于单一以财富、地位或成就为衡量标准的传统观念，新西兰的居民对于成功的定义更为多元化和包容性。他们认为，成功不仅仅是外在成就的象征，还包括个人内心的成长、幸福感，以及对社会的积极贡献等多个维度。因此在这种深厚的文化背景下，新西兰的居民可能并不认为自己与那些以传统成功标准衡量的人有太多共同之处。相反，他们更倾向于审视自己与成功人士之间的差异，从而寻找自身独特的价值和意义。另

一方面，新西兰的自然环境也为居民提供一种平和、宁静的生活方式。新西兰经济相对稳定，社会福利制度完善，这在一定程度上减轻了居民的生活压力。在这种环境下，居民可能更加关注生活的质量、家庭的和谐，以及个人兴趣的追求，而不是过分地追求事业上的成功。

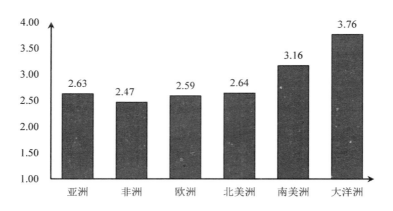

图6-2　"一带一路"共建国家居民认为自己与成功的人的相似程度（按大洲统计）

注：数据来自WVS-Wave 6，题项V75,6点量表；均值越低，代表认为自己与成功的人相似程度越高，即具有成功偏好；其中，北美洲只包含一个国家（特立尼达和多巴哥），大洋洲只包含一个国家（新西兰），仅供参考。

相对来看，参与共建"一带一路"倡议的亚洲、非洲、欧洲和北美洲国家的居民对于成功的追求较高，各国居民普遍认为自己与成功的人的相似度较高，其中，非洲的得分均值最低。这是因为在经济发展迅速的北美洲和部分欧洲国家，由于经济繁荣和社会进步，居民得以享受到更为丰富的资源和更为广阔的机会，从而能够更自由地追求个人目标和实现成功。这些地区往往拥有先进的科技、完善的教育体系、丰富的文化资源和良好的社会环境，为居民提供更多的发展可能性和成功路径。相对而言，在一些经济发展水平较低的非洲国家，受限于资源和机会的不足，人们可能往往对教育和技能培训投入更多的精力和资源，以期通过自身的努力走出困境，迈向成功的道路。

　　从图6-3可以看出，在"一带一路"共建国家中，随着居民受教育程度的不断提升，人们愈发觉得自己与那些成功人士之间的相似程度在逐渐升高。这是因为教育不仅丰富了人们的知识储备，还塑造了人们的思维方式，拓宽了人们的视野。这种自我提升的过程，让人们更加自信，感受自己正逐步向成功人士的行列迈进。通过不断学习，人们不仅在知识层面上与成功者产生共鸣，还在精神层面上找到与他们的相似之处，这种趋同性使得人们更加坚信，通过努力和智慧的积累，每个人都有机会实现自己的梦想。

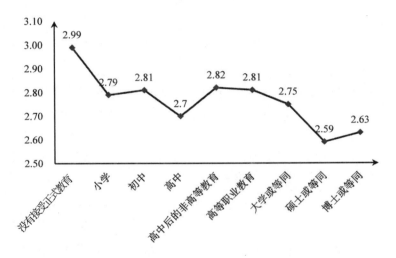

图6-3　"一带一路"共建国家居民认为自己与成功的人的相似程度

（按受教育程度统计）

　　注：数据来自WVS-Wave 6，题项V75，6点量表；均值越低，代表认为自己与成功的人相似程度越高，即具有成功偏好。

6.2　风险偏好

　　和成功偏好的测量一样，世界价值观调查对于风险偏好的测量也采用了投射方式，即先向被调查者描述一个喜欢冒险和承担风险、喜欢充满激情生活的人物形象，再由被调查者评价自己与描述中的人物的相似程度。1表示"非常像"，2表示"像"，3表示"比较像"，4表示"有一点像"，5表示"不像"，6表示"根本不像"。我们将相似程度按照均值进行排序，如表6-2所示，均值越低，代表认为自己与喜欢冒险的人相似程度越高，即具有风险偏好。

表6-2 "一带一路"共建国家居民认为自己与喜欢冒险的人的相似程度均值

排序	国家	均值	排序	国家	均值	排序	国家	均值
1	尼日利亚	2.48	17	津巴布韦	3.48	33	阿塞拜疆	3.93
2	加纳	2.71	18	约旦	3.50	34	新西兰	3.93
3	南非	2.72	19	塞浦路斯	3.53	35	亚美尼亚	3.96
4	巴基斯坦	2.94	20	乌兹别克斯坦	3.55	36	马来西亚	3.97
5	菲律宾	3.00	21	利比亚	3.57	37	秘鲁	4.04
6	俄罗斯	3.10	22	特立尼达和多巴哥	3.58	38	白俄罗斯	4.05
7	黎巴嫩	3.13	23	智利	3.60	39	斯洛文尼亚	4.11
8	厄瓜多尔	3.15	24	巴勒斯坦	3.61	40	哈萨克斯坦	4.15
9	科威特	3.27	25	阿根廷	3.64	41	爱沙尼亚	4.16
10	卢旺达	3.29	26	卡塔尔	3.64	42	中国	4.16
11	韩国	3.34	27	泰国	3.71	43	乌克兰	4.24
12	新加坡	3.35	28	格鲁吉亚	3.74	44	罗马尼亚	4.25
13	土耳其	3.39	29	摩洛哥	3.75	45	乌拉圭	4.46
14	吉尔吉斯斯坦	3.43	30	埃及	3.77	46	也门	4.52
15	阿尔及利亚	3.44	31	突尼斯	3.79			
16	波兰	3.46	32	伊拉克	3.79			

注：数据来自WVS-Wave 6，题项V76，6点量表；均值越低，代表认为自己与喜欢冒险的人相似程度越高，即具有冒险偏好。

　　如表6-2所示，"一带一路"共建国家居民在风险偏好方面呈现显著差异。从总体来看，大多数国家的居民认为自己与喜欢冒险的人的相似程度均值在3.5以上，说明大家都倾向于规避风险，尤其是也门（4.52）、乌拉圭（4.46）和罗马尼亚（4.25）等国，它们的居民大多都认为自己和喜欢冒险的人不太相似，其背后原因有很多。例如，也门作为一个长期饱受战乱和饥荒之苦的国家，其社会和经济的长期动荡，塑造了居民对自身所处环境不确定的认知，他们在做决策时更可能保持谨慎的态度，而避免采取冒险行动。此外，受宗教文化的影响，也门的居民更注重稳定和传统价值观。在这种文化背景下，冒险往往被视为与社会期望不符的行为，因此，人们更倾向于遵循传统和习俗，而不是尝试新事物或冒险。

　　然而，在尼日利亚（2.48）、加纳（2.71）和南非（2.72）等国，情况却恰恰相反，它们的居民大多都认为自己和喜欢冒险的人十分相似。例如，尼日利亚作为非洲的国家，其居民长期生活在一个充满未知和挑战的环境中。这种环境可能培养了他们的冒险精神，使他们更倾向于接受和面对未知的挑战。此外，尼日利亚的犹罗巴族人实行"一夫多妻制"，这种制度可能使男性在面对多个家庭和责任时，需要具备更强的冒险精神和应变能力。所以，这种文化传统也可能使整个社会对冒险行为持更加宽容和认可的态度。而且，近年来，尼日利亚的安全局势持续紧张。在这样的环境下，居民们不得不采取冒险的行动来保障自身安全。

　　根据图6-4所展示的信息，我们可以看到，处于不同收入水平的"一带一路"共建国家在风险偏好上并未呈现显著差异。实际上，仅有中等偏下收入国家的居民在风险偏好程度上略微偏高一些。这一数据表明，经济发展水平并非影响风险偏好的关键因素。这一结果为我们提供了新的视角，即风险偏好的形成和表现更多地受到文化、社会结构和个人性格等因素的影响，而非单纯的经济因素。

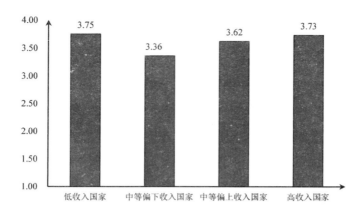

图6-4 "一带一路"共建国家居民认为自己与冒险的人的相似程度(按收入水平统计)

注:数据来自WVS-Wave 6,题项V76,6点量表;均值越低,代表认为自己与冒险的人相似程度越高,即具有冒险偏好。

从图6-5中可以看出,"一带一路"共建国家不同地区的居民在风险偏好上也未表现出显著的差异,其中,非洲国家居民的风险偏好程度相对较高,大洋洲和欧洲国家居民的风险偏好程度相对较低。

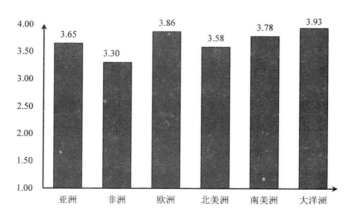

图6-5 "一带一路"共建国家居民认为自己与冒险的人的相似程度(按大洲统计)

注:数据来自WVS-Wave 6,题项V76,6点量表;均值越低,代表认为自己与冒险的人相似程度越高,即具有风险偏好;其中,北美洲只包含一个国家(特立尼达和多巴哥),大洋洲只包含一个国家(新西兰),仅供参考。

非洲国家居民的风险偏好突出,可能受到多方面因素的影响。一方面,非洲大陆地理和气候环境复杂多样,非洲人民为了生存必须具备强大的适应能力和冒险精神，以应对各类灾害和疾病的威胁。另一方面，非洲文化建立在集体主义基础之上，而集体主义造就了非洲人民乐于分享、慷慨的特质和归属感①。因此，非洲人民崇尚合作、相互支持，更能从容应对冒险行动带来的风险后果。

相比之下，大洋洲和欧洲的文化传统强调稳定性、安全感和传统价值观。例如，欧洲文化注重逻辑和秩序，倡导理性和审慎，这使得人们在决策时更倾向于规避风险。而大洋洲文化则注重社区和家庭的和谐稳定，人们更倾向于避免可能破坏这种和谐的风险行为。另一方面，大洋洲和欧洲的社会结构和经济环境也为低风险偏好提供了土壤。社会稳定、福利制度完善以及法律法规健全，为人们提供了相对安全的生活环境。在这样的社会和经济背景下，人们更倾向于选择稳定的投资和生活方式，而不是冒险追求高回报。此外，历史经验和地理环境也在一定程度上影响了大洋洲和欧洲居民的风险偏好。欧洲历史上的战争和动荡使得人们在面对风险时更加谨慎；而大洋洲相对孤立的地理环境则可能减少了人们与外界的交流，从而在一定程度上影响了他们的风险偏好。

从图6-6可以看出，在"一带一路"共建国家中，随着居民受教育程度的不断提升，人们愈发觉得自己与那些爱冒险的人之间的相似程度在逐渐增高。这种变化或许源于教育所赋予的更为深刻和全面的认知。首先，教育的普及和深化使得个体对于世界的认知更加广阔和深入。在接触更多元的文化、思想和社会现象后，人们开始意识到冒险精神并非只是少数人的特质，而是人类普遍具有的内在驱动力。这种认知上的转变使得人们更加愿意将自己与那些勇于探索、敢于挑战的爱冒险者相提并论。其次，教育鼓励人们培养批判性思维和独立思考能力。在接受教育的过程中，人们学会了如何质疑、分析和解决问题。这种能力的提升使得人们更加自信地面对

---

① 李新烽：《非洲文化的人文价值观》，《半月谈内部版》2014年第7期，http://www.banyuetan. org/chcontent/sz/hqkd/201477/105784.shtml，访问日期：2024年11月28日。

未知和挑战，从而更倾向于表现出一种冒险的精神。并且，随着受教育程度的提高，人们开始更加关注个人成长和自我实现，冒险往往伴随着挑战和机遇，是实现个人成长和突破的重要途径之一。因此，人们开始更加倾向于将自己视为具有冒险精神的人，以追求更高的成就和更丰富的体验。最后，随着社会的进步和科技的发展，人们面临的风险和不确定性也在不断增加。在这种情况下，那些具备冒险精神的人往往能够更好地适应和应对这些挑战。因此，人们开始更加欣赏和钦佩那些敢于冒险、勇于探索的人，并将自己视为他们中的一员。

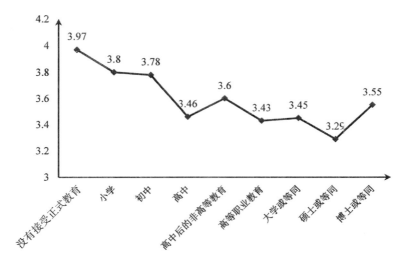

图6-6 "一带一路"共建国家居民认为自己与冒险的人的相似程度

（按受教育程度统计）

注：数据来自WVS-Wave 6，题项V76，6点量表；均值越低，代表认为自己与冒险的人相似程度越高，即具有冒险偏好。

6.3 创新偏好

创新偏好价值观维度是指追求生活和工作多样性的员工，喜欢独特有创造力的工作，讨厌墨守成规的工作，具备新颖独到的想法和很强的创造力，对新事物和新知识有较强的接受能力[1]。在世界价值观调查中，对创新偏好的衡量和评价主要从主观和客观两个方面进行。主观方面主要是让受访者评价自己与一个具有创新性的人之间的相似程度，客观方面则直接调查了受访者所做的工作是创造性的，还是常规性的。

6.3.1　主观方面

创新偏好的主观方面是通过间接的自我评价方式进行测量的，在世界价值观调查（第6轮）题项V70中，先向被调查者描述一个重视新想法和创新，以自己的方式去行动的人物形象，再由被调查者评价自己与描述中的人物的相似程度。采用6点量表进行衡量，1表示"非常像"，2表示"像"，3表示"比较像"，4表示"有一点像"，5表示"不像"，6表示"根本不像"。均值越低，代表认为自己与创新的人相似程度越高，即具有创新偏好。结果如表6-3所示。

表6-3　"一带一路"共建国家居民认为自己与创新的人的相似程度均值

排序	国家	均值	排序	国家	均值	排序	国家	均值
1	尼日利亚	1.70	17	阿根廷	2.55	33	新加坡	2.90
2	加纳	1.98	18	菲律宾	2.55	34	埃及	2.91
3	卡塔尔	2.11	19	约旦	2.57	35	泰国	2.91
4	塞浦路斯	2.14	20	卢旺达	2.59	36	格鲁吉亚	2.93
5	津巴布韦	2.25	21	秘鲁	2.60	37	亚美尼亚	3.00
6	吉尔吉斯斯坦	2.31	22	斯洛文尼亚	2.64	38	摩洛哥	3.18
7	土耳其	2.32	23	波兰	2.66	39	阿塞拜疆	3.19

[1] 侯烜方、李燕萍、涂乙冬：《新生代工作价值观结构、测量及对绩效影响》，《心理学报》2014年第6期，第823–840页。

续表6-3

排序	国家	均值	排序	国家	均值	排序	国家	均值
8	厄瓜多尔	2.34	24	乌拉圭	2.67	40	爱沙尼亚	3.26
9	巴基斯坦	2.35	25	罗马尼亚	2.69	41	白俄罗斯	3.29
10	南非	2.37	26	阿尔及利亚	2.73	42	韩国	3.30
11	突尼斯	2.37	27	俄罗斯	2.75	43	哈萨克斯坦	3.35
12	伊拉克	2.38	28	利比亚	2.75	44	中国	3.37
13	特立尼达和多巴哥	2.39	29	新西兰	2.80	45	乌兹别克斯坦	3.38
14	科威特	2.48	30	也门	2.81	46	乌克兰	3.43
15	智利	2.49	31	马来西亚	2.85			
16	黎巴嫩	2.51	32	巴勒斯坦	2.88			

注:数据来自WVS-Wave 6,题项V70,6点量表;均值越低,代表认为自己与创新的人相似程度越高,即具有创新偏好。

从表6-3可以看出,"一带一路"共建国家中,各国居民的创新偏好存在一定差异。均值得分最低的五位国家分别为尼日利亚(1.70)、加纳(1.98)、卡塔尔(2.11)、塞浦路斯(2.14)和津巴布韦(2.25),说明这些国家的居民大多都认为自己具有创新性;均值得分最高的五位国家分别为韩国(3.30)、哈萨克斯坦(3.35)、中国(3.37)、乌兹别克斯坦(3.38)和乌克兰(3.43),这些国家的居民认为自己与创新的人相似程度并不高。

按照"一带一路"共建国家所属的地区进行分类,将统计的数据以堆积条形图的形式直观地展示(如图6-7所示)。结果显示,非洲地区认为自己与重视新想法和创新的人非常像的比例最高,为31.10%,欧洲比例最低,为16.28%。总体而言,各大洲创新偏好(包括"非常像""像""比较像"和"有一点像")之间的差异不显著,集中在80%到90%左右,南美洲的创新偏好比例最高,为

90.61%，其次是北美洲90.40%，欧洲的创新偏好比例最低，为84.54%。

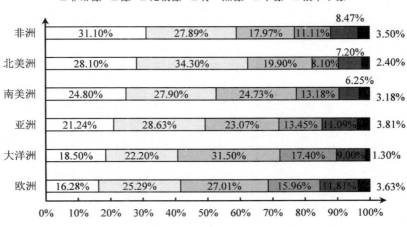

图6-7　"一带一路"共建国家居民的创新偏好比例（按大洲统计）

注：数据来自WVS-Wave 6，题项V70，6点量表；其中，北美洲只包含一个国家（特立尼达和多巴哥），大洋洲只包含一个国家（新西兰），仅供参考。

按照"一带一路"共建国家不同收入水平进行分类，将统计的数据以堆积条形图的形式直观地展示（如图6-8所示）。结果显示，中等偏下收入国家的居民认为自己与重视新想法和创新的人非常像的比例最高，为29.00%，中等偏上收入国家的比例最低，为18.10%，而低收入国家和高收入国家处于中间，分别为25.20%和21.70%。总体而言，不同收入水平下，各国居民的创新偏好（包括"非常像""像""比较像"和"有一点像"）之间的差异不显著，集中在85%到89%之间，高收入国家的创新偏好比例最高，为88.40%，其次为中等偏下收入国家和中等偏上收入国家，分别为87%和85.7%，低收入国家的创新偏好比例最低，为85.4%。

"一带一路"共建国家不同年龄段的居民在创新偏好上存在差异（如图6-9所示）。均值越低，代表认为自己与创新的人相似程度越高，即具有创新偏好。总体而言，随着年龄的不断增加，居民创新偏好的均值不断提高，说明创新性下降。越年轻的人越认为自己与重视新想法和创新的人非常像，尤其是20岁及以下的居民，其均值最低，为2.35；而60岁以上的居民则对自己的创新性评价较为消极，认为自己缺乏创新性，尤其是70岁以上的居民，其均值最高，为3.16。

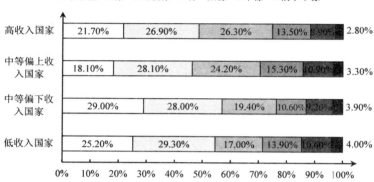

图6-8 "一带一路"共建国家居民的创新偏好比例(按收入水平统计)

注：数据来自WVS-Wave 6,题项V70,6点量表。

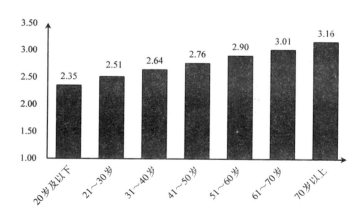

图6-9 "一带一路"共建国家居民的创新偏好均值(按年龄段统计)

注：数据来自WVS-Wave 6,题项V70,6点量表;均值越低,代表认为自己与创新的人相似程度越高,即具有创新偏好。

6.3.2 客观方面

根据任务型组织的观点，可以把组织任务分为常规任务和创造性任务两类。常规任务是指发生频率高，有固定的解决方法，依靠组织的规则和程序就能实现高效，具有程序性的特点[①]。创造性任务则是指非常规的、要求员工发挥自己的特长和主动性才能胜任的任务。从客观方面评价"一带一路"共建国家的创新偏好，就是直接调查受访者所做的工作是创造性的，还是常规性的，从现实情况来看各国居民的创造性工作比例。在世界价值观调查（第6轮）题项V232中，询问受访者"您在工作中执行的任务主要是常规性任务，还是创造性任务？如果您目前没有工作，请描述一下您过去的主要工作。"采用10点量表，其中，1表示"几乎是常规性任务"，10表示"几乎是创造性任务"。结果如表6-4所示，均值得分越大，说明越偏向于创造性任务。

从表6-4可以看出，"一带一路"共建国家居民在"常规性—创造性"任务的得分均值，分布在3～6.5之间，表明从整体上看，大多数人从事的都是常规性工作。其中，南非（6.10）、斯洛文尼亚（5.57）、新西兰（5.53）、卢旺达（5.47）和尼日利亚（5.35）的均值得分最高，排名前五。中国的均值为4.20，排名34，处于较为靠后的位置。突尼斯（3.00）、格鲁吉亚（3.14）、也门（3.28）、特立尼达和多巴哥（3.72）和亚美尼亚（3.82）的均值得分较低，位列最后五位。

表6-4 "一带一路"共建国家居民"常规性—创造性"任务的得分均值

排序	国家	均值	排序	国家	均值	排序	国家	均值
1	南非	6.10	17	巴勒斯坦	4.69	33	埃及	4.22

[①] 张康之、李圣鑫：《组织分类以及任务型组织的研究》，《河南社会科学》2007年第1期，第123-126页。

续表6-4

排序	国家	均值	排序	国家	均值	排序	国家	均值
2	斯洛文尼亚	5.57	18	利比亚	4.69	34	中国	4.20
3	新西兰	5.53	19	白俄罗斯	4.67	35	乌兹别克斯坦	4.18
4	卢旺达	5.47	20	科威特	4.65	36	巴基斯坦	4.12
5	尼日利亚	5.35	21	乌克兰	4.62	37	马来西亚	4.05
6	塞浦路斯	5.32	22	加纳	4.59	38	俄罗斯	4.04
7	爱沙尼亚	5.25	23	哈萨克斯坦	4.57	39	摩洛哥	4.04
8	黎巴嫩	5.14	24	阿尔及利亚	4.53	40	罗马尼亚	4.00
9	新加坡	5.11	25	菲律宾	4.52	41	乌拉圭	3.91
10	波兰	5.06	26	韩国	4.50	42	亚美尼亚	3.82
11	卡塔尔	4.99	27	泰国	4.48	43	特立尼达和多巴哥	3.72
12	伊拉克	4.92	28	约旦	4.38	44	也门	3.28
13	阿塞拜疆	4.87	29	吉尔吉斯斯坦	4.37	45	格鲁吉亚	3.14
14	厄瓜多尔	4.80	30	津巴布韦	4.32	46	突尼斯	3.00
15	土耳其	4.73	31	阿根廷	4.31			
16	智利	4.70	32	秘鲁	4.28			

注:数据来自WVS—Wave 6,题项V232,10点量表;均值越高,代表越偏向于创造性任务。

按照"一带一路"共建国家所属的地区进行分类,将统计的数据以折线图的形式直观地展示(如图6-10所示)。结果显示,大洋洲国家的居民在"常规性—创造性"任务得分的均值最大,为5.53,其次是欧洲,为4.82,北美洲的均值最小,为3.72。

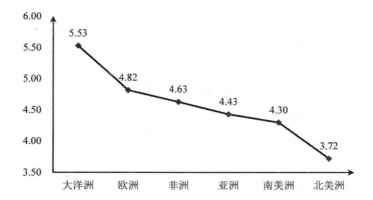

图6-10 "一带一路"共建国家居民"常规性—创造性"任务的得分均值
（按大洲统计）

注：数据来自WVS-Wave 6，题项V232，10点量表；均值越高，代表越偏向于创造性任务；其中，北美洲只包含一个国家（特立尼达和多巴哥），大洋洲只包含一个国家（新西兰），仅供参考。

对比图6-7和图6-10可以看出，虽然参与共建"一带一路"倡议的南美洲国家主观评判的创新偏好比例最高，但其实际从事创造性工作的人数却较少。相反地，尽管欧洲国家主观评判的创新偏好比例最低，但其实际从事创造性工作的人数却相对较多，在六大洲中排在第二位。相对来说，非洲和亚洲在主观评判的创新偏好比例和实际从事的创造性工作人数上较为匹配。

按照"一带一路"共建国家不同收入水平进行分类，将统计的数据以条形图的形式直观地展示（如图6-11所示）。结果显示，总体上看，在不同收入水平的国家中，"常规性—创造性"任务得分均值相差不大，皆不超过5。低收入水平国家和高收入水平国家的均值稍高，分别为4.99和4.81；中等偏下收入国家、中等偏上收入国家的均值较为相似，分别为4.45和4.58，均低于低收入水平国家和高收入水平国家。

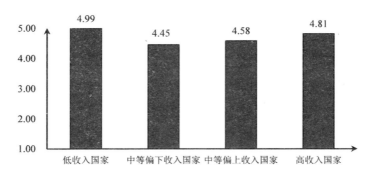

图6-11 "一带一路"共建国家居民"常规性—创造性"任务的得分均值
（按收入水平统计）

注：数据来自WVS-Wave 6，题项V232，10点量表；均值越高，代表越偏向于创造性任务。

对比图6-8和图6-11可以看出，虽然中等偏下收入国家主观评判的创新偏好比例较高，但其实际从事创造性工作的人数却最低。相反地，尽管低收入国家主观评判的创新偏好比例最低，但其实际从事创造性工作的人数却最高。相对来说，中等偏上收入国家在主观评判的创新偏好比例和实际从事的创造性工作人数上较为匹配。

按照"一带一路"共建国家居民不同年龄段进行分类，将统计的数据以条形图的形式直观地展示（如图6-12所示），均值得分越大，说明越偏向于创造性任务。结果显示，总体上看，随着年龄的不断增长，表示自己从事常规性工作的人数增加，从事创造性工作的人数减少。20岁及以下均值最大，为4.97，说明该年龄段从事创造性工作的人最多；而70岁以上的均值最小，为4.16，说明该年龄段从事常规性工作的人最多。对比图6-10和图6-12可以看出，不同年龄段的居民在主观评判自己的创新偏好和实际从事的创造性工作人数上较为匹配。

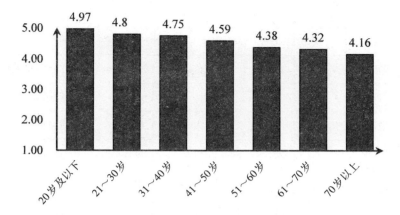

图6-12 "一带一路"共建国家居民"常规性—创造性"任务的得分均值

（按年龄段统计）

注：数据来自WVS-Wave 6，题项V232，10点量表；均值越高，代表越偏向于创造性任务。

6.4 工作重要性

社会的进步离不开经济的发展，经济的发展则离不开每一个经济组织的高效运作，而这种高效运作最终会落实到社会中的每个人身上。个体以参与工作的形式为企业或组织作出贡献，个体对于工作重要性的态度也会在一定程度上影响企业的绩效。世界价值观调查通过询问受访者"请您指出工作对您的重要程度"来调查工作重要性，采用4点量表，1表示"非常重要"，2表示"比较重要"，3表示"不那么重要"，4表示"一点也不重要"。均值得分越小，说明居民认为工作越重要。结果如表6-5所示。

表6-5 "一带一路"共建国家居民对工作重要性的看法均值

排序	国家	均值	排序	国家	均值	排序	国家	均值
1	加纳	1.07	22	乌拉圭	1.36	43	塔吉克斯坦	1.57

续表6-5

排序	国家	均值	排序	国家	均值	排序	国家	均值
2	印度尼西亚	1.08	23	希腊	1.36	44	吉尔吉斯斯坦	1.59
3	菲律宾	1.09	24	越南	1.36	45	巴基斯坦	1.61
4	埃塞俄比亚	1.10	25	黎巴嫩	1.38	46	塞浦路斯	1.64
5	津巴布韦	1.14	26	阿尔及利亚	1.39	47	哈萨克斯坦	1.67
6	肯尼亚	1.15	27	约旦	1.40	48	智利	1.67
7	尼日利亚	1.16	28	卢旺达	1.42	49	斯洛文尼亚	1.71
8	利比亚	1.17	29	特立尼达和多巴哥	1.42	50	蒙古国	1.72
9	卡塔尔	1.22	30	格鲁吉亚	1.43	51	土耳其	1.72
10	孟加拉国	1.22	31	马尔代夫	1.43	52	中国	1.72
11	摩洛哥	1.22	32	埃及	1.44	53	罗马尼亚	1.73
12	厄瓜多尔	1.23	33	委内瑞拉	1.44	54	韩国	1.74
13	突尼斯	1.24	34	波兰	1.46	55	塞尔维亚	1.76
14	玻利维亚	1.25	35	阿根廷	1.47	56	乌克兰	1.87
15	伊拉克	1.26	36	乌兹别克斯坦	1.49	57	新加坡	1.87
16	缅甸	1.27	37	也门	1.49	58	斯洛伐克	1.90
17	伊朗	1.27	38	阿塞拜疆	1.50	59	捷克	1.91
18	科威特	1.29	39	巴勒斯坦	1.51	60	俄罗斯	1.96
19	秘鲁	1.33	40	马来西亚	1.51	61	新西兰	1.98
20	尼加拉瓜	1.34	41	南非	1.55			
21	亚美尼亚	1.34	42	泰国	1.56			

注:数据来自WVS-Wave 7,题项Q5,4点量表和WVS-Wave 6,题项V8,4点量表;得分越高,代表认为工作越重要;其中,阿尔及利亚、阿塞拜疆、巴勒斯坦、波兰、格鲁吉亚、加纳、卡塔尔、科威特、卢旺达、南非、斯洛文尼亚、特立尼达和多巴哥、乌兹别克斯坦和也门14个国家的数据来自WVS-Wave 6。

从表6-5可以看出，认为工作重要的排名前五位的国家分别为加纳（1.07）、印度尼西亚（1.08）、菲律宾（1.09）、埃塞俄比亚（1.10）和津巴布韦（1.14），均值都在1.15以下。而即使是排名最后的五位国家，即新加坡（1.87）、斯洛伐克（1.90）、捷克（1.91）、俄罗斯（1.96）和新西兰（1.98），其均值也都在2以下。这说明"一带一路"共建国家居民对工作重要性的看法较为一致，普遍认为工作是重要的。

按照"一带一路"共建国家所属的地区进行分类，将统计的数据以堆积条形图的形式直观地展示（如图6-13所示）。结果显示，在不同的区域，人们对工作重要性的看法也不尽相同。从认为工作非常重要的人数占比来看，非洲和北美洲的比例最高，分别为82.42%和72.95%，欧洲和大洋洲的比例最低，分别为48.35%和32.00%；从认为工作比较重要的人数占比来看，大洋洲和欧洲的比例最高，分别为47.90%和36.03%，北美洲和非洲的比例最低，分别为19.90%和11.73%；从认为工作不那么重要的人数占比来看，仍然是大洋洲和欧洲的比例最高，分别为9.90%和9.84%，非洲和北美洲的比例最低，分别为3.94%和3.45%；从认为工作一点儿也不重要的人数占比来看，大洋洲的比例最高，为10.20%，远超其他大洲，非洲和南美洲的比例最低，均不超过2%。总的来看，在非洲、南美洲、北美洲和亚洲地区，更多的人认为工作非常重要，而在欧洲和大洋洲地区，认为工作非常重要的人数比例则较低，甚至在大洋洲，更多的人认为工作只是比较重要。

按照"一带一路"共建国家不同收入水平进行分类，将统计的数据以堆积条形图的形式直观地展示（如图6-14所示）。结果显示，在不同收入水平的国家中，人们对工作重要性的看法也各不相同。从认为工作非常重要的人数占比来看，低收入国家的比例最大，为77.30%，且随着收入水平的提高，认为工作非常重要的人数比例在不断下降，高收入国家的比例最小，为55.27%；从认为工作比较重要的人数占比来看，低收入国家的比例最小，为14.10%，且随着收入水平的提高，认为工作比较重要的人数比例也在不断增高，高收入国家的比例为32.17%。总的来说，无论是在何种收入水平的国家，大多数人都认为工作非常重要，而认为工作不重要的人数比例都很低，均不超过5%。

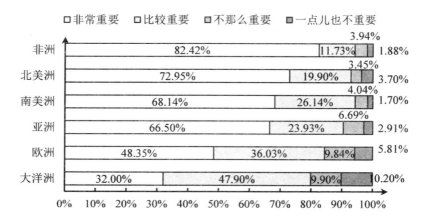

图6-13 "一带一路"共建国家居民对工作重要性的看法（按大洲统计）

注：数据来自WVS-Wave 7，题项Q5，4点量表和WVS-Wave 6，题项V8，4点量表；其中，北美洲只包含一个国家（特立尼达和多巴哥），大洋洲只包含一个国家（新西兰），仅供参考。

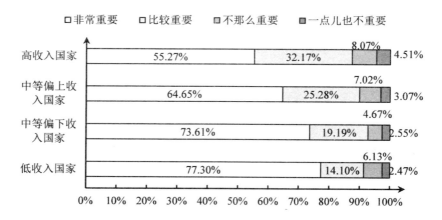

图6-14 "一带一路"共建国家居民对工作重要性的看法（按收入水平统计）

注：数据来自WVS-Wave 7，题项Q5，4点量表和WVS-Wave 6，题项V8，4点量表。

　　除了直接询问受访者工作是否重要外，还可以通过询问他们对于失业的态度来侧面反映"一带一路"共建国家居民对工作重要性的看法。对失业的担心，也就是员工认为其工作受到威胁的程度和对未来的不确定性，可以概念化为工作不安全感。已有研究发现，工作不安全感不仅影响个体的健康和幸福感，还会影响个体对工作的态度[①]。在世界价值观调查中，询问受访者"你在多大程度上担心失业或找不到工作？"采用4点量表，1表示"非常担心"，2表示"比较担心"，3表示"不太担心"，4表示"不担心"。在分析时，将1和2合为一类，表示"担心"，将3和4合为一类，表示"不担心"。结果如表6-6所示。

表6-6 "一带一路"共建国家居民对失业的担心程度

排序	国家	占比	排序	国家	占比	排序	国家	占比
1	卢旺达	95.50%	22	韩国	73.20%	43	中国	60.60%
2	加纳	90.50%	23	也门	72.70%	44	摩洛哥	59.00%
3	菲律宾	88.90%	24	缅甸	72.40%	45	孟加拉国	58.80%
4	越南	87.50%	25	土耳其	72.30%	46	巴勒斯坦	58.00%
5	埃塞俄比亚	86.20%	26	利比亚	71.90%	47	俄罗斯	55.20%
6	津巴布韦	86.00%	27	泰国	70.50%	48	伊朗	54.60%
7	格鲁吉亚	85.70%	28	吉尔吉斯斯坦	68.40%	49	新加坡	53.80%
8	肯尼亚	83.40%	29	南非	68.40%	50	阿根廷	52.30%
9	巴基斯坦	82.90%	30	玻利维亚	67.90%	51	约旦	52.20%
10	尼日利亚	82.90%	31	马尔代夫	67.70%	52	波兰	49.30%
11	印度尼西亚	82.80%	32	亚美尼亚	67.70%	53	塔吉克斯坦	47.80%

---

① Cynthia Lee, Guo-Hua Huang, and Susan J. Ashford, "Job Insecurity and the Changing Workplace: Recent Developments and the Future Trends in Job Insecurity Research," *Annual Review of Organizational Psychology and Organizational Behavior* 5, No.14(2018): 335–359.

续表6-6

排序	国家	占比	排序	国家	占比	排序	国家	占比
12	厄瓜多尔	81.70%	33	阿塞拜疆	67.60%	54	乌兹别克斯坦	45.80%
13	马来西亚	81.00%	34	埃及	67.10%	55	塞浦路斯	43.90%
14	秘鲁	80.50%	35	塞尔维亚	66.70%	56	罗马尼亚	43.80%
15	突尼斯	78.90%	36	科威特	66.20%	57	特立尼达和多巴哥	37.50%
16	阿尔及利亚	76.70%	37	乌克兰	66.10%	58	斯洛伐克	36.90%
17	委内瑞拉	76.60%	38	哈萨克斯坦	65.90%	59	捷克	36.70%
18	智利	76.50%	39	黎巴嫩	65.10%	60	斯洛文尼亚	34.30%
19	伊拉克	76.10%	40	卡塔尔	63.40%	61	新西兰	24.70%
20	尼加拉瓜	75.70%	41	蒙古国	61.90%			
21	乌拉圭	75.20%	42	希腊	61.50%			

注：数据来自WVS-Wave 7，题项Q142，4点量表和WVS-Wave 6，题项V181，4点量表；其中，阿尔及利亚、阿塞拜疆、巴勒斯坦、波兰、格鲁吉亚、加纳、卡塔尔、科威特、卢旺达、南非、斯洛文尼亚、特立尼达和多巴哥、乌兹别克斯坦和也门14个国家的数据来自WVS-Wave 6。

从表6-6可以看出，各国居民对待失业的态度各有不同，甚至在某些国家中存在较大差异。如在卢旺达，95.50%的人认为失业是一件令人担心的事情，而在新西兰，仅有24.70%的人担心失业，其余75.30%的人认为失业是一件不太值得担心的事情。平均而言，"一带一路"共建国家居民对失业担心程度的比例为66.57%，这说明大部分国家居民较为担心失业。其中，最担心失业的前五位国家分别是卢旺达（95.50%）、加纳（90.50%）、菲律宾（88.90%）、越南（87.50%）以及埃塞俄比亚（86.20%），最不担心失业的五位国家分别是特立尼达和多巴哥（37.50%）、斯洛伐克（36.90%）、捷克（36.70%）、斯洛文尼亚（34.30%）以及新西兰（24.70%）。中国担心失业的人数比例为60.60%，低于平均值，说明相比于大部分"一带一路"共建国家，中国居民对失业的担心程度较低。

按照"一带一路"共建国家所属的地区进行分类，将统计的数据以堆积条形图的形式直观地展示（如图6-15所示）。结果显示，非洲地区非常担心失业的人数比例最高，为58.82%，其次是南美洲，为45.69%；而大洋洲不担心失业的人数比例最高，为46.80%，其次是欧洲，为29.75%。

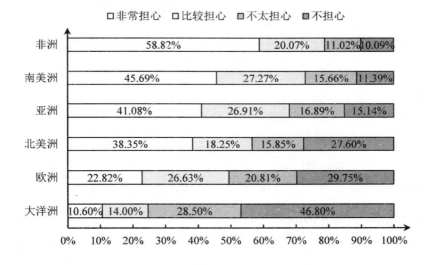

图6-15 "一带一路"共建国家居民对失业的态度（按大洲统计）

注：数据来自WVS-Wave 7，题项Q142，4点量表和WVS-Wave 6，题项V181，4点量表；其中，北美洲只包含一个国家（特立尼达和多巴哥），大洋洲只包含一个国家（新西兰），仅供参考。

按照"一带一路"共建国家不同收入水平进行分类，将统计的数据以堆积条形图的形式直观地展示（如图6-16所示）。结果显示，随着收入水平的不断提高，非常担心失业的人数比例在不断下降。低收入国家非常担心失业的人数占比最高，为62.33%，而高收入国家非常担心失业的人数占比最低，仅为27.87%。对于比较担心失业的人数比例，不同收入水平的国家差异不大，均在20%～30%之间。没那么担心失业的人数比例（包括不太担心和不担心）总体而言随着收入水平的提高而增加，高收入国家不太担心和不担心失业的人数比例最高，总计为48.22%。

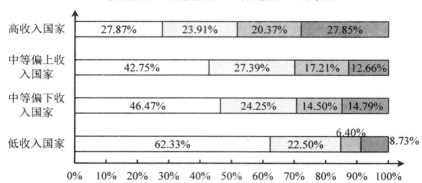

图6-16 "一带一路"共建国家居民对失业的态度（按收入水平统计）

注:数据来自WVS-Wave 7,题项Q142,4点量表和WVS-Wave 6,题项V181,4点量表。

　　按照"一带一路"共建国家不同教育水平进行分类，将统计的数据以条形图的形式直观地展示（如图6-17所示）。结果显示，均值得分越低，说明越担心失去工作。从高等职业教育以后，随着教育水平的不断提高，人们对失业的担心程度不断下降，尤其是博士或等同学力的人，对失业的担心程度最低，均值为2.31。这侧面说明了高学历在寻找一份新工作中的优势还是十分明显的。在高等职业教育学历以下，平均而言，人们较为担心失去工作。然而，相对而言，没有接受正式教育的人不太担心失去工作。一个可能的原因是没有接受正式教育的人会较早进入社会，从事一些对学历要求很低的工作，积累一些工作经验，相对来说更容易找到工作，也具有较多的工作机会。同时，他们对于工作的期望和要求相对较低，更容易满足现有的工作条件，因此不太担心失业。

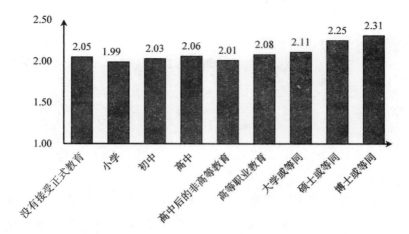

图6-17　"一带一路"共建国家居民对失业的态度均值(按受教育程度统计)

注:数据来自WVS-Wave 7,题项Q142,4点量表和WVS-Wave 6,题项V181,4点量表;得分越低,代表越担心失去工作。

第七章　竞争与合作

亚太各国国情千差万别，有分歧并不奇怪。关键是要坚持共谋发展这个公约数，发扬伙伴精神，协商处理分歧，探索解决共同挑战。我们应该立足多样性实际，尊重彼此选择的发展道路，在开放包容的基础上交融互鉴，在良性竞争的同时互利合作，共同构建亚太命运共同体。

——习近平2018年11月18日
在亚太经合组织第二十六次领导人非正式会议上的发言

在组织体系中，竞争与合作均扮演着不可或缺的角色，而人们对于竞争与合作态度的差异可能会影响团队合作和工作效率。

竞争，作为一种根深蒂固的内在驱动力，不断激励人们挑战自我，追求卓越，进而推动组织不断向前迈进，实现持续发展。奎因和罗尔博提出的竞争性价值观模型，通过区分内部与外部、灵活导向与控制导向的不同维度，深入剖析了团队、活力、市场、规范等四种核心价值观[1]。这些价值观不仅反映组织内部竞争性的核心特质，更为人们理解和管理组织竞争提供有力的理论支撑。

合作，作为组织文化的重要组成部分，强调的是团结互助、携

---

[1] Robert E. Quinn and Jchn Rohrbaugh, "A Spatial Model of Effectiveness Criteria: Towards a Competing Values Approach to Organizational Analysis," *Management Science* 29, No. 3（1983）: 363-377.

手并进的精神，是共同实现更为宏大目标的必由之路，更是组织实现长远稳健发展的坚固基石。根据布鲁勒和卡梅利的观点，团队成员之间的互动和相互依赖是不可或缺的，它们构成了团队合作的基石①。通过有效的沟通和协作，团队成员能够充分发挥各自的优势，弥补彼此的不足，从而达成共同的目标。这种团队合作的精神不仅能够提升工作效率，还能够增强团队的凝聚力和向心力，为组织的持续发展注入强大的动力。因此，在组织中，合作不仅是一种价值观，更是一种实现目标、推动发展的重要手段。

竞争与合作并非相互排斥的对立状态，而是相辅相成、共同推动发展的两个重要方面。在部分"一带一路"共建国家居民的工作环境中，人们对竞争与合作的态度可能因各自独特的文化、社会和经济背景而有所差异。然而，从总体上看，大多数人都能深刻认识到竞争与合作的重要性，并在适当的情况下灵活调整，实现两者的平衡与协调。因此，本章将从竞争与合作两方面深入分析部分"一带一路"共建国家居民的竞争与合作现状，以及他们对二者的态度，以期为未来合作与发展提供有益的参考和启示。

7.1 竞争利弊观

在职场中，竞争无处不在，员工间的比拼不仅为企业或组织营造了一种积极的竞争氛围，更在潜移默化中影响着每位员工的创造力②。关于竞争是有利还是有害，目前尚无定论，这仍是一个值得深入探讨的话题。为了更精确地衡量员工对竞争的态度，世界价值观

---

① Daphna Brueller and Abraham Carmeli, "Linking Capacities of High-Quality Relationships to Team Learning and Performance in Service Organizations," *Human Resource Management* 50, No. 4 (2011):455-477.

② 肖琪:《团队竞争氛围下变革型领导力对团队创造力影响研究》,硕士学位论文,哈尔滨工业大学,2012,第8页。

调查采用了一项 10 点量表进行测量,其中 1 代表"竞争具有积极作用,能够催人奋进,激发创新思维",而 10 则意味着"竞争具有负面影响,会给人们带来种种不利"。如表 7-1 所示,各国居民在这一题项上的得分呈现差异,这进一步彰显了不同文化背景下人们对竞争态度的多元性。

表 7-1 "一带一路"共建国家居民对竞争的态度均值

排序	国家	均值	排序	国家	均值	排序	国家	均值
1	伊拉克	7.14	21	巴基斯坦	4.34	41	卡塔尔	3.57
2	尼加拉瓜	5.54	22	菲律宾	4.29	42	伊朗	3.53
3	泰国	5.26	23	阿塞拜疆	4.28	43	秘鲁	3.51
4	南非	5.2	24	马来西亚	4.2	44	科威特	3.48
5	委内瑞拉	5.15	25	津巴布韦	4.17	45	阿尔及利亚	3.45
6	玻利维亚	5.05	26	乌克兰	4.14	46	孟加拉国	3.44
7	蒙古国	4.93	27	希腊	4.13	47	中国	3.38
8	厄瓜多尔	4.86	28	卢旺达	4.13	48	新西兰	3.36
9	波兰	4.86	29	总计	4.1	49	越南	3.32
10	韩国	4.74	30	斯洛伐克	4.02	50	特立尼达和多巴哥	3.24
11	阿根廷	4.74	31	缅甸	4.01	51	巴勒斯坦	3.11
12	土耳其	4.65	32	塞尔维亚	3.97	52	罗马尼亚	3.07
13	哈萨克斯坦	4.63	33	马尔代夫	3.92	53	乌兹别克斯坦	3.02
14	智利	4.62	34	新加坡	3.9	54	加纳	2.97
15	黎巴嫩	4.51	35	塞浦路斯	3.81	55	亚美尼亚	2.96
16	吉尔吉斯斯坦	4.43	36	捷克	3.69	56	突尼斯	2.93
17	塔吉克斯坦	4.42	37	利比亚	3.62	57	埃及	2.59
18	俄罗斯	4.42	38	尼日利亚	3.61	58	约旦	2.57
19	印度尼西亚	4.39	39	摩洛哥	3.6	59	也门	2
20	乌拉圭	4.38	40	肯尼亚	3.59	60	埃塞俄比亚	1.76

注:数据来自 WVS-Wave 7,题项 Q109,10 点量表和 WVS-Wave 6,题项 V99,10 点量表;均值越低,代表认为竞争越有利。

　　从表中可以看出，各国居民在竞争态度测量题项上的均值大多落在2～5的区间内，这反映了大多数人对竞争持有利或相对有利的看法，而仅有少数人认为竞争是有害的。特别地，伊拉克的得分均值达到7.14，这表明该国大部分居民对竞争持有较为负面的观点，认为其带来了诸多不利影响。委内瑞拉、玻利维亚和蒙古国三个国家的得分均值分别为5.15、5.05和4.93，这三个数字相对居中，表明在这些国家中，大多数人对竞争的态度趋于中立，既不完全否定，也不完全肯定其积极作用。中国的得分是3.38，这一数值表明，在中国，认为竞争具有积极作用的人占据多数。而埃塞俄比亚、也门和约旦三个国家的得分均值最低，分别为1.76、2和2.57，这说明在这些国家中，大多数人持有积极的竞争态度，他们认为竞争能够激励人们努力工作，并激发出新的思考和创新。

7.1.1　收入水平对竞争利弊态度的影响

　　根据世界价值观调查（第7轮）的数据，在"一带一路"共建国家中，不同收入水平国家的居民对"竞争的态度"得分均值呈现显著差异（如图7-1所示）。低收入国家的得分均值最低，仅为1.76，相比之下，中等偏下收入国家、中等偏上收入国家和高收入国家的得分均值则较为接近，分别为4.01、4.33和3.96，均在4.00左右。

　　低收入国家的居民看待竞争的积极态度与众不同，其背后有诸多原因。首先，低收入国家由于资源相对匮乏，发展机会相对有限，竞争在这些国家中成为推动个体和社会进步的重要手段。通过竞争，个体能够更充分地利用有限的资源，提高工作效率，进而增加收入，改善生活水平。其次，竞争在低收入国家往往被视为摆脱贫困、实现个人价值的关键途径，因此，人们对竞争持有更加积极和正面的态度，他们更加珍视竞争带来的机会和可能性。通过竞争，他们不仅有机会改善自身的生活状况，还能为整个社会的发展和进步作出贡献。所以，低收入国家的居民大多认为竞争是有利的，这既是对现实环境的适应，也是对未来发展的积极预期，这种积极的竞争态度有助于推动这些国家的经济发展和社会进步。

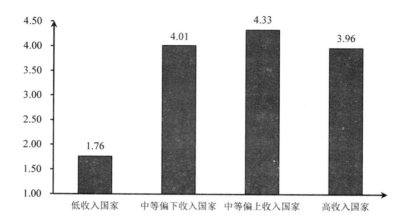

图7-1 "一带一路"共建国家居民对竞争的态度均值（按收入水平统计）

注：数据来自 WVS-Wave 7，题项 Q109，10 点量表；均值越低，代表认为竞争越有利。

7.1.2 地区对竞争利弊态度的影响

接下来，按照"一带一路"共建国家所属地区进行分类，结果如图7-2所示。从图中可以看出，"一带一路"共建国家各地区在"对竞争的态度"上的得分均值大多分布在3~5之间。其中，南美洲的均值最大，为4.62；大洋洲和非洲的均值最小，分别为3.36和3.47。总体而言，各地区在竞争态度上的差异并不显著，表明在全球范围内，人们对竞争普遍持有较为一致的看法。

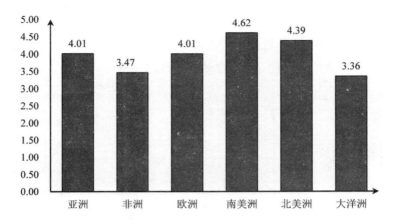

图7-2　"一带一路"共建国家居民对竞争的态度均值（按大洲统计）

注：数据来自WVS-Wave 7，题项Q109，10点量表；均值越低，代表认为竞争越有利；其中，北美洲只包含一个国家（特立尼达和多巴哥），大洋洲只包含一个国家（新西兰），仅供参考。

7.1.3　工作单位性质对竞争利弊态度的影响

　　按照国家收入水平和受访者工作单位性质的交叉统计数据分析，如表7-2所示。总体来说，随着收入水平的提升，居民对竞争的态度逐渐趋于负面。低收入国家的居民对竞争的态度最为积极。低收入国家的政府或公共部门对竞争的态度最积极，均值为3.01；中等偏上收入国家的私营非营利组织对竞争的态度最消极，均值为4.50。就三种不同的工作单位性质而言，不论是在哪个收入水平的国家，私营非营利组织相比于政府或公共部门以及私营企业或行业，对竞争具有消极影响的认同度更高。这表明，在私营非营利组织中，人们可能更加注重合作与共赢，而非单纯的竞争。此外，除了中等偏下收入国家外，在其他三种收入水平的国家中，政府或公共部门的受访者相比于其他两种工作单位性质，对竞争具有积极作用的认同度更高。这可能意味着，在这些国家的政府或公共部门中，人们更倾向于进行竞争。

表7-2　"一带一路"共建国家居民对竞争的态度均值

（按收入水平和工作单位性质交叉统计）

国家	工作单位性质	均值
低收入国家	政府或公共部门	3.01
	私营企业或行业	3.76
	私营非营利组织	4.03
	总计	3.65
中等偏下收入国家	政府或公共部门	3.85
	私营企业或行业	3.67
	私营非营利组织	4.13
	总计	3.76
中等偏上收入国家	政府或公共部门	3.83
	私营企业或行业	4.02
	私营非营利组织	4.50
	总计	3.97
高收入国家	政府或公共部门	3.78
	私营企业或行业	3.97
	私营非营利组织	3.82
	总计	3.9

注：数据来自WVS-Wave 7，题项Q109，10点量表和WVS-Wave 7，题项Q284，3点量表；均值越低，代表认为竞争越有利。

7.1.4　年龄对竞争利弊态度的影响

从图7-3可知，"一带一路"共建国家不同年龄段的居民对竞争的态度存在明显差异。随着年龄的增长，人们在职场中对于竞争的有利性认知逐渐增强，这种趋势反映了职场经验的累积和人生智慧的沉淀。年轻的职场新人对竞争可能持有较为谨慎或中立的态度，他们可能还在摸索自己的职业道路，对竞争的激烈程度及其对个人职业发展的影响尚未完全了解。然而，随着年龄的增长，他们在职场中的历练不断增加，逐渐认识到竞争是推动个人职业成长和获取更好职业机会的重要动力。中年和资深的职场人士往往更加认同竞争的有利性，他们已经经历过多次竞争，并从中获得宝贵的经验和教训，他们深知在职场中只有通过竞争，才能不断提升自己的能力和价值，进而获得更好的职业发展机会。

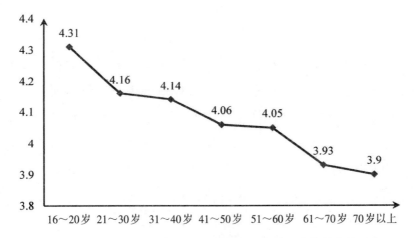

图7-3　"一带一路"共建国家不同年龄段的居民对竞争的态度均值

注：数据来自WVS-Wave 7，题项Q109，10点量表；均值越低，代表认为竞争越有利。

7.1.5　教育水平对竞争利弊态度的影响

"一带一路"共建国家居民的受教育程度与他们对竞争的态度之间呈现与年龄相似的趋势。随着学历的增高，人们对在职场中竞争的有利性认知逐渐增强。对于受教育程度较低的居民而言，他们可能在职场中对竞争持有较为保守或不确定的态度。由于知识结构和技能水平的限制，他们可能更多地关注稳定的工作环境和基本的职业保障，而对竞争所带来的挑战和机遇缺乏充分的认识。然而，随着受教育程度的提高，人们对职场竞争的态度发生了显著变化。拥有更高学历的居民通常具备更为丰富的知识和技能，他们对职场竞争的理解和认知也更加深入，他们认识到竞争是推动个人职业成长和获取更好职业机会的重要驱动力，因此更加积极地参与竞争，并不断提升自己的竞争力。

7.2　合作依赖观

合作，指的是在组织活动中，不同职能的部门或成员之间所达到的联结紧密程度。而在职场中，合作依赖观是个体对他人协助的依赖程度，也是衡量团队协同效率的重要指标。为了精确评估个人在工作中的合作状况，即其依赖程度，世界价值观调查采用了一个10点量表作为衡量工具。其中1代表"完全独立，无需他人协助"，而10则表示"完全依赖，几乎无法独立完成工作"。结果如表7-3所示，各国居民在这一题项上的得分呈现显著差异。

表7-3　"一带一路"共建国家居民对合作依赖的态度均值

排序	国家	均值	排序	国家	均值	排序	国家	均值
1	斯洛文尼亚	8.06	17	卢旺达	6.70	33	埃及	6.10
2	菲律宾	7.81	18	南非	6.65	34	巴勒斯坦	6.07
3	新西兰	7.76	19	卡塔尔	6.63	35	突尼斯	6.05
4	泰国	7.50	20	科威特	6.53	36	伊拉克	5.84
5	厄瓜多尔	7.49	21	爱沙尼亚	6.46	37	哈萨克斯坦	5.77
6	加纳	7.26	22	新加坡	6.41	38	韩国	5.73
7	马来西亚	7.22	23	格鲁吉亚	6.38	39	白俄罗斯	5.64
8	特立尼达和多巴哥	7.18	24	黎巴嫩	6.38	40	土耳其	5.60

排序	国家	均值	排序	国家	均值	排序	国家	均值
9	利比亚	7.17	25	吉尔吉斯斯坦	6.37	41	俄罗斯	5.55
10	乌拉圭	7.12	26	罗马尼亚	6.35	42	乌克兰	5.54
11	巴基斯坦	6.81	27	阿根廷	6.34	43	波兰	5.32
12	尼日利亚	6.81	28	阿塞拜疆	6.31	44	亚美尼亚	5.18
13	摩洛哥	6.76	29	中国	6.30	45	乌兹别克斯坦	5.16
14	秘鲁	6.75	30	塞浦路斯	6.26	46	阿尔及利亚	4.84
15	津巴布韦	6.74	31	也门	6.18			
16	约旦	6.71	32	智利	6.12			

注:数据来自WVS-Wave 6,题项V233,10点量表;均值越高,代表对合作的依赖程度越高。

如表7-3所示,大部分国家的均值分布在5~8的范围内,这反映了"一带一路"共建国家居民的职场文化普遍倾向于中等偏上程度的合作与依赖。具体来说,斯洛文尼亚、菲律宾和新西兰的均值相对较高,分别为8.06、7.81和7.76,这在一定程度上表明在这些国家中,人们在工作过程中更倾向于依赖他人的协助与支持,较少选择单打独斗。相比之下,阿尔及利亚、乌兹别克斯坦和亚美尼亚的均值较低,分别为4.84、5.16和5.18,这表明在这些国家中,人们在完成工作任务时,更倾向于独立自主,对他人的依赖程度较低。中国的均值处于中等水平,为6.30,这表明我国居民更倾向与他人合作完成工作的态度,符合集体主义文化的特点。这些差异反映了不同国家在职场文化、团队协作和工作风格方面的独特特点。

7.2.1　收入水平对合作依赖态度的影响

如图7-4所示,在不同收入水平的国家中,关于"工作中的合作情况/依赖程度"的得分均值普遍集中在6.5左右，显示出一种较为一致的趋势。其中，低收入国家和高收入国家的均值均达到了6.59，表明在这两类国家中，人们在工作中的合作与依赖程度普遍较高。相比之下，中等偏下收入国家和中等偏上收入国家的均值略低，分别为6.35和6.38，但整体而言，这些国家的合作与依赖程度也处于相对较高的水平。这一数据分布格局反映出，不论国家收入水平如何，合作与依赖在职场中都扮演着重要的角色，是推动工作顺利进行的关键因素之一。

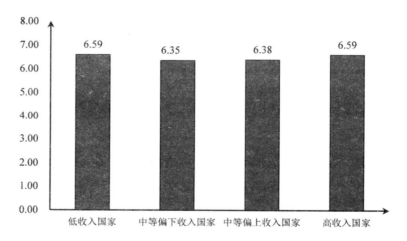

图7-4 "一带一路"共建国家居民对合作依赖的态度均值(按收入水平统计)

注:数据来自WVS-Wave 6,题项V233,10点量表;均值越高,代表对合作的依赖程度越高。

7.2.2 地区对合作依赖态度的影响

如图7-5所示，"一带一路"共建国家各地区关于"工作中的合作情况/依赖程度"的得分均值大多分布在6～8之间，说明从各大洲来看，人们的工作普遍倾向于合作与依赖。其中，大洋洲的均值最大，为7.76；欧洲和亚洲的均值最小，分别为6.15和6.33。总体而言，各地区在合作态度上的差异并不显著，表明在全球范围内，人们在工作中的合作与依赖程度普遍较高。

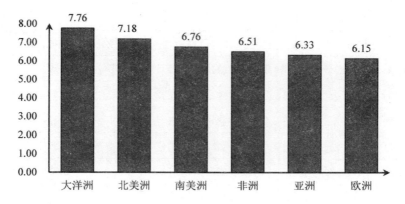

图7-5 "一带一路"共建国家居民对合作依赖的态度均值(按大洲统计)

注:数据来自WVS-Wave 6,题项V233,10点量表;均值越高,代表对合作的依赖程度越高;其中,北美洲只包含一个国家(特立尼达和多巴哥),大洋洲只包含一个国家(新西兰),仅供参考。

7.2.3 工作单位性质对合作依赖态度的影响

对"一带一路"共建国家居民的收入水平与受访者工作单位性质进行交叉统计分析,结果如表7-4所示。总体而言,低收入国家和高收入国家对合作的态度最为积极,均值分别为6.59和6.61,中等偏上收入国家的均值最低,为6.25。低收入国家的政府或公共部门表示他们在工作中的合作和依赖程度最高,均值为6.79;而中等偏下收入国家的政府或公共部门的工作则是独立性更强,均值为5.97。这说明,虽然单位性质相同,但在不同收入水平国家中其合作程度不同。另外,我们还发现,在中等偏上收入国家中,私营非营利组织表示工作需要合作和依赖的程度最高。这反映了私营非营利组织往往需要多方合作才能顺利开展工作的特性,特别是在中等收入国家的私营非营利组织中,这种合作需求表现得尤为突出。

表7-4 "一带一路"共建国家居民对合作依赖的态度均值
（按收入水平和工作单位性质交叉统计）

国家	工作单位性质	均值
低收入国家	政府或公共部门	6.79
	私营企业或行业	6.54
低收入国家	私营非营利组织	6.51
	总计	6.59
中等偏下收入国家	政府或公共部门	5.97
	私营企业或行业	6.64
	私营非营利组织	6.44
	总计	6.43
中等偏上收入国家	政府或公共部门	6.00
	私营企业或行业	6.40
	私营非营利组织	6.71
	总计	6.25
高收入国家	政府或公共部门	6.67
	私营企业或行业	6.59
	私营非营利组织	6.51
	总计	6.61

注：数据来自WVS-Wave 6，题项V233，10点量表和WVS-Wave 6，题项V230，3点量表；均值越高，代表对合作的依赖程度越高。

7.2.4 教育水平对合作依赖态度的影响

从图7-6中可以看出，在"一带一路"共建国家中，随着居民受教育程度的不断提升，人们对于合作的依赖程度呈现一个U型的变化趋势。在教育的初级阶段，随着知识和技能的积累，个体往往更倾向于独立完成任务，展现较强的独立性和自主性。他们可能认为凭借自己的能力就足以应对大部分工作的挑战，因此，对合作的依赖程度相对较低。然而，随着受教育程度的进一步提高，特别是在进入职场后，人们逐渐意识到合作的重要性。高学历往往意味着更高的专业素养和更广阔的视野，但同时也意味着面对的工作挑战更为复杂和多元化。在这种情况下，单打独斗往往难以取得理想的成果，而团队合作则能够汇聚多方智慧和力量，共同攻克难题。因此，在职场中，随着受教育程度的增加，人们对合作的依赖程度会先降低再升高。

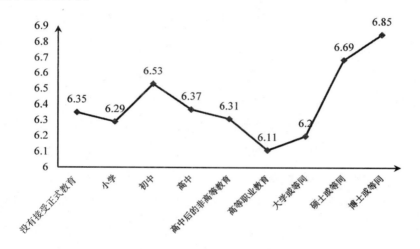

图7-6 "一带一路"共建国家居民对合作依赖的态度均值（按受教育程度统计）

注：数据来自WVS-Wave 6，题项 V233，10点量表；均值越高，代表对合作的依赖程度越高。

7.3 竞争与合作

如图7-7所示，"一带一路"共建国家在合作与竞争两种职场态度上的得分均值呈现明显的差异。具体而言，对于合作的依赖程度，各国均值大多分布在6～8之间；对于"竞争"的利弊看法，各国均值大多分布在2～5之间。这表明各国普遍认同合作的必要性，同时也认为竞争也是有利的。

举例来说，以泰国和菲律宾为代表的国家，位于图7-4的第一象限。他们的居民普遍认为竞争可能带来更多的负面后果，如压力、不公和冲突。但同时他们也非常重视合作的价值，认为通过团队协作，可以实现共同的目标，对他人有较高的依赖性，强调集体利益和相互支持。

以新西兰和利比亚为代表的国家，位于图7-4的第四象限。他们的居民更加看重竞争带来的积极效应，如激励创新、提高效率和促进个人成长。此外，他们也认识到合作的重要性，相信通过协作，可以增强团队的凝聚力和实现更广泛的社会目标。这些国家的居民在保持独立性的同时，也展现出对合作伙伴的重视和依赖。

以乌兹别克斯坦和伊拉克为代表的国家，位于图7-4的第三象限。他们的居民普遍认为竞争能够激发个人的潜力并带来积极的社会变革。同时，他们对他人的合作依赖程度相对较低，更倾向于强调个人主义和自我依赖。

以波兰和俄罗斯为代表的国家，位于图7-4的第二象限。他们的居民更关注竞争可能会引发的负面后果，如不平等和分裂。同时，他们对他人的合作依赖程度相对较低，更倾向于依靠自己的力量和资源来实现目标。

在中国，人们对竞争利弊的认识是复杂而微妙的，他们认识到竞争可以带来积极的结果，如激励和效率，同时也意识到其潜在的负面后果，如压力和不公。而在合作依赖方面，中国社会强调团队精神和集体利益，但也不忽视个体的独立性和自我发展。这种文化上的折中，体现了中国文化在维护社会和谐与促进个人和集体发展之间寻求平衡的智慧。随着社会的不断进步和全球化的深入，这种平衡观念也在不断地适应和演变，形成一种独特的、适应性强的文化特征。

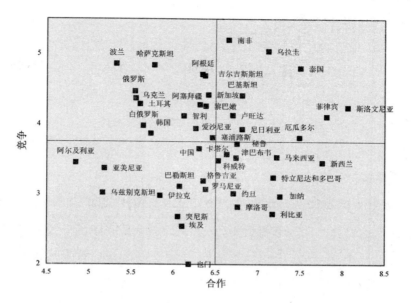

图7-7 "一带一路"共建国家居民对合作–竞争的态度均值象限图

注：数据来自WVS–Wave 6，题项V99，10点量表和WVS–Wave 6，题项V233，10点量表。竞争态度的均值越低，代表认为竞争越有利；合作态度的均值越高，代表对合作的依赖程度越高。

第八章 公平与公正

历史告诉我们，和平发展、公平正义、合作共赢才是人间正道。

——习近平2021年12月3日向中国—拉共体论坛

第三届部长会议发表视频致辞

职场公平与公正是构建健康工作环境的重要基石。在职场中，公平意味着每个员工都应享有平等的机会、权利和待遇，不受任何形式的不公正对待或歧视；而公正则要求我们在决策、评价和资源分配上遵循公正原则，不偏袒任何一方。

在职场中，收入分配的问题常常成为影响职场公平的重要因素。理想的收入分配应该基于员工的工作表现、职责、能力、经验以及市场价值等多个因素进行考量，以确保付出与回报相匹配。然而在现实中，由于种种原因，收入分配往往难以达到这种理想状态。这种不公平不仅损害了员工的权益，也破坏了职场的和谐氛围，导致员工士气低落，甚至引发一系列负面效应。

关于收入是否应平均分配，还是加大差距，这是一个涉及公平与效率、社会和谐与经济活力的复杂议题。平均分配收入能在一定程度上减少贫富差距，增强社会公平性，有助于构建和谐社会。然而，这种分配方式可能抑制个人积极性和创新能力，降低社会整体的经济效率。另一方面，加大收入差距能够激励人们努力工作，提升个人才能和技能，从而推动社会进步和经济繁荣。然而，过大的收入差距可能导致不同收入群体的阶层分化，造成不同阶层之间的不和谐，出现贫富之间的对立和不满情绪，影响社会稳定[1]。

与此同时，职场行贿现象也是破坏职场公正的一大毒瘤。2018年的统计数据显示，仅在非洲地区，就有近1.3亿人涉及行贿行为。由于贿赂行为具有极高的隐蔽性，且往往难以留下确凿的证据，第三方观察员在介入时面临着重重困难，实施有效的单独监管更是难上加难。行贿行为的存在，使得原本应该基于能力和贡献的职场竞争变得扭曲和失衡。所以，如果在一个工作环境中，受贿行为被普遍接受，甚至被默认为一种常态，那些通过不正当手段获取利益的人得以晋升或获得更多资源，而那些真正有能力和贡献的员工却可能因此受到压制。此时，职场行贿不仅严重侵蚀了职场的公平与公正原则，使得职场环境变得污浊不堪，更对社会的健康发展构成极大的威胁，动摇了公众对于正义和公平的基本信仰[2]。

本章将深入剖析"一带一路"共建国家居民对于收入分配方式的多样化观点，并探讨对职场受贿现象所持有的普遍态度。此外，我们还将结合不同工作单位的性质、所处地区以及收入水平等多元因素，综合分析这些因素如何对人们的职场公平与公正观念产生深远影响，从而揭示职场环境中的复杂性与多元性。

8.1　收入分配方式

收入分配方式主要探究的是应否实行平均分配，或是采用能够激励个人努力的差距分配。世界价值观调查将这一分配方式视为一

---

① 李玉菊：《对我国居民收入分配差距及其变动趋势的分析》，《中国软科学》2003年第6期，第67-71页。

② Diana Dakhlallah, "Bribery in the Workplace: A Field Experiment on the Threat of Making Group Behavior Visible,"*Organization Science* 35, No. 4(2024): 1203-1223.

个具有连续性的变量，通过10点量表进行量化评估。其中，1代表"收入应尽可能实现平均分配"，即强调收入的均等化；而10则代表"应加大收入差距，以激励个人更加努力工作"，这体现了对个体努力与收入差异的认可。

表8-1 "一带一路"共建国家居民对分配方式的得分均值

排序	国家	均值	排序	国家	均值	排序	国家	均值
1	亚美尼亚	8.95	21	俄罗斯	6.71	41	厄瓜多尔	6.05
2	吉尔吉斯斯坦	8.76	22	韩国	6.66	42	南非	6.05
3	越南	8.37	23	捷克	6.61	43	巴勒斯坦	6.01
4	塔吉克斯坦	8.06	24	科威特	6.57	44	秘鲁	5.96
5	约旦	7.96	25	阿尔及利亚	6.55	45	黎巴嫩	5.90
6	罗马尼亚	7.61	26	埃塞俄比亚	6.46	46	阿塞拜疆	5.89
7	尼日利亚	7.54	27	马来西亚	6.46	47	斯洛伐克	5.82
8	哈萨克斯坦	7.33	28	津巴布韦	6.45	48	阿根廷	5.57
9	巴基斯坦	7.19	29	摩洛哥	6.44	49	泰国	5.52
10	委内瑞拉	7.16	30	玻利维亚	6.43	50	中国	5.52
11	特立尼达和多巴哥	6.98	31	塞尔维亚	6.41	51	希腊	5.31
12	新加坡	6.95	32	肯尼亚	6.37	52	土耳其	5.21
13	尼加拉瓜	6.9	33	突尼斯	6.37	53	马尔代夫	5.15
14	加纳	6.89	34	也门	6.36	54	塞浦路斯	4.81
15	伊朗	6.85	35	波兰	6.32	55	伊拉克	4.72
16	蒙古国	6.83	36	菲律宾	6.24	56	乌兹别克斯坦	4.59
17	卡塔尔	6.80	37	乌拉圭	6.20	57	卢旺达	4.27
18	印度尼西亚	6.79	38	乌克兰	6.16	58	孟加拉国	3.96
19	埃及	6.74	39	缅甸	6.06	59	智利	3.94
20	利比亚	6.73	40	新西兰	6.06	60	斯洛文尼亚	3.48

注:数据来自WVS-Wave 6,题项V96,10点量表和WVS-Wave 7,题项Q106,10点量表;得分越高,代表居民认为加大收入差距,以激励个人更加努力工作的程度越高。

如表8-1所示，"一带一路"共建国家在收入平均分配与加大差距之间的倾向性得分均值呈现显著的差异，其分布范围广泛，从3到9不等，均值越高，表明该国居民对于加大收入差距的接受度越高。具体来说，亚美尼亚、吉尔吉斯斯坦、越南和塔吉克斯坦等国的均值均超过8，分别为8.95、8.76、8.37和8.06，这反映出这些国家的居民更倾向于增大收入差距，以激励人们更加努力工作。相对而言，斯洛文尼亚、智利和孟加拉国等国的均值则较低，均低于4，分别为3.48、3.94和3.96，这表明这些国家的居民更倾向于实现收入的平均分配。而土耳其、马尔代夫、塞浦路斯和伊拉克等国的均值大致在5左右，分别为5.21、5.15、4.81和4.72，显示出这些国家的居民在收入分配方式上并没有特别明显的偏好。这种多样化的倾向性反映了不同国家在社会经济、文化传统和价值观念等方面的差异。

在不同收入水平的国家中，收入分配的均值大致集中在6~6.5的区间内，这表明各国在某种程度上都倾向于保持一定的收入差距，以激励人们就业。尽管存在细微差异，但整体趋势表明，各国普遍认为适度的收入差距有助于激发经济活力和促进就业。具体来看，低收入国家和中等偏下收入国家的均值略高一些，这反映出这些国家可能更倾向于通过加大收入差距来刺激经济增长和吸引人才。由于这些国家经济发展水平整体相对较低，面临较大的发展压力，因此，一些人可能认为通过提高收入差距，可以激发人们的积极性和创造力，推动社会进步。相对而言，高收入和中等偏上收入国家的均值略低一些。这可能是因为这些国家通常拥有更为健全的经济体系和社会福利制度，更加注重社会公平和稳定。在这些国家中，政府往往通过税收、社会保障等手段来调节收入分配，以减少社会不公和贫富差距。

8.1.1　地区对分配方式态度的影响

如图8-1所示，"一带一路"共建国家各地区在收入分配方式上的均值差异较为显著。具体而言，北美洲的均值最高，达到了6.94，这反映出北美洲地区更倾向于认为收入应存在一定程度的差异，以此激励人们更加努力工作。相较之下，欧洲的均值最低，为5.66，但这一数值也大于5，显示出欧洲地区的人们也认可收入分配应存在一定差异，但是这种差异不应过大，相对来讲，他们更加注重收入的相对平等性。此外，亚洲和非洲的均值较为接近，分别为6.49和6.41，这在一定程度上说明这两个地区的人们在收入分配方式上的态度颇为相近，他们都倾向于认为收入分配应该存在一定程度的差异。

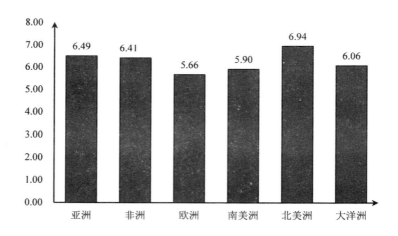

图8-1　"一带一路"共建国家居民对分配方式的态度（按大洲统计）

注：数据来自WVS-Wave 6，题项V96，10点量表和WVS-Wave 7，题项Q106，10点量表；得分越高，代表居民认为加大收入差距，以激励个人更加努力工作的程度越高；其中，北美洲只包含两个国家（尼加拉瓜、特立尼达和多巴哥），大洋洲只包含一个国家（新西兰），仅供参考。

8.1.2 工作单位性质对分配方式态度的影响

世界价值观调查还对受访者的工作单位性质进行了统计。通过询问受访者"您是为政府或公共部门工作，还是为私营企业或行业或私营非营利组织工作？如果您目前没有工作，请描述您过去的主要工作。您是否或曾经为以下机构工作？"采用3点量表进行测量，其中，1表示"政府或公共部门"，2表示"私营企业或行业"，3表示"私营非营利组织"。我们将受访者的工作单位性质和对收入分配方式的看法进行交叉统计，结果如图8-2所示。

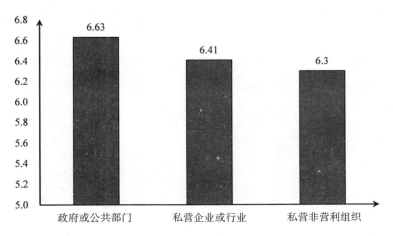

图8-2 "一带一路"共建国家居民对分配方式的态度（按工作单位性质统计）

注：数据来自WVS-Wave 7，题项 V106，10点量表和WVS-Wave 7，题项Q284，3点量表；得分越高，代表居民认为加大收入差距，以激励个人更加努力工作的程度越高。

从图8-2中可以看出，在"一带一路"共建国家中，不同工作单位性质的员工在收入分配方式的看法上存在一些差异。总体来讲，大多数员工都认同收入分配应存在一定差异，以激励员工的工作积极性和创造力。然而，相比之下，私营非营利组织的员工对于收入分配差异的需求并不那么显著，他们更倾向于收入能够稍微平均分配一些，这可能与他们的组织目标和文化有关。因为私营非营利组织往往以社会公益为主要目标，强调团队合作和共同使命。在这种组织文化中，员工可能更加注重公平和团结，认为平均分配收入能够更好地体现组织的平等和共享价值观。此外，私营非营利组织的资金来源可能相对有限，平均分配收入不仅有助于减少内部矛盾，还能够提升员工的凝聚力，进一步推动组织的稳定发展。

8.1.3　教育水平对分配方式态度的影响

从图8-3中可以看出，在"一带一路"共建国家中，不同受教育程度的居民对分配方式的态度存在显著差异。随着受教育程度的不断提升，人们往往倾向于认为应该加大收入差距，以激励个人努力。这是因为受教育程度的提高，通常意味着个体在知识、技能和专业素养上有了更为深厚的积累，这使得他们更有能力胜任高级别、高薪酬的职位。在这种背景下，一些人认为，通过加大收入差距，可以更好地激发个体的积极性和进取心，促使他们更加努力工作，以追求更高的薪资水平。

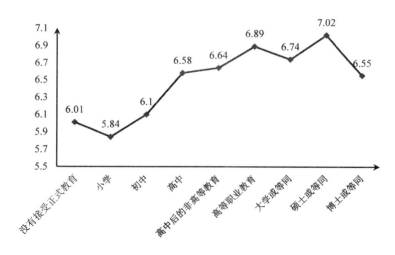

图8-3　"一带一路"共建国家居民对分配方式的态度（按受教育程度统计）

注：数据来自WVS-Wave 7，题项Q106，10点量表；得分越高，代表居民认为加大收入差距，以激励个人更加努力工作的程度越高。

8.2　对职场受贿的接受度

职场受贿无疑是对职业道德和法律法规的公然践踏，更是对职场公平竞争原则的严重破坏。当某些人不择手段地通过受贿获取私利时，那些坚守诚信、辛勤付出的员工无疑会感到极大的不公平和失落。为了深入探究人们对于职场受贿行为的接受程度，世界价值观调查采用了10点量表，将其作为一个连续变量来衡量。在调查中，首先会向被调查者描述一个具体的场景：某人在其职位上，利用职务之便，收受了他人的贿赂。随后，调查组会要求被调查者根据这一描述，对受贿行为的合理性进行评价。其中，1代表"完全不合理"，而10则代表"完全合理"。

表8-2　"一带一路"共建国家居民对职场受贿行为接受程度的均值

排序	国家	均值	排序	国家	均值	排序	国家	均值
1	埃及	1.18	21	土耳其	1.65	41	塔吉克斯坦	2.26
2	格鲁吉亚	1.19	22	巴基斯坦	1.66	42	智利	2.28
3	利比亚	1.24	23	尼日利亚	1.71	43	厄瓜多尔	2.30
4	亚美尼亚	1.28	24	缅甸	1.72	44	白俄罗斯	2.34
5	马尔代夫	1.29	25	秘鲁	1.72	45	津巴布韦	2.36
6	阿塞拜疆	1.32	26	伊拉克	1.73	46	科威特	2.42
7	特立尼达和多巴哥	1.33	27	巴勒斯坦	1.74	47	乌克兰	2.47
8	卡塔尔	1.38	28	突尼斯	1.74	48	黎巴嫩	2.64
9	斯洛文尼亚	1.38	29	吉尔吉斯斯坦	1.75	49	摩洛哥	2.79
10	希腊	1.38	30	泰国	1.77	50	斯洛伐克	2.87
11	新加坡	1.41	31	加纳	1.82	51	越南	2.90
12	约旦	1.44	32	阿根廷	1.88	52	捷克	3.02

续表8-2

排序	国家	均值	排序	国家	均值	排序	国家	均值
13	波兰	1.44	33	印度尼西亚	1.93	53	马来西亚	3.08
14	埃塞俄比亚	1.49	34	玻利维亚	2.05	54	塞尔维亚	3.18
15	新西兰	1.49	35	委内瑞拉	2.11	55	肯尼亚	3.19
16	伊朗	1.5	36	卢旺达	2.13	56	蒙古国	3.43
17	爱沙尼亚	1.51	37	尼加拉瓜	2.13	57	南非	4.14
18	乌兹别克斯坦	1.55	38	韩国	2.22	58	菲律宾	4.22
19	乌拉圭	1.59	39	阿尔及利亚	2.23			
20	孟加拉国	1.61	40	哈萨克斯坦	2.24			

注：数据来自WVS-Wave 6，题项V202，10点量表和WVS-Wave 7，题项Q181，10点量表；得分越高，代表居民对职场受贿行为的接受程度越高。

如表8-2所示，在"一带一路"共建国家中，菲律宾居民对职场受贿行为接受程度的均值显著偏高，高达4.22，这一数值与其他国家相比明显突出。其他国家的均值则主要集中在1~3的范围内，相互之间的差异并不明显，这在一定程度上表明，大部分国家的居民普遍持有较高的道德标准和严格的职业操守。特别值得注意的是，埃及和格鲁吉亚的均值最低，分别为1.18和1.19，这充分显示在这两个国家中，绝大多数居民坚决反对职场受贿行为，他们认为在职期间收受贿赂是完全违背道德和法律的行为。

8.2.1 地区对职场受贿接受度的影响

如图8-4所示，"一带一路"共建国家各地区的均值分布主要集中在1.5~2.5的区间内，这反映出大部分地区的人们普遍认为受贿行为是不合理的。其中，非洲的均值最高，为2.17，显示出该地区对受贿行为的接受程度相对较高。相比之下，北美洲和大洋洲的均值最低，分别为 1.73 和 1.49，这表明这两个地区的人们对受贿行为持有更为坚决的反对态度。亚洲、南美洲和欧洲的均值则较为接近，分别为 1.98、1.99 和 2.10，显示出这些地区在受贿接受程度上的相似性。

大洋洲国家的居民之所以在受贿接受程度上表现得如此低，很大程度上源于它们普遍重视道德教育和职业操守。这使得该地区的居民普遍认识到受贿行为的不道德性和违法性，从而形成了对腐败行为的强烈抵制氛围。而非洲一些国家的法律制度可能相对不够完善，对腐败行为的打击力度不足，这在一定程度上为受贿行为提供了滋生和蔓延的空间。

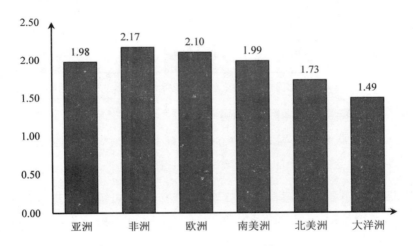

图 8-4　"一带一路"共建国家居民对职场受贿行为的接受度（按大洲统计）

注：数据来自 WVS–Wave 6，题项 V202，10 点量表和 WVS–Wave 7，题项 Q181，10 点量表；得分越高，代表居民对职场受贿行为的接受程度越高；其中，北美洲只包含两个国家（尼加拉瓜、特立尼达和多巴哥），大洋洲只包含一个国家（新西兰），仅供参考。

8.2.2　工作单位性质对职场受贿接受度的影响

如图 8-5 所示，"一带一路"共建国家中不同工作单位性质的员工在对待职场受贿问题上普遍持有较低的接受度，尤其是政府或公共部门。这是因为政府或公共部门作为服务人民的机构,其核心职责在于维护公共利益,提供优质的公共服务,而非追求个人或部门的私利。正是基于这样的职责定位,他们对受贿行为持有零容忍的态度,坚决抵制任何形式的腐败现象。

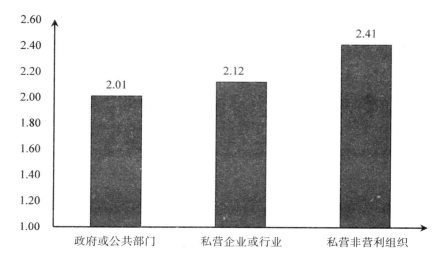

图8-5 "一带一路"共建国家居民对职场受贿行为的接受度(按工作单位性质统计)

注:数据来自 WVS-Wave 7,题项 V181,10点量表和 WVS-Wave 7,题项 Q284,3点量表;得分越高,代表居民对职场受贿行为的接受程度越高。

相比之下,私营非营利组织在运作过程中可能面临更大的资金压力,它们通常依赖于捐赠、赞助或政府资助来维持组织的运营和项目发展。这种资金状况可能导致一些私营非营利组织的员工在面对受贿的诱惑时,更容易产生侥幸心理或放松警惕。此外,私营非营利组织的社会关注度可能相对较低。由于它们的运作相对独立,且较少受到媒体和公众的直接监督,一些员工可能认为受贿行为不易被察觉或曝光,这种心理可能导致他们对受贿行为的接受度相对较高。不过,随着反腐败斗争的不断深入和社会监督的加强,越来越多的私营非营利组织开始认识到廉洁自律的重要性,并采取积极措施来加强内部管理和监督,防止腐败现象的发生。

8.2.3 收入对职场受贿接受度的影响

如图10-6所示,不同收入水平下,参与共建"一带一路"倡议的国家对于受贿行为的看法虽总体相似,但细微之处仍有差异。具体而言,中等偏下收入国家的均值(2.21)稍高,而低收入国家、中等偏上收入国家和高收入国家的均值则略低,尤以低收入国家的均值最低,仅为1.49。所以,人们对于职场受贿行为的接受程度与收入水平之间呈现一种倒U型的分布态势,即随着收入的增加,接受度起初可能上升,但到达一定水平后,接受度会随收入的进一步增长而逐渐降低。这反映出在收入水平较低的阶段,经济利益的诱惑可能让人们更易于容忍或忽视职场受贿行为;而当收入达到一定高度后,人们对公正和道德的追求逐渐增强,对受贿行为的容忍度也随之降低。

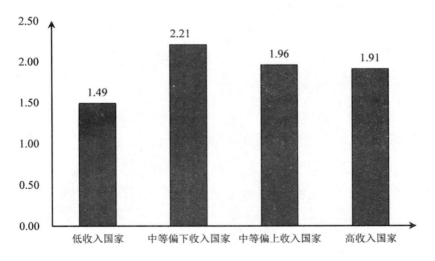

图8-6 "一带一路"共建国家居民对职场受贿行为的接受度(按收入水平统计)

注:数据来自WVS-Wave 7,题项V181,10点量表;得分越高,代表居民对职场受贿行为的接受程度越高。

探究低收入国家对受贿接受度最低的原因,可以从多个维度进行深入分析。首先，这些国家的经济资源相对紧缺，贫富差距显著，社会对于公平和正义的渴求更为强烈。在这样的背景下，受贿行为被视为对公平原则的公然挑战，自然会引起人们的广泛反感和坚决抵制。其次，低收入国家往往对法律制度建设给予高度重视，对腐败行为采取更为严厉和直接的打击措施。这不仅体现在法律的制定和执行上，更体现在整个社会对于腐败行为的零容忍态度上。受贿行为一旦被发现，不仅会受到法律的严惩，还会受到社会舆论的强烈谴责。此外，低收入国家的民众普遍对腐败行为深恶痛绝。由于经济条件的限制，他们对于公平和正义的需求更为迫切，对于任何形式的腐败行为都保持着高度的警觉和警惕。这种社会氛围的形成，进一步降低了受贿行为的接受度。最后，一些低收入国家特别注重道德教育和职业操守的培养。他们通过教育，引导民众认识受贿行为的不道德性和违法性，从而建立对腐败行为的强烈抵制意识。这种文化氛围的熏陶，使得这些国家的居民在面对受贿行为时能够保持清醒的头脑和坚定的立场。

第四篇　"一带一路"共建国家居民生活价值观

　　生活过得好不好,人民群众最有发言权。要从人民群众普遍关注、反映强烈、反复出现的问题出发,拿出更多改革创新举措,把就业、教育、医疗、社保、住房、养老、食品安全、生态环境、社会治安等问题一个一个解决好,努力让人民群众的获得感成色更足、幸福感更可持续、安全感更有保障。

——习近平 2020 年 10 月 14 日
在深圳经济特区建立 40 周年庆祝大会上的讲话

　　本篇内容包含四个章节,从婚姻与生育、生活满意度、人际交往、生活与科学四个方面对"一带一路"共建国家居民的生活价值观进行较为深入的分析。其中,第九章聚焦于"一带一路"共建国家居民的婚姻与生育价值观,概述了共建国家的婚姻和生育基本概况,并深入分析了年龄和性别等人口统计学特征对婚姻现状的影响,以及教育文化程度如何影响生育观念。这些分析揭示了"一带一路"共建国家居民在婚姻和生育方面的价值观差异。第十章聚焦于"一带一路"共建国家居民的生活满意度,分析了共建国家居民的生活满意度和经济满意度等指标,揭示了不同共建国家居民满意度之间的差异。第十一章聚焦于"一带一路"共建国家居民的人际交往价值观，着重关注人际交往中的信任水平及其影响因素，剖析了年龄、宗教等因素与人际交往中信任水平的关系，并引入差序信任的概念，分析不同群体在差序信任方面的差异。第十二章聚焦于"一带一路"共建国家居民对科学与生活关系的看法，在概述共建国家的科技发展现状的基础上，探讨科学对生活的影响。本篇内容有助于读者更好地理解"一带一路"共建国家的生活价值观的现状特征和国别差异。

第九章　婚姻与生育价值观

要积极培育新型婚育文化，加强对年轻人婚恋观、生育观、家庭观的引导，促进完善和落实生育支持政策，提高人口发展质量，积极应对人口老龄化。

——习近平2023年10月30日同全国妇联
新一届领导班子成员集体谈话时的讲话

　　婚姻与生育，作为人与人之间血缘关系的纽带，不仅是人类社会持续发展的基石，更是民族生生不息的重要动力。在一国之中，居民的婚姻状况与生育率紧密相连，彼此影响，形成了一种微妙的平衡。与此同时，其他人口指标，如出生率、死亡率、年龄分布和性别比例等，也在无形中塑造着婚姻状况的面貌。而更深一层，婚姻与生育的价值观，作为每个人内心深处的信仰与选择，则受到文化、宗教、社会背景和个人经历等多重因素的熏陶与塑造。

　　本章将聚焦部分"一带一路"共建国家居民的婚姻与生育现状，透过受访者的真实看法，呈现各国独特的婚育风貌。首先，我们将概述这些国家的婚姻基本概况，深入分析人口统计学特征如何影响婚姻结构，特别是在年龄与性别维度上的变化。其次，通过对比各国的总生育率，揭示这些国家生育现状的异同，并探讨其中的原因。值得注意的是，受教育程度作为影响生育观念的重要因素，也将在本章中得到深入探讨。

总的来说，各国的婚姻和生育价值观具有多样性和复杂性，这是因为不同国家的婚姻和生育价值观还受到宗教、教育水平和社会变革等多种因素的影响，这反映了不同文化和社会背景下的差异，理解和尊重这些差异对于促进国际交流与合作具有重要意义。同时，随着全球化的深入发展和社会变革的加速推进，各国婚姻和生育价值观也处在不断变化和演进中。事实上，各国婚姻与生育现状的差异并非偶然，它们往往根植于一个国家的社会经济条件、文化传统和风俗习惯之中。本章将全面地分析部分"一带一路"共建国家的婚育状况，为未来的交流与合作提供有益的参考。

9.1　婚姻观念与现状

婚姻价值观是个体对婚姻这一人生重要选择所持有的核心看法和态度，它涵盖了人们对婚姻意义、目的、期望以及婚姻中角色和责任的认识。婚姻价值观的形成受到文化、宗教、家庭背景、个人经历等多种因素的影响，它不仅是个人对婚姻生活的主观理解和期待，也是社会价值观在婚姻领域的具体体现。在现代社会，随着文化多元化和社会变革的加速，婚姻价值观也呈现多样化和复杂化的趋势。不同的个体和群体对婚姻的看法和态度可能存在差异，甚至在同一文化背景下也可能存在不同的婚姻价值观。因此，理解和尊重不同的婚姻价值观，对于维护社会稳定、促进家庭和谐具有重要意义。

9.1.1　各国婚姻基本概况

目前，全球大多数国家将一夫一妻制作为唯一的合法婚姻形式。然而，值得注意的是，在非洲及西亚中东的部分欠发达地区，一夫多妻制或一妻多夫制这些较为特殊的婚姻形式依然存在。特别是在"一带一路"倡议所涵盖的部分国家中，如伊拉克、利比亚、约旦、摩洛哥、也门和卡塔尔等，一夫多妻制仍然被保留。与此同时，随着社会的进步和观念的开放，同性婚姻也逐渐在一些国家得到法律认可，如乌拉圭、新西兰和斯洛文尼亚等。

无论实行何种婚姻形式，根据全球婚姻状况的普遍分布，婚姻类型主要可以划分为六大类：已婚、同居、离婚、分居、丧偶和单身。这些婚姻类型反映了人们在不同文化、宗教和社会背景下对于婚姻关系的多样理解和选择。通过深入了解这些婚姻类型及其在不同国家的分布情况，可以使读者更加全面地认识和理解共建国家居民婚姻价值观的差异和演变。

表9-1 "一带一路"共建国家居民各年龄段已婚人数占比

	16～20岁	21～30岁	31～40岁	41～50岁	51～60岁	61～70岁	70岁以上
阿根廷	0.00%	17.37%	46.23%	60.12%	62.83%	46.31%	31.15%
埃及	10.23%	57.84%	84.89%	82.63%	71.55%	66.67%	70.00%
埃塞俄比亚	29.48%	56.54%	82.29%	79.58%	76.47%	79.31%	75.00%
巴基斯坦	23.13%	75.63%	96.45%	94.93%	87.80%	79.07%	64.29%
玻利维亚	1.16%	20.04%	43.86%	60.32%	56.06%	54.49%	40.85%
俄罗斯	1.18%	33.93%	55.58%	54.92%	54.48%	40.09%	21.34%
厄瓜多尔	3.28%	14.33%	36.47%	39.15%	52.87%	54.90%	59.46%
菲律宾	4.23%	34.36%	64.75%	75.23%	67.80%	66.90%	53.62%
哈萨克斯坦	8.16%	49.83%	74.44%	74.81%	65.09%	52.33%	35.29%
韩国	2.17%	11.26%	76.56%	91.70%	95.09%	93.85%	79.07%
吉尔吉斯斯坦	4.23%	62.68%	82.86%	78.24%	68.50%	59.13%	38.46%
捷克	0.00%	13.82%	46.12%	56.09%	63.50%	52.38%	36.99%
津巴布韦	16.26%	53.13%	76.52%	79.70%	70.68%	60.82%	58.06%

续表9-1

	16～20岁	21～30岁	31～40岁	41～50岁	51～60岁	61～70岁	70岁以上
肯尼亚	11.20%	33.94%	67.01%	69.83%	67.35%	41.67%	40.00%
黎巴嫩	0.00%	24.70%	78.33%	84.12%	76.24%	76.77%	74.51%
利比亚	6.15%	28.75%	63.73%	79.82%	83.33%	88.52%	88.89%
罗马尼亚	2.27%	38.32%	74.29%	79.57%	73.68%	70.28%	54.79%
马尔代夫	4.05%	52.26%	78.57%	82.51%	90.43%	60.81%	52.38%
马来西亚	1.52%	38.60%	74.15%	78.07%	80.85%	78.79%	75.00%
蒙古国	8.51%	34.87%	56.92%	51.49%	50.00%	37.61%	54.17%
孟加拉国	30.77%	84.41%	98.18%	97.96%	91.24%	89.80%	51.11%
秘鲁	0.82%	8.91%	31.88%	46.81%	51.23%	52.21%	64.71%
缅甸	19.61%	62.45%	81.72%	86.85%	80.98%	74.26%	95.45%
摩洛哥	3.66%	23.06%	64.58%	83.81%	83.56%	80.33%	11.11%
尼加拉瓜	4.29%	21.82%	33.46%	39.33%	46.85%	48.28%	69.23%
尼日利亚	16.90%	39.67%	78.25%	86.23%	82.76%	93.94%	29.21%
塞尔维亚	0.00%	20.85%	56.67%	69.40%	74.21%	66.27%	61.70%
塞浦路斯	0.00%	31.01%	73.63%	76.25%	78.53%	78.91%	36.97%
斯洛伐克	9.52%	20.75%	57.14%	55.73%	58.23%	55.35%	63.16%
塔吉克斯坦	8.08%	61.09%	91.84%	91.12%	90.43%	75.76%	71.43%
泰国	15.00%	38.42%	73.21%	78.05%	79.73%	74.49%	56.45%
突尼斯	1.96%	25.10%	67.43%	83.47%	80.40%	72.88%	72.73%
土耳其	0.85%	26.06%	74.30%	85.37%	85.60%	75.00%	32.43%
委内瑞拉	4.92%	9.23%	18.96%	23.04%	27.27%	25.32%	39.84%
乌克兰	5.71%	49.73%	77.01%	74.80%	62.44%	65.22%	30.00%
乌拉圭	0.00%	6.99%	12.64%	33.12%	39.74%	33.88%	52.08%
希腊	0.00%	19.71%	60.53%	65.55%	63.98%	66.14%	56.52%

	16～20岁	21～30岁	31～40岁	41～50岁	51～60岁	61～70岁	70岁以上
新加坡	0.00%	16.49%	64.33%	74.87%	72.89%	68.65%	61.25%
新西兰	8.33%	23.73%	59.18%	63.95%	62.74%	67.80%	39.84%
亚美尼亚	2.56%	52.44%	78.57%	69.15%	67.30%	53.85%	60.53%
伊拉克	23.36%	59.65%	88.15%	93.47%	83.33%	73.86%	52.17%
伊朗	7.56%	31.41%	77.86%	88.27%	86.86%	83.00%	50.00%
印度尼西亚	15.98%	67.24%	89.00%	88.27%	80.13%	70.51%	43.40%
约旦	4.69%	45.70%	85.88%	85.24%	75.12%	76.50%	0.0%
越南	4.76%	52.65%	89.74%	91.27%	81.53%	79.69%	0.2%
智利	8.00%	16.54%	41.58%	59.29%	65.12%	67.19%	5.0%
中国	3.53%	54.92%	92.23%	93.28%	92.34%	82.07%	0.0%

注：数据来自WVS-Wave 7,题项Q273,6点量表。

如表9-1所示,"一带一路"共建国家的已婚者主要集中于30岁到60岁的年龄段,80%的共建国家在这个年龄段的已婚人士比例都在60%以上。然而,孟加拉国的情况却显得尤为独特,该国在16～20岁的年轻群体中,已婚者比例高达30.77%,而到了21～30岁的年龄段,这一比例达到了84.41%。这一显著的数据趋势反映出孟加拉国居民早婚现象的严重性。一方面是因为根深蒂固的男尊女卑思想,女性在家庭和社会中的地位普遍偏低,这种不平等的社会结构使得她们更容易成为早婚的牺牲品。另一方面,在一些地区,早婚被看作是社会常态,甚至是荣耀的象征。当地人认为早婚能够确保女儿的安全与稳定,同时也有助于家族的延续和社会地位的提升。因此,许多长辈在女儿还很年轻的时候便为她们安排婚姻,使得早婚变得司空见惯。除此之外,孟加拉国31～50岁年龄段的居民已婚比例均接近100%。在许多地区,晚婚或不婚可能会受到负面看待,因此,大多数成年人会选择在达到一定年龄后结婚，使得已婚状态是他们普遍和预期的生活阶段。

相较之下，乌拉圭和委内瑞拉的已婚者分布则呈现截然不同的趋势。在这两个国家，已婚者主要集中在40岁以后的年龄段，40岁之前的已婚者比例相对较低。这种差异主要源于两国相对开放和多元的社会观念。这里的人们社会观念得到改变，他们更加注重个人成长、职业发展和自由度的提升，而非恪守传统的早婚模式。此外，作为经济相对发达的国家，乌拉圭和新西兰的居民享有较高的生活水平，这为他们提供了更多的经济能力去追求教育、旅行和职业发展等方面的提升，从而推迟了结婚的时间。同时，随着女性地位的提升和性别平等观念的普及，女性不再受限于传统的家庭角色，而是有更多机会和权利去追求自己的事业和梦想，这也进一步促进了晚婚现象的增多。

在中国，31～60岁年龄段的居民已婚比例稳定，维持在92%左右，不仅揭示了中国文化中对于婚姻的高度重视和普遍期望，更体现了大多数人在面对生活选择时，依然倾向于遵循传统的婚姻模式。尽管现代社会为个体提供了更多的自由度和选择空间，但婚姻在中国人的生活中仍然占据着不可替代的重要地位。已婚比例高的背后，是多重因素的共同作用。经济稳定是一个关键因素，婚姻在中国社会中常常被视为经济安全和生活稳定的保障。法律的支持也为婚姻提供了坚实的后盾，确保了婚姻的合法性和权益。此外，社会期望也在无形中影响着人们的婚姻选择，许多人选择结婚，也是出于对家庭、社会和文化的责任感。值得注意的是，教育水平的提高在一定程度上可能会推迟人们结婚的时间，但在这个年龄段，大多数人已经完成了学业和初步的职业发展，因此，更有可能已经步入婚姻的殿堂。这也反映出，在中国，教育并非婚姻的障碍，反而可以为人们更好地准备和规划婚姻生活提供支持。

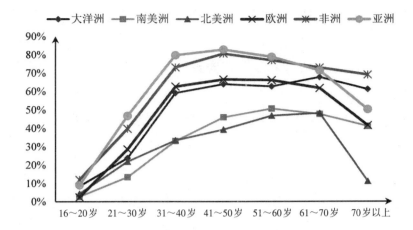

图9-1 "一带一路"共建国家居民各年龄段已婚人数占比(按大洲统计)

注:数据来自WVS-Wave 7,题项Q273,6点量表;其中,北美洲只包含一个国家(尼加拉瓜),大洋洲只包含一个国家(新西兰),仅供参考。

从"一带一路"共建国家的地域分布来看(如图9-1所示),可以清晰地观察到,在所有的年龄段中,亚洲和非洲的国家居民整体已婚率普遍偏高。相反,北美洲的国家居民在整体上呈现相对较低的已婚率,这一现象反映了不同地域文化和社会结构的差异。

在亚洲和非洲的众多国家中,婚姻不仅是成年人生活的关键转折点,更是构建家庭和履行社会责任的象征。对于成年女性而言,社会普遍期待她们在某个年龄前完成婚姻大事,这种期望往往转化为个人和家庭的紧迫任务。此外,一些国家的法律和政策通过提供税收减免、住房补贴等激励措施,进一步鼓励成年人组建家庭。

相比之下,北美洲国家的居民(仅代表尼加拉瓜)对非传统家庭结构,例如同居伴侣关系和单亲家庭,表现出更大的接受度。在这些国家中,婚姻可能已不再被看作是建立家庭或保持社会地位的唯一或必要途径,人们对婚姻的态度变得更加开放和多元,这反映了北美洲国家对个人生活选择的尊重和对多样性的包容。婚姻制度和性别平等观念的发展,以及对个人自主选择的高度评价,都在塑造着北美洲国家的婚姻观念。同时,人口结构的变化,特别是老龄化的加剧，也对已婚率产生影响。在这种背景下，婚姻已转变为一种个人选择，而非人生必经的历程，因此，与其他"一带一路"共建国家相比，尼加拉瓜的已婚率较低。

9.1.2 基于人口统计学特征（年龄和性别）的婚姻现状分析

在"一带一路"共建国家的婚姻状况调查中，我们深入对比分析了不同性别受访者的婚姻状态。调查结果显示，受访者的男女比例大致为1∶1.1，性别分布相对均衡。然而，在不同收入水平的国家中，相较于女性，男性中已婚和单身的比例相对较高。而在其他婚姻类型中，女性的占比则明显高于男性，尤其是丧偶的女性，最高占比达到了11.7%，而丧偶的男性最低占比仅为0.5%。产生这种差异的主要原因是女性比男性具有更长的平均寿命，她们承担的工作角色压力也相对更小，从而影响到她们的婚姻状况。此外，这也可能反映了不同性别在面对生活挑战和压力时的不同应对策略和承受能力。

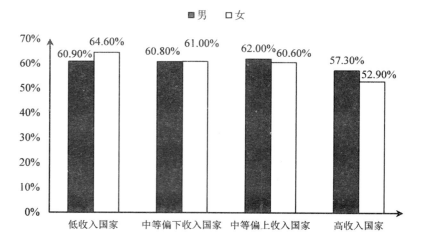

图9-2 "一带一路"共建国家居民不同性别中已婚人数占比（按收入水平统计）

注：数据来自WVS-Wave 7，题项Q273，6点量表。

根据图 9-2 可以观察到，在"一带一路"共建国家中，高收入国家的已婚率普遍低于其他收入水平国家。这是由于高收入国家的经济环境和生活水平通常更为优越，为人们提供了更为丰富的选择和机会。在这样的背景下，人们可能更加聚焦于个人成长、职业追求和自我价值的实现，而非传统的家庭角色与责任。因此，他们可能更倾向于推迟结婚或选择不婚，以便将更多的时间和精力投入个人发展上。其次，高收入国家的文化观念和社会结构也对已婚率产生影响。这些国家通常更为开放和包容，注重个人自由和选择权，这种文化氛围可能促使人们更加倾向于追求个人的幸福感和满足感，而非传统的婚姻和家庭生活模式。此外，社会结构的变化，如家庭规模的小型化、离婚率的上升等，也在一定程度上导致了已婚率的下降。

表 9-2 "一带一路"共建国家居民各年龄段中婚姻状况占比（按收入水平统计）

国家	年龄	已婚	单身	同居	离婚	分居	丧偶
低收入国家	16～20岁	29.5%	67.1%	1.7%	1.2%	0.0%	0.6%
	21～30岁	56.5%	34.4%	4.6%	2.9%	0.9%	0.6%
	31～40岁	82.3%	5.2%	3.3%	4.4%	1.5%	3.3%
	41～50岁	79.6%	0.7%	6.3%	6.3%	0.7%	6.3%
	51～60岁	76.5%	2.9%	1.5%	8.8%	0.0%	10.3%
	61～70岁	79.3%	0.0%	3.4%	6.9%	0.0%	10.3%
	70岁以上	75.0%	0.0%	25.0%	0.0%	0.0%	0.0%
	总计	62.8%	26.0%	4.0%	3.8%	0.8%	2.6%
中等偏下收入国家	16～20岁	9.9%	85.2%	4.0%	0.1%	0.7%	0.2%
	21～30岁	44.3%	45.8%	7.2%	1.2%	1.1%	0.3%
	31～40岁	75.2%	11.8%	7.2%	2.7%	2.2%	1.0%
	41～50岁	79.8%	5.6%	5.7%	3.3%	2.0%	3.5%

续表9-2

国家	年龄	已婚	单身	同居	离婚	分居	丧偶
中等偏下收入国家	51～60岁	72.9%	4.8%	4.4%	3.3%	2.4%	12.1%
	61～70岁	68.1%	3.7%	3.5%	3.0%	1.1%	20.7%
	70岁以上	53.8%	2.8%	1.8%	2.5%	1.0%	38.0%
	总计	60.9%	24.3%	5.9%	2.3%	1.7%	5.0%
中等偏上收入国家	16～20岁	6.3%	89.7%	3.0%	0.2%	0.6%	0.3%
	21～30岁	39.8%	49.2%	7.2%	2.5%	1.0%	0.3%
	31～40岁	72.2%	13.5%	6.6%	4.8%	1.7%	1.2%
	41～50岁	77.2%	6.4%	5.0%	6.2%	2.1%	3.0%
	51～60岁	76.2%	4.4%	4.0%	5.0%	2.1%	8.2%
	61～70岁	65.5%	3.5%	3.0%	4.4%	2.3%	21.3%
	70岁以上	38.9%	2.5%	1.9%	3.4%	1.2%	52.1%
	总计	61.3%	21.5%	5.3%	4.3%	1.7%	6.0%
高收入国家	16～20岁	2.4%	89.4%	6.7%	0.3%	0.9%	0.3%
	21～30岁	19.8%	65.8%	12.4%	0.9%	0.6%	0.5%
	31～40岁	57.4%	22.6%	13.0%	4.0%	2.5%	0.4%
	41～50岁	67.7%	11.6%	7.3%	8.4%	3.1%	1.9%
	51～60岁	68.8%	8.3%	4.3%	10.7%	2.9%	4.9%
	61～70岁	65.1%	6.9%	2.7%	8.1%	2.4%	14.7%
	70岁以上	49.6%	4.2%	1.2%	5.1%	1.7%	38.4%
	总计	54.9%	21.2%	6.9%	6.4%	2.3%	8.4%

注:数据来自WVS-Wave 7,题项Q273,6点量表。

如表9-2所示,"一带一路"共建国家居民的婚姻状况通过不同年龄段的比较分析可以发现：整体来看，尽管已婚率随着收入水平的逐步提高而呈现下降趋势，但"已婚"依然占据婚姻状况的主导地位。这一趋势背后可能隐藏着多重因素，包括经济自由度的增加、生活压力的上升以及社会文化的变迁等。然而，尽管这些因素在一定程度上影响了人们的婚姻选择，但"已婚"作为一种传统且稳定的家庭模式，仍然受到大多数人的青睐和追求。此外，在31～60岁这一年龄段中，已婚者普遍占比较高，平均达到约70%，显示出该年龄段大部分人的婚姻状况相对稳定。值得注意的是，低收入国家的结婚率普遍较高，尤其令人瞩目的是16～20岁年龄段的人群中，结婚率竟高达29.5%。这些国家主要位于非洲或西亚中东地区。由于传统文化观念的影响，以及相对落后的经济和教育水平，早婚现象在这些地区相当普遍。

进一步观察发现，在60岁以下的年龄段中，不同收入国家的离婚人数占比均呈现逐渐上升的趋势。然而，在60岁以上年龄段中，这一占比却急剧下降。这一现象表明，随着年龄的增长，婚姻的稳定性可能会受到挑战，但在晚年阶段，人们更渴望有伴侣的陪伴，因此，离婚率会相对较低。此外，随着年龄的增长，分居人数的占比趋势呈现倒U型的特点，这暗示着在中年阶段，人们的婚姻状况更容易出现危机。这可能与中年人所面临的多种压力和挑战有关，如职业压力、家庭责任以及个人情感问题等。

综上所述，不同收入水平国家居民在婚姻状况上表现出不同的特点，而年龄因素在其中起着重要作用。对于如何维护婚姻稳定，提高人们的婚姻满意度，仍需要进一步研究和探讨。

9.2 生育观念与现状

生育价值观，作为个体对生育多个维度的深入认识和心理倾向，是一个层次丰富、维度多元的心理结构。它作为衡量生育各个方面重要性的标准，直接映射出人们在面对不同生育目的、方式和倾向时的选择倾向[①]。从形式维度审视，生育价值观由对生育行为的多元认知构成，包括客观层面的生育的数量、质量、性别、时间和方式等看法，以及主观层面的个人的意愿、需求、态度、信念、信仰和理想，这些都是生育价值观不同方面的展现。从内容层面剖析，生育价值观深刻反映了个体对生育行为各要素的核心理念，它以"生什么，如何生，通过生育追求什么和实现什么"为核心，构建了一个精神目标系统。从功能角度解读，生育价值观扮演着评价标准的角色，它是人们内心深处用以衡量生育行为轻重、权衡得失的衡量尺度[②]。

9.2.1 各国生育基本概况

研究表明，全球正在进入低生育率的时代。根据目前生育水平的现状，可以把世界各国大致分成两类：一是已经实现了低生育率水平的国家，甚至部分地区已经步入超低生育率的行列（即总生育率低于1.0）。面对这一现状，这些国家开始忧虑人口的繁衍与存续问题，纷纷出台各种人口优惠政策，以激励当地居民积极生育。二是生育水平较高的发展中国家和地区，它们开始担忧人口的迅速增长可能对经济和环境带来的负面影响，因此开始着手控制居民的生育率[③]。

[①] 张进辅、童琦、毕重增：《生育价值观的理论构建及问卷的初步编制》，《心理学报》2005年第5期，第665–673页。

[②] 童琦、张进辅：《生育价值观研究综述》，《南京人口管理干部学院学报》2002年第3期，第23–25页。

[③] 原新：《对低生育率水平与人口安全的思考》，《学海》2005年第6期，第5页。

表9-3　"一带一路"共建国家居民生育孩子数的均值

排序	国家	均值	排序	国家	均值	排序	国家	均值
1	约旦	3.13	21	秘鲁	2.04	41	伊朗	1.58
2	卡塔尔	3.01	22	新西兰	2.04	42	加纳	1.53
3	利比亚	2.90	23	乌拉圭	2.00	43	肯尼亚	1.52
4	也门	2.90	24	卢旺达	1.98	44	马来西亚	1.52
5	塔吉克斯坦	2.79	25	缅甸	1.96	45	韩国	1.46
6	巴勒斯坦	2.74	26	厄瓜多尔	1.94	46	越南	1.46
7	巴基斯坦	2.65	27	尼加拉瓜	1.94	47	罗马尼亚	1.45
8	菲律宾	2.64	28	亚美尼亚	1.94	48	阿根廷	1.44
9	津巴布韦	2.61	29	委内瑞拉	1.90	49	捷克	1.41
10	乌兹别克斯坦	2.55	30	蒙古国	1.83	50	中国	1.40
11	吉尔吉斯斯坦	2.50	31	孟加拉国	1.83	51	南非	1.39
12	伊拉克	2.44	32	马尔代夫	1.81	52	土耳其	1.37
13	尼日利亚	2.31	33	泰国	1.80	53	新加坡	1.37
14	玻利维亚	2.27	34	阿塞拜疆	1.79	54	俄罗斯	1.32
15	科威特	2.27	35	哈萨克斯坦	1.69	55	摩洛哥	1.32
16	特立尼达和多巴哥	2.24	36	智利	1.69	56	希腊	1.31
17	埃及	2.18	37	斯洛伐克	1.63	57	乌克兰	1.29
18	印度尼西亚	2.17	38	波兰	1.62	58	塞尔维亚	1.21
19	埃塞俄比亚	2.16	39	黎巴嫩	1.59	59	塞浦路斯	0.98
20	突尼斯	2.05	40	格鲁吉亚	1.58			

注：数据来自WVS-Wave 7,题项Q274,12点量表和WVS-Wave 6,题项V58,12点量表。

为深入研究"一带一路"共建国家的生育现状，我们对"一带一路"共建国家的受访者生育孩子的数量进行统计分析（如表9-3所示）。经过整理分析，生育孩子数排名前五的国家依次为：约旦（3.13）、卡塔尔（3.01）、利比亚（2.90）、也门（2.90）和塔吉克斯坦（2.79），平均生育孩子数在3个左右。在这些国家中，也门属于低收入水平国家，而塔吉克斯坦和约旦则是中等偏下收入水平国家，它们共同的特点是经济发展水平相对滞后。然而，生育孩子数排名后五位的国家分别是：摩洛哥（1.32）、希腊（1.31）、乌克兰（1.29）、塞尔维亚（1.21）和塞浦路斯（0.98），平均生育孩子在1个左右。这些国家中，塞尔维亚属于中等偏上收入国家，而希腊和塞浦路斯则是高收入国家，它们展现了较高的经济社会发展水平。

中国的平均生育孩子数相对较少，这一数字反映出，随着经济社会发展和人口年龄结构变化，我国人口发展呈现少子化等趋势性特征。过去，计划生育政策使城市中独生子女家庭占据主导地位，并带来了人口结构的变化。如今，尽管中国已经出台了"三胎"政策，旨在鼓励家庭生育更多孩子，但许多家庭仍然面临着孩子养育成本较高的现实困境。高昂的教育、医疗和住房等费用，使得家庭在生育决策时不得不慎重考虑。因此，尽管政策有所放宽，但中国家庭的孩子数量平均仍然维持在1～2个左右。统计数据显示，有一个孩子的居民占比最高，达到了38.8%，而有两个孩子的居民占比紧随其后，为36.9%，这一数据反映了当前中国家庭的生育观念和生活压力。

综合表9-3的数据分布，不难发现一个明显的趋势：经济社会发展水平较高的国家，其生育孩子数普遍偏低；而经济社会发展水平较低的国家，生育孩子数则普遍偏高。这一现象的根源在于，随着科技和社会的进步，第二、第三产业的经济活动日益活跃，吸引了大量人口向城市迁移，进而推动了人口城市化水平的上升。然而，城市生活的快节奏、高竞争以及巨大的生活压力，使得高昂的城市生活成本成为抑制生育的重要因素。因此，经济社会的快速发展虽然带来了许多积极的变化，但也对生育率产生了显著的影响①。

表9-4 "一带一路"共建国家居民生育孩子数量的占比及均值（按大洲统计）

	没有	一个	两个	三个	四个	五个	六个	七个及以上	均值
大洋洲	20.40%	11.80%	32.10%	22.00%	8.40%	3.80%	1.10%	0.40%	2.01
南美洲	26.39%	19.40%	24.06%	14.73%	7.83%	3.53%	2.06%	2.01%	1.73
北美洲	25.80%	18.25%	21.80%	14.80%	8.45%	4.20%	2.15%	4.95%	1.74
欧洲	30.67%	22.02%	34.19%	9.44%	2.50%	0.72%	0.31%	0.47%	1.34
非洲	35.20%	14.12%	16.95%	13.12%	8.72%	5.22%	3.15%	5.04%	1.67
亚洲	27.23%	13.64%	24.08%	15.54%	9.07%	4.64%	2.83%	4.45%	1.85

注：数据来自WVS-Wave 7，题项Q274，12点量表和WVS-Wave 6，题项V58，12点量表；其中，北美洲只包含两个国家（尼加拉瓜、特立尼达和多巴哥），大洋洲只包含一个国家（新西兰），仅供参考。

从"一带一路"共建国家地区分布的角度来看（如表9-4所示），欧洲居民的生育观念普遍偏向少育，拥有两个及以下孩子的家庭占比最高。这主要归因于工业化进程的推进、生活成本的上升、社会观念的转变以及相关政策的影响，这些因素共同导致了欧洲生育率的持续低迷。然而，随着欧洲国家对人口缩减和老龄化问题的日益关注，他们开始意识到低生育率对国家生存和国际竞争力的潜在威胁。因此，越来越多的欧洲国家开始采取各种政策措施，如提供育儿津贴、延长育儿假等，以鼓励家庭生育更多的孩子。

相比之下，非洲地区的生育率则普遍较高。由于非洲多数国家经济相对落后，许多家庭将生育视为一种经济保障，认为更多的孩子能带来更多的劳动力，从而有助于家庭的经济增长。此外，受限

① 周长洪：《经济社会发展与生育率变动关系的量化分析》，《人口研究》2015年第2期，第8页。

于医疗条件，非洲地区的夭折率较高，这也促使家庭倾向于生育更多的孩子，以保证种族的延续。同时，非洲地区的教育水平普遍较低，导致人口控制观念未能广泛普及，这也在一定程度上提高了生育率。

从"一带一路"共建国家不同收入水平的视角进行分析（如表9-5所示），无论国家收入水平如何，其居民生育孩子的数量普遍集中在两个及以下。当我们按照收入由低到高的顺序观察时，可以发现，生育孩子数量的均值依次为1.73、1.83、1.63和1.49。这一数据变化反映出一种整体趋势：随着收入的逐渐增高，居民普遍生育孩子的数量呈现逐渐减少的态势。这一趋势背后可能蕴含着多方面的原因。随着经济的发展和收入水平的提升，人们的生活质量逐渐提高，教育、医疗等社会服务体系不断完善，这使得人们在生育观念上发生了转变，越来越多的家庭开始注重孩子的教育质量和生活品质，而不再单纯追求数量上的增加。同时，随着女性地位的提升和就业机会的增多，她们在生育与职业发展之间也面临着更多的选择和挑战，这也在一定程度上影响了生育率。因此，从"一带一路"共建国家不同收入水平的角度来看，生育孩子数量的减少是经济发展和社会进步带来的必然结果。这一现象不仅体现了居民生育观念的转变，也反映了人们对于更高生活品质的追求。

表9-5 "一带一路"共建国家居民生育孩子数量的占比及均值（按收入水平统计）

	没有	一个	两个	三个	四个	五个	六个	七个及以上	均值
低收入国家	32.50%	16.80%	15.00%	10.50%	8.80%	7.00%	4.10%	5.30%	1.73
中等偏下收入国家	27.70%	15.00%	22.20%	15.20%	9.50%	4.70%	2.70%	3.00%	1.83
中等偏上收入国家	26.50%	20.80%	27.20%	13.30%	6.00%	3.00%	1.50%	1.70%	1.63
高收入国家	30.00%	17.50%	33.60%	12.70%	4.30%	1.20%	0.50%	0.20%	1.49

注：数据来自WVS-Wave 7，题项Q274，12点量表。

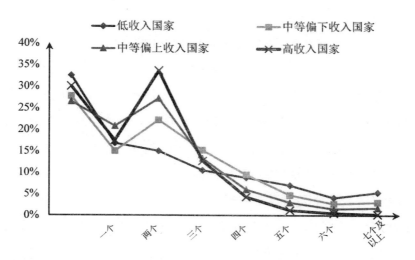

图9-3　"一带一路"共建国家居民生育孩子数量的占比(按收入水平统计)

注:数据来自WVS-Wave 7,题项Q274,12点量表。

从图9-3中可以清晰地观察到,不同收入水平的国家在生育孩子数量上呈现一种既相似又有所区别的分布态势。整体来看,除了生育孩子数量为2时表现出显著的差异外,在其他孩子数量的情况下,各个收入阶层的国家均展现出类似的生育趋势和比例。特别地,在生育两个孩子这一点上,高收入国家的表现尤为突出,约有33.60%的居民选择了这一生育数量。这一数据明显高于其他收入水平的国家,反映出高收入国家的居民在生育观念上的独特倾向。他们可能更加倾向于保持适度的家庭规模,这样既保证了孩子的成长环境,又符合现代社会对于家庭生活的期待。

尽管在生育两个孩子这一水平上存在差异,但不同收入水平的国家在整体上仍然保持着相似的生育趋势。这说明,无论经济发展水平如何,人们对于家庭和孩子的期待与追求在某些方面是具有共性的,这也为我们进一步理解和研究不同文化背景下的生育观念提供有益的启示。

9.2.2　教育文化程度对生育的影响

通常而言，一个国家或地区的社会发展水平与人口的教育普及程度密切相关。当社会发展良好时，教育的普及率往往也随之提升，男女在接受教育方面的机会也更为平等。这种平等的教育机会不仅赋予人们获取知识的权利，更使得他们容易接纳新观念，开阔视野。接受教育的人通常更加注重个人发展和社会进步，因此，他们更倾向于重视生育质量，而非单纯的生育数量。这种生育观念的转变，正是导致生育率下降的关键因素。随着教育的普及和社会的发展，人们开始更加理性地看待生育问题，追求更高质量的家庭生活，而非仅仅追求数量的增加。

表9-6　"一带一路"共建国家不同教育文化程度的
居民生育孩子数量的占比及均值

	没有	一个	两个	三个	四个	五个	六个	七个及以上	均值
没有接受正式教育	12.80%	12.20%	21.40%	18.20%	13.30%	8.50%	5.80%	7.80%	2.40
小学	15.40%	15.00%	26.20%	18.30%	11.00%	6.30%	3.60%	4.20%	2.19
初中	23.20%	18.60%	27.90%	15.20%	7.60%	3.50%	1.60%	2.40%	1.78
高中	31.50%	17.40%	25.90%	13.30%	6.80%	2.50%	1.40%	1.20%	1.57
高中后的非高等教育	36.90%	17.60%	25.40%	11.80%	4.30%	2.10%	0.90%	1.00%	1.37
高等职业教育	33.60%	19.20%	25.50%	12.10%	5.10%	2.50%	1.10%	0.90%	1.46
大学或等同	40.60%	18.70%	23.40%	10.00%	4.40%	1.70%	0.70%	0.50%	1.26
硕士或等同	28.90%	22.40%	29.60%	11.10%	4.60%	1.90%	0.80%	0.70%	1.48
博士或等同	50.20%	14.80%	22.20%	9.00%	2.50%	0.70%	0.30%	0.30%	1.02

注：数据来自WVS-Wave 7，题项Q274，12点量表和WVS-Wave 7，题项Q275，14点量表。

在表9-6中，数据显示一个显著的趋势：在"一带一路"共建国家中，具有较高文化程度（包括大学、硕士、博士）的居民中，拥有两个及以下孩子的家庭占比普遍超过80%。相较之下，较低文化程度（包括没有接受正式教育、小学、初中）的居民中，这一比例均低于70%。尽管在所有教育程度的人群中，拥有两个及以下孩子的居民占比均为最高，但明显可见，低教育程度的居民相较于高教育程度的居民，更倾向于生育更多的孩子。这一现象反映出一个整体趋势：教育文化程度的提升与多生育孩子的意愿之间存在负相关关系，即教育程度越高，多生育的意愿越低。

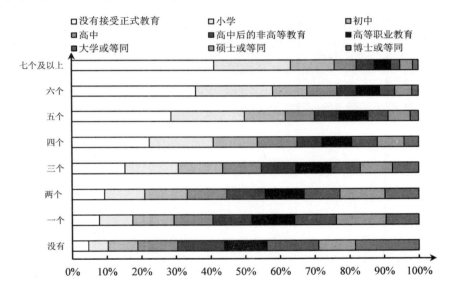

图9-4　"一带一路"共建国家不同教育文化程度的居民生育孩子数量的占比

注：数据来自WVS-Wave 7，题项Q274，12点量表和WVS-Wave 7，题项Q275，14点量表。

此外，我们还观察到一个颇具趣味性的现象。数据显示，硕士或等同学力的居民生育孩子数量竟然超过了本科和博士学历的居民。首先，硕士毕业生的年龄通常正处于生育的黄金期。相较于本科毕业生，他们可能已经积累了一定的工作经验和经济基础，更有可能在稳定的生活环境中考虑生育。而博士毕业生则可能因为长时间的学业投入，使得生育年龄相对推迟，进而影响了整体的生育率。其次，硕士毕业生的职业前景和就业机会往往相对较好。一方面，他们可能拥有更稳定的收入和更充裕的时间，这为家庭和孩子的成长提供了更为优越的条件。另一方面，一些行业或职业对硕士学历的认可度较高，这也为硕士毕业生提供了更为广阔的生育选择空间。再者，文化观念和社会环境也在一定程度上影响了硕士毕业生的生育意愿。在某些文化背景下，硕士学历被视为学术和职业成就的象征，这种观念可能促使部分人在硕士毕业后选择生育。同时，随着社会环境的变迁，如政策的扶持和社会观念的开放，这些因素也可能对硕士毕业生的生育意愿产生积极的影响。因此，硕士学历的居民在生育孩子数量上超过本科学历和博士学历的居民，这一现象虽然看似出人意料，但实则有其深层次的原因和合理性。

第十章　生活满意度

　　国家富强，民族复兴，最终要体现在千千万万个家庭都幸福美满上，体现在亿万人民生活不断改善上。千家万户都好，国家才能好，民族才能好。

——习近平2018年2月14日在春节团拜会上的讲话

　　生活满意度是心理学、管理学及社会学等多学科中最重要的研究变量之一。生活满意度作为主观幸福感知的一个重要方面（主观幸福感知包括三个方面：积极情绪、消极情绪、生活满意度）[1]，表示一个人对自己所选择的生活环境的认知判断[2]。生活满意度受到许多因素的影响，如人格[3]、收入[4]、环境[5]以及工作[6]等。由于生活价

---

[1] W. A. Arrindell, L. Meeuwesen, and F. J. Huyse, "The Satisfaction With Life Scale (SWLS): Psychometric Properties in a Non-Psychiatric Medical Outpatients Sample," *Personality & Individual Differences* 12, No. 2 (1991): 117–123.

[2] D. C. Shin and D. M. Johnson, "Avowed Happiness as an Overall Assessment of the Quality of Life," *Social indicators research* 5, No.4 (1978): 475–492.

[3] Ulrich Schimmack et al., "Personality and Life Satisfaction: A Facet-Level Analysis," *Personality & Social Psychology Bulletin* 30, No. 8 (2004): 1062–1075.

[4] Christopher J. Boyce, Gordon D. A. Brown, and Simon C. Moore, "Money and Happiness: Rank of Income, Not Income, Affects Life Satisfaction," *Psychological Science* 21, No. 4 (2010): 471–475.

[5] Heinz Welsch, "Environment and Happiness: Valuation of Air Pollution Using Life Satisfaction Data," *Ecological Economics* 58, No. 4 (2006): 801–813.

[6] Jari J. Hakanen and Wilmar B. Schaufeli, "Do Burnout and Work Engagement Predict Depressive Symptoms and Life Satisfaction? A Three-Wave Seven-Year Prospective Study," *Journal of Affective Disorders* 141, No.2-3 (2012): 415–424.

值观作为一种主观认知，常常会受到不同文化的影响①，因此，关于生活满意度的跨文化研究也受到重视。"一带一路"共建国家覆盖一百多个国家，陆上横跨亚欧大陆，抵达欧洲，海上则横跨太平洋、大西洋，到达南美洲、大洋洲。共建国家文化背景呈现多样化，其居民生活价值观也必然是多样化的。

本章将基于世界价值观调查数据，探索部分"一带一路"共建国家居民生活满意度、经济满意度以及对自身收入水平定位的情况。同时，我们还分析不同收入水平和不同洲的"一带一路"共建国家居民在生活满意度和经济满意度上是否存在差异。

通过讨论有关生活满意度的情况，我们将更加全面地探索"一带一路"共建国家的不同文化背景，进一步了解当地居民的生活满意度、经济满意度的影响因素，为推动共建"一带一路"提供一定参考。

10.1 "一带一路"共建国家居民生活满意度概况

借助世界价值观调查（第7轮）问卷中的第49题项（得分从1到10，表示从完全不满意，到完全满意），我们对部分"一带一路"共建国家样本中居民的生活满意度均值进行了比较，如表10-1所示。从整体上看，"一带一路"共建国家居民生活满意度普遍较高，得分平均值为6.86。具体来看，在这61个国家样本中，几乎所有国家的整体满意度得分都高于5分，即处于"满意"的水平，只有伊拉克和津巴布韦这两个国家的满意度低于5分。其中，得分最高的国家为吉尔吉斯斯坦（8.37），而得分最低的国家为伊拉克（4.47）。中国（7.39）整体生活满意度略高于平均值。此外，我们发现在生

---

① 严标宾、郑雪：《大学生生活满意度与主观幸福感关系的文化效应检验》，《心理科学》2007年第6期，第1337–1341页。

活满意度平均得分最低的10个国家中，有6个国家位于非洲地区，分别为：津巴布韦（4.95）、突尼斯（5.52）、尼日利亚（5.61）、埃塞俄比亚（5.78）、肯尼亚（5.83）、埃及（5.85）。随后，我们对不同洲的居民生活满意度进行分析，如图10-1所示。样本数据显示，参与共建"一带一路"倡议的非洲国家居民持有最低的生活满意度（6.21），其次为欧洲（6.70）和亚洲（6.97），北美洲、南美洲和大洋洲居民的生活满意度均值都超过了7，分别为7.72、7.53、7.32。

在这之后，我们对不同收入水平下，参与共建"一带一路"倡议国家的居民生活满意度进行了比较，如图10-2所示。结果显示，收入水平越高的国家，居民持有更高的生活满意度。低收入国家居民的生活满意度均值只有6.06，而高收入国家居民的生活满意度均值为7.10。虽然中等偏下收入和中等偏上收入水平国家居民对生活满意度的评价没有显著差异，但从整体上来看，居民的生活满意度呈现随着国家收入水平的提升而增加的趋势。

表10-1 "一带一路"共建国家居民生活满意度情况

排序	国家	均值	排序	国家	均值	排序	国家	均值
1	吉尔吉斯斯坦	8.37	22	缅甸	7.2	43	俄罗斯	6.49
2	乌拉圭	8.12	23	罗马尼亚	7.13	44	土耳其	6.49
3	越南	8.03	24	智利	7.13	45	卢旺达	6.47
4	卡塔尔	8.01	25	捷克	7.07	46	蒙古国	6.46
5	塔吉克斯坦	7.95	26	波兰	7.05	47	加纳	6.42
6	尼加拉瓜	7.94	27	委内瑞拉	7.02	48	伊朗	6.2
7	乌兹别克斯坦	7.85	28	科威特	7.01	49	希腊	6.18
8	厄瓜多尔	7.77	29	马来西亚	6.99	50	阿尔及利亚	6.12
9	利比亚	7.74	30	新加坡	6.96	51	乌克兰	5.98
10	阿根廷	7.7	31	约旦	6.87	52	埃及	5.85

续表10-1

排序	国家	均值	排序	国家	均值	排序	国家	均值
11	巴基斯坦	7.63	32	哈萨克斯坦	6.84	53	肯尼亚	5.83
12	秘鲁	7.61	33	斯洛伐克	6.78	54	也门	5.8
13	孟加拉国	7.6	34	阿塞拜疆	6.74	55	埃塞俄比亚	5.78
14	印度尼西亚	7.55	35	韩国	6.73	56	尼日利亚	5.61
15	特立尼达和多巴哥	7.46	36	黎巴嫩	6.68	57	巴勒斯坦	5.59
16	玻利维亚	7.44	37	摩洛哥	6.68	58	突尼斯	5.52
17	中国	7.39	38	南非	6.66	59	格鲁吉亚	5.44
18	菲律宾	7.37	39	塞浦路斯	6.64	60	津巴布韦	4.95
19	新西兰	7.32	40	塞尔维亚	6.63	61	伊拉克	4.47
20	斯洛文尼亚	7.3	41	亚美尼亚	6.59			
21	马尔代夫	7.29	42	泰国	6.58			

注:数据来自WVS-Wave 7,题项Q49,10点量表。

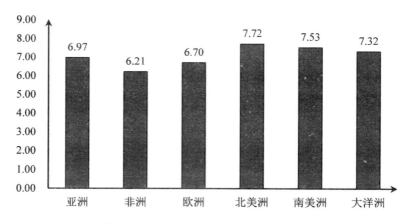

图10-1 "一带一路"共建国家居民生活满意度情况(按大洲统计)

注:数据来自WVS-Wave 7,Q49,10点量表。

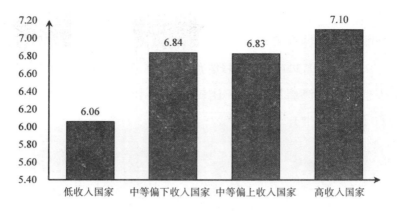

图10-2　"一带一路"共建国家居民生活满意度情况（按收入水平统计）

注：数据来自WVS-Wave 7, Q49, 10点量表。

　　总体来说，尽管"一带一路"共建国家居民都有较高水平的生活满意度，但是我们发现，不同国家居民的生活满意度均有着不同程度的生活满意度波动程度。我们用各国样本得分的标准差来表示该国居民生活满意度的波动程度，数值越高，代表波动程度越大。图10-3中比较了部分"一带一路"共建国家居民的生活满意度波动状况。其中，生活满意度波动程度最高的国家为津巴布韦，标准差为3.325，而生活满意度波动程度最低的国家为韩国，标准差为1.258，中国的生活满意度波动程度处于相对较低的水平，标准差为2.095。我们以生活满意度和生活满意度波动程度的均值划分象限，第一象限代表该国家具有高生活满意度、高生活满意度波动程度；第二象限代表该国家具有低生活满意度和低生活满意度波动程度；第三象限代表该国家具有较低的生活满意度和较高的生活满意度波动程度，此情况为最不理想的情形；第四象限代表该国家具有较高的生活满意度和较低的生活满意度波动程度，此情况为最理想的情形。我们发现，整体生活满意度相对较低的国家，其生活满意度波动程度更高，即在第二象限，比如：津巴布韦（3.325）、埃塞俄比亚（2.840）、也门（2.738）、肯尼亚（2.715）、尼日利亚（2.704）。这五个国家的整体生活满意度在我们比较的61个国家中，都处于相对较低的水平（倒数前十）。在整体生活满意度相对较高的国家中，有三个国家同时拥有着较低的生活满意度波动程度，即在第四象限，分别为：越南（1.541）、阿根廷（1.736）、乌拉圭（1.857）。这三个国家的整体生活满意度在我们比较的61个国家中，都处于相对较高的水平（正数前十）。

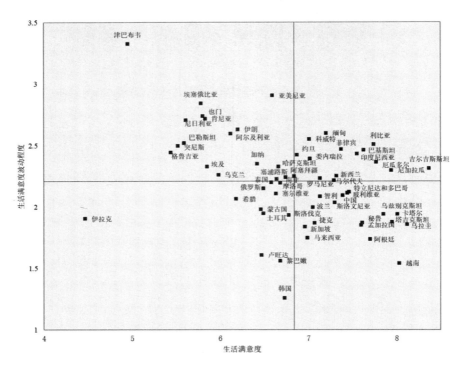

图10-3 "一带一路"共建国家居民生活满意度与生活满意度波动程度的关系

注：数据来自 WVS-Wave 7，Q49，10点量表。

有研究发现，个体的绝对收入对生活满意度并没有影响。收入是通过影响自己的等级地位来影响个体所获得的效用，进而影响个体的生活满意度[①]。在第7轮世界价值观调查问卷中，题项 Q288 可以体现个体基于收入而对自己的收入等级定位（得分从1到10，表示从收入最低的群体，到收入最高的群体）。我们对这个题项进行了

① Christopher J. Boyce, Gordon D.A. Brown, and Simon C. Moore, "Money and Happiness: Rank of Income, Not Income, Affects Life Satisfaction," *Psychological Science* 21, No. 4(2010):471-475.

分析，发现大多数"一带一路"共建国家居民对自己收入等级的定位都处于中等偏下的水平，仅有一个国家在这个题项上的平均得分高于6分（卡塔尔：6.45）。大多数国家居民对收入等级的较低定位看似与其较高水平的整体生活满意度并不匹配。但是，我们对这61个国家进行了对比，以生活满意度和收入水平的均值划分象限（如图10-4所示），发现各个国家居民的平均等级定位与其整体生活满意度的差异具有相似性，整体上呈正线性关系，即：国民的平均收入等级定位越高的国家，其整体生活满意度也较其他国家更高，对生活满意度和收入的相关性分析结果也支持此观点（r=0.221，p<0.001）。由此可以得知：个体整体的生活满意度往往要高于其对自身收入等级的定位，但在不同收入水平的国家之间，较高的收入等级定位往往对应更高的整体生活满意度。

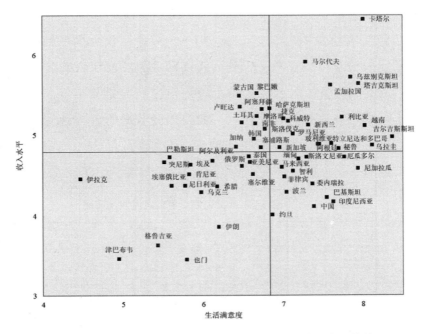

图10-4　"一带一路"共建国家居民生活满意度与收入水平的关系

注：数据来自WVS-Wave 7，Q49和Q288，10点量表。

10.2　经济满意度

经济满意度是整体生活满意度的重要组成方面[①]。我们根据世界价值观调查（第7轮）问卷中的第50个题项，对部分"一带一路"共建国家样本中居民的经济满意度进行比较分析（该题项得分从1到10，1表示完全不满意，10表示完全满意），结果如表10-2所示。首先，这61个国家的平均得分为5.74，表示这61个国家的平均经济满意度处于中等偏上水平。具体来看，在这61个国家中，经济满意度较低的国家（得分低于5分）占1/4，其中经济满意度最低的国家为津巴布韦（3.64），而经济满意度最高的国家为卡塔尔（7.73），中国的经济满意度也处于较高的水平（6.50）。随后，我们对国家收入水平与经济满意度进行比较，从图10-5来看，收入水平越高的国家，其居民的经济满意水平也越高。在经济满意度较高的前10个国家中，有5个为高收入或中等偏上收入国家，分别为卡塔尔、马尔代夫、科威特、乌拉圭、新西兰；而在得分最低的10个国家中，有7个属于中等偏下收入或低收入国家，分别为肯尼亚、尼日利亚、埃及、也门、突尼斯、乌兹别克斯坦、津巴布韦。

表10-2　"一带一路"共建国家居民经济满意度情况

排序	国家	均值	排序	国家	均值	排序	国家	均值
1	卡塔尔	7.73	22	缅甸	6.25	43	约旦	5.42
2	吉尔吉斯斯坦	7.47	23	摩洛哥	6.24	44	亚美尼亚	5.25
3	巴基斯坦	7.28	24	蒙古国	6.23	45	埃塞俄比亚	5.20

---

① Esperanza Vera-Toscano, Victoria Ateca-Amestoy, and Rafael Serrano-Del-Rosal, "Building Financial Satisfaction," *Social Indicators Research* 77, No.2(2006):211–243.

排序	国家	均值	排序	国家	均值	排序	国家	均值
4	越南	7.18	25	南非	6.14	46	塞尔维亚	5.20
5	塔吉克斯坦	7.11	26	泰国	6.11	47	黎巴嫩	5.11
6	孟加拉国	6.99	27	卢旺达	6.09	48	希腊	4.98
7	马尔代夫	6.97	28	韩国	6.08	49	加纳	4.91
8	科威特	6.87	29	利比亚	6.08	50	乌克兰	4.90
9	乌拉圭	6.87	30	哈萨克斯坦	6.07	51	委内瑞拉	4.89
10	新西兰	6.77	31	塞浦路斯	6.07	52	肯尼亚	4.85
11	尼加拉瓜	6.72	32	斯洛文尼亚	6.06	53	尼日利亚	4.80
12	罗马尼亚	6.52	33	智利	6.06	54	埃及	4.69
13	中国	6.50	34	阿根廷	5.96	55	也门	4.65
14	捷克	6.49	35	特立尼达和多巴哥	5.96	56	巴勒斯坦	4.64
15	新加坡	6.48	36	阿尔及利亚	5.88	57	突尼斯	4.58
16	印度尼西亚	6.46	37	土耳其	5.86	58	伊拉克	4.45
17	玻利维亚	6.43	38	斯洛伐克	5.81	59	乌兹别克斯坦	4.05
18	秘鲁	6.34	39	波兰	5.72	60	格鲁吉亚	4.01
19	厄瓜多尔	6.32	40	阿塞拜疆	5.61	61	津巴布韦	3.64
20	菲律宾	6.32	41	伊朗	5.55			
21	马来西亚	6.25	42	俄罗斯	5.49			

注:数据来自WVS-Wave 7,Q50,10点量表。

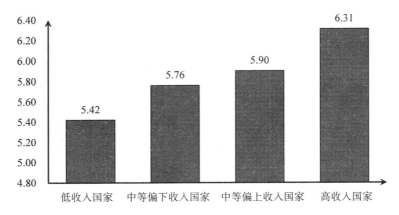

图10-5 "一带一路"共建国家居民经济满意度情况(按收入水平统计)

注:数据来自WVS-Wave 7,Q50,10点量表。

图10-6显示了"一带一路"共建国家居民的经济满意度差异。从图中可以看到,经济满意度最高的是大洋洲(6.77),其后依次是北美洲(6.37)、南美洲(6.15)、亚洲(6.09)、欧洲(5.71),非洲居民的经济满意度最低(5.38),这与前文关于不同洲之间居民生活满意度的差异基本一致。

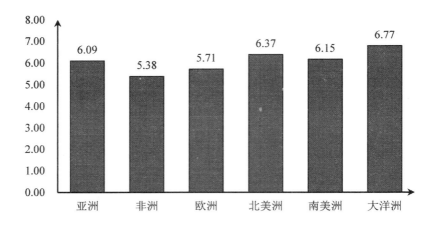

图10-6 "一带一路"共建国家居民经济满意度情况(按大洲统计)

注:数据来自WVS-Wave 7,Q50,10点量表。

接下来,我们对"一带一路"共建国家居民收入水平的自我定位和经济满意度进行了对比。值得注意的是,收入水平的自我定位是人们的主观感知，而非客观事实。我们以居民经济满意度和收入水平自我定位的均值划分象限，经过组间分析比较（如图10-7所示），整体上居民经济满意度与其对自身的收入水平定位呈正相关。该国以经济满意度得分均值为横轴，以收入水平均值为纵轴，并以坐标轴数据的均值作为交叉线，将整个图分为四个象限。右上角为第一象限，代表此区域的国家居民经济满意度和收入水平均比较高。从第一象限逆时针旋转，依次分别为第二象限、第三象限以及第四象限。据图可知，居民经济满意度较低的国家，收入水平的自我定位也相对较低，如埃及（4.63 VS 4.69）、巴勒斯坦（4.72 VS 4.64）、格鲁吉亚（3.63 VS 4.01）、加纳（4.85 VS 4.91）、津巴布韦（3.46 VS 3.64）、肯尼亚（4.51 VS 4.85）、尼日利亚（4.37 VS 4.80）、突尼斯（4.66 VS 4.58）、委内瑞拉（4.48 VS 4.89）、乌克兰（4.29 VS 4.90）、希腊（4.36 VS 4.98）、也门（3.45 VS 4.65）、伊拉克（4.45 VS 4.45）（注：括号中的数据为自身收入水平定位得分VS经济满意度，下同）；同样，在居民经济满意度较高的国家中，居民对自身的收入水平定位也相对较高，如阿塞拜疆（5.32 VS 5.61）、哈萨克斯坦（5.33 VS 6.07）、捷克（5.17 VS 6.49）、卡塔尔（6.45 VS 7.73）、科威特（5.20 VS 6.87）、黎巴嫩（5.52 VS 5.11）、利比亚（5.22 VS 6.08）、卢旺达（5.35 VS 6.09）、罗马尼亚（5.01 VS 6.52）、马尔代夫（5.91 VS 6.97）、蒙古国（5.49 VS 6.23）、孟加拉国（5.62 VS 6.99）、摩洛哥（5.23 VS 6.24）、南非（5.14 VS 6.14）、斯洛伐克（5.07 VS 5.81）、塔吉克斯坦（5.64 VS 7.11）、土耳其（5.15 VS 5.86）、新西兰（5.12 VS 6.77）、越南（5.11 VS 7.18）。另外，经济满意度和收入自身定位水平的相关性分析结果也显示，经济满意度和自身收入水平定位具有显著的正相关关系（r=0.313，p<0.001）。但是，位于第二象限的国家，如乌兹别克斯坦（5.72 VS 4.05）、黎巴嫩（5.52 VS 5.11）等国家则拥有较低的经济满意度和较高的居民收入水平；与之相反，位于第四象限的巴基斯坦（4.17 VS 7.28）、印度尼西亚

（4.22 VS 6.46）等国家，虽有着较高的经济满意度，但这些国家居民的收入水平定位相对较低。

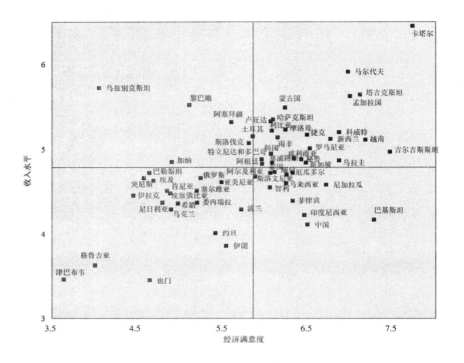

图10-7 "一带一路"共建国家居民经济满意度与收入水平的关系

注：数据来自WVS-Wave 7，Q50，10点量表。

第十一章　人际交往价值观

以心相交者，成其久远。

——摘自习近平 2014 年 11 月 21 日文章
《永远做太平洋岛国人民的真诚朋友》

人际交往价值观就是个体在人际交往过程中的价值取向，这种价值取向常常会影响个体之间交往的态度与方式。人际交往包括多个方面，本章内容主要分析人际交往中的信任。信任是人际交往过程中一种重要的心理现象[①]，它是一种心理期望，即一个人将自己的资源投入目标人，而不需要立即回报，以获得他或她的所需，以应对客观环境中的不确定性[②]。在高速发展和变化的当今世界，信任可以作为一种社会资源的存在，个体可以通过别人的信任而获得相应的利益，同样，个体也需要履行一定的"规则"来维持别人对于自己的信任。人与人之间的信任会产生许多积极效应，比如，人与人之间的信任能够促进分享行为[③]；员工对于上级的信任能够增加其对

---

① 张建新、Michael H. Bond：《指向具体人物对象的人际信任：跨文化比较及其认知模型》，《心理学报》1993 年第 2 期，第 164–172 页。

② 张建新、张妙清、梁觉：《殊化信任与泛化信任在人际信任行为路径模型中的作用》，《心理学报》2000 年第 3 期，第 311–316 页。

③ 赵红丹、彭正龙、梁东：《组织信任、雇佣关系与员工知识分享行为》，《管理科学》2010 年第 6 期，第 33–42 页。

组织的承诺和认可①，以及促进他们的组织公民行为②。但与此同时，信任也会产生一些不利影响，比如，以信任为基础建立起的非正式交换渠道，虽然节省了一定的交易成本③，但是却破坏了公平性，并且这种非正式的交易方式也存在着一定的风险。"一带一路"共建国家文化的多样性决定了各个国家之间信任的多样性。由于个体对线索的提取方式不同、所处社会文化情境不同及文化的变迁④，所以不同国家之间的信任也存在着差异。

　　本章将根据世界价值观调查对部分"一带一路"共建国家居民的信任倾向以及差序信任情况进行比较分析。具体来说，我们探索不同收入水平的国家和不同洲的国家居民之间的信任倾向是否存在差异，本国居民的年龄和信教情况是否会对他们的信任倾向产生影响。在这之后，我们还分析了国家间居民对不同亲密程度的个体（家人、邻居、认识的人、一面之缘的人、不同宗教的人、不同国家的人）的信任程度是否存在差异。

　　通过对部分"一带一路"共建国家居民的信任情况进行调查分析，我们深入了解了不同国家居民的人际交往价值取向，这对推动文化交流、推动高质量共建"一带一路"起到一定的借鉴作用。

---

① 贾良定、陈永霞、宋继文，等：《变革型领导、员工的组织信任与组织承诺——中国情景下企业管理者的实证研究》，《东南大学学报（哲学社会科学版）》2006年第6期，第59-67页。

② Yui-Tim Wong, Hang-Yue Ngo, and Chi-Sum Wong, "Perceived Organizational Justice, Trust, and Ocb: A Study of Chinese Workers in Joint Ventures and State-Owned Enterprises," *Journal of World Business* 41, No.4(2006): 344-355.

③ 刘正才：《非正式契约与华人企业的"经贸网络"》，《云南行政学院学报》2003年第4期，第104-107页。

④ 赵娜、周明洁、陈爽，等：《信任的跨文化差异研究：视角与方法》，《心理科学》2014年第4期，第1002-1007页。

11.1　信任水平

　　"一带一路"共建国家具有多种多样的文化背景,这造成了其多样的人际交往价值观,这种差异也体现在"信任"上。为便于分析说明,我们将共建国家中认为"大多数人值得相信"的居民界定为具有信任倾向。大体来看,这61个国家中,认为"大多数人值得相信"的居民所占的比例有较大的差异(如图11-1所示)。整体来说,在样本中,认为"大多数人值得信任"的样本只占18.6%。但是从各个国家的对比结果来看,仅有23个国家具有信任倾向的样本所占的比例高于这个值,其中中国和新西兰这两个国家,具有信任倾向的样本占该国总样本的一半以上(64.9%、56.6%)。而津巴布韦、特立尼达和多巴哥、尼加拉瓜、加纳、印度尼西亚、秘鲁、菲律宾、厄瓜多尔、埃及、塞浦路斯、亚美尼亚、希腊、玻利维亚、格鲁吉亚、利比亚、肯尼亚、黎巴嫩这17个国家中,具有信任倾向的样本占该国总样本的比例不到10%(2.1%、3.2%、4.3%、5.0%、5.2%、5.3%、5.3%、5.8%、7.3%、7.7%、8.1%、8.3%、8.5%、8.8%、9.1%、9.5%、9.9%)。由此可见,这61个国家大多数属于"低信任"国家,大多数人在与别人相处时,不愿意信任别人,而是报以谨慎的态度。

　　如图11-2所示,我们发现,不同收入国家的居民认为"大多数人值得信任"的比例没有非常显著的差异,但从大体上可以看出,高收入国家的居民持有更高的信任倾向,其认为"大多数人值得信任"的比例最高,而该比例在中等偏下收入国家的居民中最低。

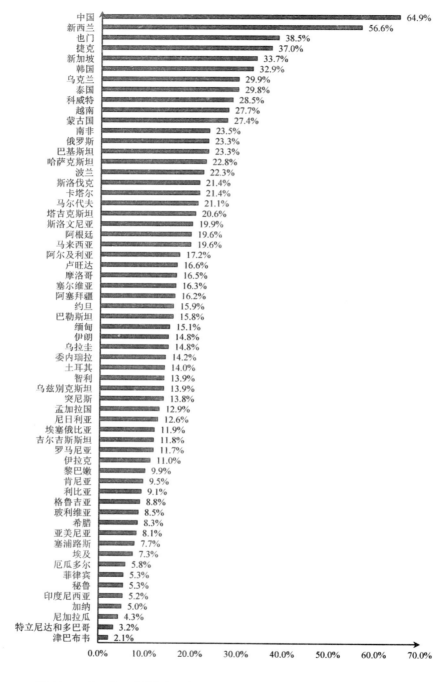

图11-1 "一带一路"共建国家居民认为"大多数人值得信任"的样本比例

注:数据来自WVS-Wave 7,Q57,2点量表。

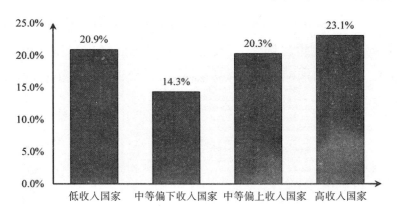

图11-2　"一带一路"共建国家居民认为"大多数人值得信任"的样本比例

（按收入水平统计）

注：数据来自WVS-Wave 7，Q57，2点量表。

接下来，我们对这些国家以它们所在的地区为单位进行比较发现，这种信任的差异在地区之间也有明显的体现。如图11-3所示，"一带一路"共建国家中，位于大洋洲的国家，具有信任倾向的人口所占的比例较高（56.60%），而在其他地区，认为"大多数人值得信任"的样本所占的比例都低于25.00%。位于北美洲的国家中，具有信任倾向的样本甚至不足该地区总样本的10%（仅为3.80%）。南美洲、非洲、欧洲和亚洲国家居民认为"大多数人值得信任"的样本所占比例分别为11.00%、13.50%、20.20%、21.70%。

我们对"一带一路"共建国家居民认为"大多数人值得信任"的样本的年龄组成进行了分析，将年龄段进行划分，分为40岁及以下和40岁以上。表11-1中列举了部分"一带一路"共建国家不同年龄人口中认为"大多数人值得信任"的样本所占比例。在阿尔及利亚、埃及、埃塞俄比亚、巴勒斯坦、玻利维亚、俄罗斯、加纳、捷克、卡塔尔、利比亚、卢旺达、马来西亚、蒙古国、孟加拉国、南非、尼加拉瓜、尼日利亚、塞尔维亚、塞浦路斯、斯洛文尼亚、泰国、突尼斯、委内瑞拉、乌兹别克斯坦、希腊、越南、智利这些国家，年轻的居民（40岁及以下）比相对年长的居民（40岁以上）具有更高的信任倾向，即拥有更高的"大多数人值得信任"的比例。
而其余国家，除肯尼亚外（年长的居民和年轻的居民持有相同信任
倾向），年长的居民往往更容易相信他人，"大多数人值得信任"的
比例在40岁以上的样本中更大。

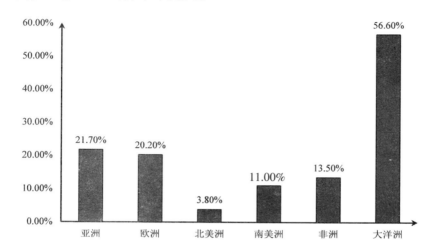

图11-3 "一带一路"共建国家居民认为"大多数人值得信任"的样本比例（按大洲统计）

注：数据来自WVS-Wave 7，Q57，2点量表。

此外，还有部分国家两个年龄段居民认为"大多数人值得信任"
的比例差异较大。在加纳，40岁及以下的样本中，认为"大多数人
值得信任"的人口比例为44.6%，而在40岁以上的样本中，该比例
为33.0%；在新加坡，40岁及以下的样本中，认为"大多数人值得
信任"的人口比例为47.2%，而在40岁以上的样本中，该比例为
58.7%，比例差异均超过10%。

表11-1 "一带一路"共建国家居民认为"大多数人值得信任"的样本比例
（按年龄段统计）

国家	40岁及以下	40岁以上	国家	40岁及以下	40岁以上	国家	40岁及以下	40岁以上
阿尔及利亚	18.7%	14.7%	肯尼亚	9.9%	9.9%	特立尼达和多巴哥	13.7%	14.0%
阿根廷	13.9%	18.4%	黎巴嫩	7.6%	10.6%	突尼斯	15.0%	12.6%

国家	40岁及以下	40岁以上	国家	40岁及以下	40岁以上	国家	40岁及以下	40岁以上
阿塞拜疆	6.6%	8.4%	利比亚	17.0%	15.2%	土耳其	13.3%	15.6%
埃及	12.2%	10.7%	卢旺达	12.7%	11.1%	委内瑞拉	31.2%	29.0%
埃塞俄比亚	24.2%	21.1%	罗马尼亚	18.9%	25.0%	乌克兰	14.6%	14.9%
巴基斯坦	15.0%	17.3%	马尔代夫	19.3%	20.0%	乌拉圭	13.6%	14.2%
巴勒斯坦	24.5%	20.9%	马来西亚	27.6%	27.1%	乌兹别克斯坦	10.6%	7.2%
波兰	7.9%	9.5%	蒙古国	13.1%	12.6%	希腊	35.5%	32.7%
玻利维亚	24.7%	22.2%	孟加拉国	5.7%	4.8%	新加坡	47.2%	58.7%
俄罗斯	6.0%	5.4%	秘鲁	14.5%	15.7%	新西兰	5.6%	9.5%
厄瓜多尔	5.0%	5.6%	缅甸	14.6%	19.8%	亚美尼亚	37.1%	42.4%
菲律宾	8.2%	9.3%	摩洛哥	23.3%	23.9%	也门	9.3%	14.1%
格鲁吉亚	22.1%	23.5%	南非	4.4%	3.9%	伊拉克	12.9%	17.4%
哈萨克斯坦	28.9%	35.4%	尼加拉瓜	13.8%	7.9%	伊朗	4.5%	6.1%
韩国	11.1%	12.4%	尼日利亚	20.8%	13.1%	印度尼西亚	13.5%	17.8%
吉尔吉斯斯坦	4.9%	5.4%	塞尔维亚	8.7%	6.8%	约旦	26.8%	29.1%
加纳	44.6%	33.0%	塞浦路斯	26.0%	19.7%	越南	15.2%	13.0%
捷克	2.2%	2.0%	斯洛伐克	19.5%	20.1%	智利	68.4%	62.4%
津巴布韦	20.3%	23.2%	斯洛文尼亚	23.1%	17.9%	中国	17.6%	19.9%
卡塔尔	30.0%	24.9%	塔吉克斯坦	28.2%	30.7%			
科威特	9.0%	12.5%	泰国	3.5%	3.0%			

注:数据来自WVS-Wave 7,Q57,2点量表。

　　大多数"一带一路"共建国家有着悠久的宗教历史传统和浓厚的宗教信仰氛围。为此,我们对样本中表现出的宗教信仰和信任倾向进行了分析,结果显示,相对于有宗教信仰的群体,认为"大多数人值得信任"的样本在无宗教信仰者中占的比例更大(15.90%

VS 22.90%）（如图 11-4 所示）。在具体的国家中，我们发现，大多数国家中的信教者和无宗教信仰者的信任倾向差异并不大（占比差值在 10% 左右）。同时，也有一部分国家，其信教者和无宗教信仰者的信任倾向差异较大（如图 11-5 所示）。其中，在科威特，信教者和无宗教信仰者中，认为"大多数人值得信任"的样本所占比例差异最大（23.10% VS 40.70%）。另外，我们发现，也有部分国家，信教者的信任倾向高于无宗教信仰者的信任倾向，如泰国（38.30% VS 26.10%）。

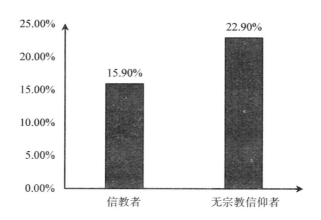

图 11-4 "一带一路"共建国家信教者/无宗教信仰者的信任倾向

注：数据来自 WVS-Wave 7, Q57, 2 点量表；比例越大，表示信任倾向越强。

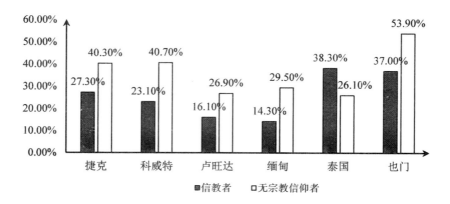

图 11-5 部分"一带一路"共建国家信教者/无宗教信仰者的信任倾向

注：数据来自 WVS-Wave 7, Q57, 2 点量表；比例越大，表示信任倾向越强。

11.2　差序信任水平

　　黄光国在《儒家关系主义：文化反思与典范重建》中深刻剖析了中国儒家文化环境下所塑造的以关系为基础的中国式交流方式，文中指出，中国人讲究仁、义、礼，对待他人强调"信"，但是在这之前，中国人首先会认清尊卑、亲疏，并以此作为自己人际关系态度的一个依据[①]。也就是说，中国文化中的信任并非普天之下都一样，而是根据尊卑、亲疏有三六九等的。但是，中国的社会关系网络却都是以家庭为模板来发展的[②]，也就是说，在中国人的人际交往中，对于那些自己认为是在"圈里"的人，会更加注重情感上的交流，对于那些认为"圈外"的人，则只是工具性的交流。这种信任的多样性与人际交流的区别性是中国人际交往的一大特色。相反，在西方社会中，人们更加崇尚"公平"，遵从契约。他们会将感情和工作进行比较明显的区分，但是和中国恰恰相反，西方的区分是"对事不对人"，而中国的区分则是"对人不对事"。由此，不同的文化之下，人际交往的价值观差距也是比较大的。

　　根据世界价值观调查（第7轮）第58、59、60、61、62、63个题项，我们对部分"一带一路"共建国家居民对不同类群的人的信任程度进行了分析。这6个题项分别考察个体对家人、邻居、认识的人、只见过一次的人、不同宗教的人、不同国家的人的信任程度，而这几类人常常代表不同程度的亲密程度。

　　数据显示，对于家人的信任程度最高。在第58个题项中，选择"完全信任"（得分为1）的人占80.0%，该比例最高的国家是孟加拉

---

　　① 黄光国：《儒家关系主义：文化反思与典范重建》，北京大学出版社，2006，第1页。

　　② Roy Y. J. Chua, Michael W. Morris, and Paul Ingram, "Guanxi vs Networking: Distinctive Con-figurations of Affect- and Cognition-Based Trust in the Networks of Chinese vs American Managers," *Journal of International Business Studies* 40, No.3 (2009): 490–508.

国。在来自孟加拉国的样本中，有98.4%的人对家人是"完全信任"的，而在来自玻利维亚的样本中，这个比例最小，为56.6%。

对于邻居和认识的人，大多数国家中的样本对这两者的信任程度大致相同，大多都集中在"有点儿相信"（得分为2）选项，这一占比分别为51.2%和50.8%。但在各个国家之间，也存在着一定的差异，相比于其他国家，大多数国家的居民对邻居和认识的人持有相对信任的态度，而玻利维亚、厄瓜多尔的居民对邻居和认识的人持有相对不信任的态度。在玻利维亚样本中，选择"不那么相信"邻居（认识的人）的人占40.8%（37.6%），并且选择"完全不相信"邻居（认识的人）的人占25.4%（13.8%）；厄瓜多尔这一国家的居民对邻居（认识的人）选择"不那么相信"和"完全不相信"的比例分别为41.7%（42.8%）、20.2%（15.3%）。此外，尼加拉瓜的居民对邻居也较为不信任，有35.3%和24.9%的人相应地选择了"不那么相信"和"完全不相信"。秘鲁和印度尼西亚这两国家的居民对他们认识的人不太信任，选择"不那么相信"和"完全不相信"的比例分别为47.9%、19.1%和38.3%、11.7%。

对于不同宗教信仰的人和不同国家的人，大多数国家中的样本对这两者的信任程度大致相同，选择"有点儿相信"（得分为2）和"并不那么相信"（得分为3）及"完全不相信"（得分为4）的样本占比大致相同，介于20%~30%之间，其中，更多的人选择"并不那么相信"。在各个国家之间，仍然存在着一些差异，比如，来自埃塞俄比亚、波兰、捷克、卡塔尔、南非、特立尼达和多巴哥、新西兰、伊朗、约旦的样本中，有大约50%的人对邻居是"有点儿相信"的，他们选择"完全相信"和"有点儿相信"的比例大于选择"不那么相信"和"完全不相信"的比例。另一方面，阿根廷、波兰、格鲁吉亚、卡塔尔、新西兰这几个国家对于不同国家的人持有更多的信任，选择"完全相信"和"有点儿相信"的比例更多。

最后，对于仅有一面之缘的人，大多数国家中的样本对这类人的信任程度较低，集中在"并不那么相信"（得分为3）和"完全不相信"（得分为4）。其中，新西兰的样本中，选择"完全相信"和"有点儿相信"的比例超过了50%，而其余国家选择"不那么相信"和"完全不相信"的比例是远大于"完全相信"和"有点儿相信"的。

在表11-2至11-5中，我们列出了不同国家居民对不同亲密程度的人的信任程度的变化。整体来说，这些国家的居民对于这几种人的信任程度的变化大致相同，大致顺序为：家人、认识的人、邻居、不同宗教的人、不同国家的人、仅有一面之缘的人。说明共建国家居民普遍对家人的信任程度较高，而对仅有一面之缘的人信任程度较低。除此之外，对不同宗教的人的信任总体上大于对不同国家的信任，但也有部分国家认为不同国家的人比不同宗教的人更值得信任，如俄罗斯、哈萨克斯坦、吉尔吉斯斯坦、卡塔尔、科威特、利比亚、马尔代夫、塔吉克斯坦、突尼斯、乌克兰、乌拉圭、乌兹别克斯坦、希腊、新西兰、亚美尼亚、也门。同时还值得注意的是，并不是所有国家都认为那些仅有一面之缘的人是最不值得信任的，在缅甸、摩洛哥、尼日利亚、斯洛伐克和越南，人们对不同国家的人往往持有最低的信任水平；而在也门，最不值得信任的是不同宗教的人。

表11-2　"一带一路"共建国家居民对不同亲密程度的人的信任（按大洲统计）

地域	国家	家人	邻居	认识的人	不同宗教的人	不同国家的人	一面之缘的人
亚洲	阿塞拜疆	1	3	2	4	5	6
	巴基斯坦	1	3	2	4	6	5
	菲律宾	1	3	2	4	6	5
	格鲁吉亚	1	2	3	4	5	6
	哈萨克斯坦	1	2	3	5	4	6
	韩国	1	2	3	4	6	5

续表11-2

地域	国家	家人	邻居	认识的人	不同宗教的人	不同国家的人	一面之缘的人
亚洲	吉尔吉斯斯坦	1	2	3	5	4	6
	黎巴嫩	1	3	2	4	5	6
	马尔代夫	1	3	2	5	4	6
	马来西亚	1	3	2	4	5	6
	蒙古国	1	3	2	5	6	4
	孟加拉国	1	2	3	4	5	6
	缅甸	1	3	2	5	6	4
	塔吉克斯坦	1	2	3	5	4	6
	泰国	1	2	3	4	5	6
	土耳其	1	2	3	5	6	4
	新加坡	1	3	2	4	5	6
	亚美尼亚	1	3	2	5	4	6
	伊拉克	1	3	2	4	5	6
	伊朗	1	3	2	4	5	6
	印度尼西亚	1	2	3	4	5	6
	约旦	1	3	2	4	5	6
	越南	1	2	3	4	6	5
	巴勒斯坦	1	3	2	4	6	5
	卡塔尔	1	3	2	5	4	6
	科威特	1	3	2	5	4	6
	乌兹别克斯坦	1	2	3	5	4	6
	也门	1	2	3	6	4	5
	中国	1	2	3	5	6	4

注:数据来自 WVS-Wave 7,Q58～Q63;其中,数字代表信任程度的顺序,值越小,信任程度越大。

表11-3 "一带一路"共建国家居民对不同亲密程度的人的信任（按大洲统计）

地域	国家	家人	邻居	认识的人	不同宗教的人	不同国家的人	一面之缘的人
非洲	埃及	1	3	2	4	6	5
	埃塞俄比亚	1	3	2	4	6	5
	津巴布韦	1	2	3	4	5	6
	肯尼亚	1	3	2	4	5	6
	利比亚	1	3	2	5	4	6
	摩洛哥	1	3	2	5	6	4
	尼日利亚	1	2	3	4	6	5
	突尼斯	1	3	2	5	4	6
	阿尔及利亚	1	2	3	4	5	6
	加纳	1	3	2	4	5	6
	卢旺达	1	2	3	4	5	6
	南非	1	2	3	4	5	6

注：数据来自WVS-Wave 7,Q58～Q63；其中,数字代表信任程度的顺序,值越小,信任程度越大。

表11-4 "一带一路"共建国家居民对不同亲密程度的人的信任（按大洲统计）

地域	国家	家人	邻居	认识的人	不同宗教的人	不同国家的人	一面之缘的人
欧洲	俄罗斯	1	3	2	5	4	6
	捷克	1	3	2	4	5	6
	罗马尼亚	1	3	2	4	5	6
	塞尔维亚	1	3	2	4	5	6
	塞浦路斯	1	3	2	4	5	6
	斯洛伐克	1	2	3	4	6	5
	斯洛文尼亚	1	3	2	5	4	6

续表11-4

地域	国家	家人	邻居	认识的人	不同宗教的人	不同国家的人	一面之缘的人
欧洲	乌克兰	1	2	3	5	4	6
	希腊	1	3	2	5	4	6
	波兰	1	2	3	4	5	6

注:数据来自WVS-Wave 7,Q58～Q63;其中,数字代表信任程度的顺序,值越小,信任程度越大。

表11-5 "一带一路"共建国家居民对不同亲密程度的人的信任(按大洲统计)

地域	国家	家人	邻居	认识的人	不同宗教的人	不同国家的人	一面之缘的人
北美洲	尼加拉瓜	1	3	2	4	6	5
	特立尼达和多巴哥	1	3	2	4	5	6
南美洲	阿根廷	1	3	2	4	5	6
	秘鲁	1	3	2	4	5	6
	玻利维亚	1	3	2	4	5	6
	厄瓜多尔	1	3	2	4	5	6
	委内瑞拉	1	2	3	4	5	6
	乌拉圭	1	3	2	5	4	6
	智利	1	2	3	4	5	6
大洋洲	新西兰	1	3	2	5	4	6

注:数据来自WVS-Wave 7,Q58～Q63;其中,数字代表信任程度的顺序,值越小,信任程度越大。

第十二章　生活与科学价值观

科学技术从来没有像今天这样深刻影响着国家前途命运，从来没有像今天这样深刻影响着人民生活福祉。

——习近平2021年3月16日文章
《努力成为世界主要科学中心和创新高地》

科学是人类在认识世界和改造世界过程中形成的，正确反映客观世界的现象、内部结构和运动规律的系统理论知识，而技术是在科学知识的指导下，总结实践的经验，得到的在生产过程和其他实践过程中，从设计、装备、方法、规范到管理等的系统知识①。纵观古今，科学技术是一个国家经济繁荣发展的重要来源。借助两次工业革命，西方国家的经济在近代实现空前发展，而在当今世界，科学技术的发展成为每个国家最重视的问题之一，科学技术的不断更新换代对一个国家的国防、民生、教育等多个方面都起到巨大作用。随着第四次工业革命的到来，智能技术势必在各行各业引起一次变革，对社会产生广泛而深远的影响，这进一步引发了全世界对科学技术的关注与讨论。

本章将依据世界银行以及世界价值观调查的数据，讨论部分"一带一路"共建国家的科技发展现状，主要从科技投入、科技产出以及社会经济发展指标三个方面来分析。其次，我们还调查了部分

---

① 周光召：《科学技术的发展趋势和它对社会的作用》，《电子政务》1996年第6期，第3-8页。

"一带一路"共建国家居民对科学技术的态度如何，是否会在不同收入水平的国家和不同地区产生差异。

通过本章内容，我们希望能够加深读者对部分"一带一路"共建国家科技水平的了解，并引发他们如何促进科技创新的思考，为推进"一带一路"倡议涵盖的重点合作领域——科技领域的发展，巩固"一带一路"建设的重要支撑和智力资源，提供一定的支持。

12.1 "一带一路"共建国家科技发展现状

科技发展水平是一个国家和地区的科技资源投入水平、经济发展水平、科技管理水平、科研和技术研发能力的综合反映，是衡量一定社会时期社会生产和利用科技知识能力的尺度[①]。区域科技发展水平的评价应该考虑科技投入—科技产出—社会经济发展水平三个方面的指标[②]。结合相关文献，本节对部分"一带一路"共建国家的科技发展现状进行对比。

我们选择了研发（research and development，R&D）支出占GDP的比值和研究人员数量作为科技投入的衡量指标，具体数据见表12-1至12-5。研发支出是指系统性创新工作的经常支出和资本支出（国家和私人），其目的在于提升知识水平，包括人文、文化、社会知识，并将知识用于新的应用。R&D包括基本研究、应用研究和实验开发；研发技术人员及等同工作人员是指其主要工作需要工程学、自然科学和生命科学（技术人员）或社会科学及人文学科（等同工作人员）方面的技术知识及经验的人员。他们通常在研究人员的监督下，通过开展涉及概念应用和操作方法的科学技术工作参与研发

---

① 彭念一、张立军：《区域科技发展水平的综合评价》，《中南大学学报（社会科学版）》2003年第6期，第94—96页。

② 张立军、王瑛：《区域科技发展水平的综合分析与评价》，《统计与决策》2005年第3期，第45—46页。

（概念界定来自世界银行官网）。从 R&D 支出来看，大多数"一带一路"共建国家的 R&D 支出占 GDP 的比值都低于 1%。在欧洲国家，除罗马尼亚（0.47%）、乌克兰（0.30%）、白俄罗斯（0.46%）、摩尔多瓦（0.23%）、北马其顿（0.38%）、马耳他（0.67%）和黑山（0.36%）这几个国家，其他国家的 R&D 支出占 GDP 的比值都高于 0.70%。在非洲国家的已有数据中，R&D 支出占比普遍偏低，如埃塞俄比亚（0.27%）、布隆迪（0.21%）、布基纳法索（0.25%）、马里（0.17%）、毛里塔尼亚（0.01%）。位于大洋洲的新西兰，有着较高的 R&D 支出占比，为 1.46%。北美洲和南美洲国家 R&D 支出在 GDP 中的占比都相对较小，除古巴（0.52%）和阿根廷（0.52%）以外，其余国家的占比皆低于 0.50%。亚洲地区的国家在这一指标上呈现多样化的特征，比如，韩国的 R&D 支出在 GDP 中的占比最大（4.93%），中国、新加坡、泰国、土耳其和阿联酋的 R&D 支出占比也相对较高（分别为 2.43%、2.16%、1.33%、1.40% 和 1.50%），而其他国家的 R&D 支出占比均低于 1%。而各国研究人员数量（每百万人）与 R&D 支出具有相似性，R&D 支出在 GDP 中占比较大的国家，如韩国（4.93%）、斯洛文尼亚（2.13%）、新西兰（1.46%），其研究人员也更多，分别为韩国（9081.94）、斯洛文尼亚（5223.00）、新西兰（5102.27）。

　　我们将居民申请专利数和科技期刊论文数量作为科技产出的衡量指标。专利申请是指在世界范围通过《专利合作条约》程序或向国家专利部门提交的专利申请，目的是对一项发明（即提供一种新的做事方法或对某个问题提供一种新的技术解决方案的产品或程序）拥有专有权。专有权在有限的期限内为专利所有者的发明提供保护，一般为 20 年。科技期刊的文章是指在下述领域出版的科学和工程类文章：物理、生物、化学、数学、临床医学、生物医学研究、工程和技术，以及地球和空间科学（概念界定来自世界银行官网）。首先从居民申请专利数量来看，不同国家的居民申请专利数量极不平衡。

在亚洲国家中，中国有着最高的专利申请数量（1426644），除此之外，韩国（186245）、伊朗（10210）、土耳其（8234）、新加坡（2024）、沙特阿拉伯（1398）、印度尼西亚（1397）、越南（1066）的专利数量也相对较高，其余的亚洲国家专利数量不满1000。在欧洲国家中，俄罗斯的专利申请数量最多，为19569，其后依次为意大利（10281）、波兰（3377）、奥地利（1872）、乌克兰（1302），其余欧洲国家的专利申请数量均不足1000，除了南非（1804）以外的非洲国家以及位于北美洲、南美洲和大洋洲的国家申请的专利数量也都未达1000。纵观各个国家的科技论文数量，除了少数国家每年发表的科技论文数量高于10000篇以外，如巴基斯坦（17038.18）、韩国（72490.44）、马来西亚（21884.84）、泰国（13963.09）、土耳其（42623.31）、新加坡（12221.19）、伊朗（57755.27）、印度尼西亚（32553.79）、中国（669744.30）、沙特阿拉伯（17321.16）、埃及（18469.18）、南非（15884.53）、俄罗斯（89967.04）、乌克兰（12776.85）、希腊（12538.66）、波兰（36766.63）、奥地利（13700.08）、意大利（85419.29）、葡萄牙（17098.90），其他国家发表的科技期刊论文绝大多数少于5000篇，部分国家发表科技期刊论文数量甚至少于1000篇。这表明在"一带一路"共建国家科学技术的产出水平有极大的不均衡性。另外，我们还发现，对科技的投入和科技产出这两者之间并非严格的线性关系，如伊朗，虽然其科技投入相对来说并不高，但是科技产出却相对较高。相反，斯洛文尼亚的科技投入较高，但是科技产出却较低。

最后，我们使用互联网使用率和高科技出口率来衡量社会经济发展水平。互联网使用的渠道通常包括计算机、移动电话、个人数字助理、游戏机、数字电视等；高科技出口产品是指具有高研发强度的产品，如航空航天、计算机、医药、科学仪器、电气机械。从互联网的使用率来看，欧洲国家的互联网使用率最高，除摩尔多瓦（61.29%）外，其余国家均在70%以上。在北美洲和南美洲的国家中，除了尼加拉瓜和洪都拉斯的互联网使用率分别为57.15%和48.08%之外，其余国家均在60%以上。非洲和亚洲国家的互联网使用率呈现较大的不均衡性，如卡塔尔、沙特阿拉伯和科威特的互联网使用率分别为100.00%、100.00%和99.70%，但巴基斯坦的这一比率仅有21.04%。同时在非洲国家，摩洛哥和南非的互联网使用率为88.13%和72.31%，但埃塞俄比亚和肯尼亚的互联网使用率只有16.70%和28.76%。高科技出口率和互联网使用率略有不同，整体来说，"一带一路"共建国家高科技出口率都相对较低。高科技出口率最高的国家为菲律宾，其高科技出口率为66.61%，其次为巴布亚新几内亚（40.05%）、越南（38.63%）、中非（37.30%）、哈萨克斯坦（32.16%）、蒙古国（30.80%）、马来西亚（28.21%）、新加坡（25.01%）、中国（23.12%）、安哥拉（22.06%）、泰国（21.79%）、亚美尼亚（21.41%）、捷克（21.21%）、哥斯达黎加（20.43%），其余"一带一路"共建国家的高科技出口率均小于20%。

综合来看，"一带一路"共建国家中，位于欧洲和大洋洲的国家，科技发展水平相对较高；而位于亚洲的国家，科技发展水平差异较大；位于北美洲、南美洲和非洲的国家，科技发展水平相对较低。我们知道，两次工业革命都在欧洲萌芽，这给科学研究播下了种子，欧洲国家整体的经济发展水平也相对较高，因此，我们认为这种差异与科学技术的发展历史及国家经济发展水平有关。

表12-1　"一带一路"共建国家科技发展水平指标列举

地域	国家	科技投入		科技产出		社会经济发展指标	
		R&D支出（%）	研究人员（百万人）	居民申请专利（件）	科技期刊文章（篇）	互联网使用率（%）	高科技出口率（%）
亚洲	阿塞拜疆	0.21	1728.76[a]	119[a]	993.56[b]	86.00	3.90
	巴基斯坦	0.16	415.30[a]	426[a]	17038.18[b]	21.04	1.43
	菲律宾	0.32	172.01[d]	490[a]	3071.81[b]	52.68	66.61

续表12-1

地域	国家	科技投入		科技产出		社会经济发展指标	
		R&D支出(%)	研究人员(百万人)	居民申请专利(件)	科技期刊文章(篇)	互联网使用率(%)	高科技出口率(%)
亚洲	格鲁吉亚	0.25	1717.37[a]	90[a]	620.67[b]	78.71	3.11
	哈萨克斯坦	0.13	626.47[a]	803[b]	2970.60[b]	92.30	32.16
	韩国	4.93	9081.94[a]	186245[a]	72490.44[b]	97.17	16.94
	吉尔吉斯斯坦	0.08	—	83[a]	193.64[b]	77.92	10.50
	黎巴嫩	—	—	—	2268.45[b]	86.59	15.13
	马尔代夫	—	—	—	23.42[b]	85.76	4.10
	马来西亚	0.95	726.46[b]	883[a]	21884.84[b]	97.40	28.21
	蒙古国	0.13	332.19[b]	109[a]	209.71[b]	81.61	30.80
	孟加拉国	—	—	74[a]	4927.32[b]	38.92	—
	缅甸	0.15	18.97[a]	—	418.50[b]	44.02	2.619
	塔吉克斯坦	0.09	—	1[c]	111.68[b]	—	1.63
	泰国	1.33	2023.83[b]	867[a]	13963.09[b]	87.98	21.79
	土耳其	1.40	1999.53[a]	8234[a]	42623.31[b]	83.44	3.62
	新加坡	2.16	7224.75[b]	2024[a]	12221.19[b]	95.95	25.01
	亚美尼亚	0.21	—	40[a]	599.38[b]	78.61	21.41
	伊拉克	0.04	162.46[a]	635[b]	9814.39[b]	78.72	—
	伊朗	0.79	1597.34[c]	10210[a]	57755.27[b]	78.60	0.38
	印度尼西亚	0.28	399.61[a]	1397[a]	32553.79[b]	66.49	7.94
	约旦	—	—	25[a]	3533.42[b]	86.00	1.45
	越南	0.43	779.31[a]	1066[a]	8213.16[b]	78.59	38.63

地域	国家	科技投入		科技产出		社会经济发展指标	
		R&D支出(%)	研究人员(百万人)	居民申请专利(件)	科技期刊文章(篇)	互联网使用率(%)	高科技出口率(%)
亚洲	卡塔尔	0.68	982.50[a]	47[a]	2346.63[b]	100.00	2.85
	科威特	0.19	165.83[b]	1[d]	1149.84[b]	99.70	0.72
	乌兹别克斯坦	0.13	525.33[a]	413[a]	1375.29[b]	76.59	1.41
	也门	–	–	20[a]	282.60[b]	–	–
	中国	2.43	1687.06[a]	1426644[a]	669744.30[b]	75.61	23.12
	阿富汗	–	–	–	119.74[b]	18.40	0.00
	阿联酋	1.50	2666.02[a]	69[a]	4443.22[b]	100.00	9.29
	巴林	–	–	3[a]	492.66[b]	100.00	0.55
	文莱	0.28	–	2[a]	286.84[b]	98.08	1.04
	柬埔寨	–	–	1[d]	166.15[b]	60.15	6.39
	老挝	–	–	1[d]	89.36[b]	62.00	7.29
	斯里兰卡	0.12	104.55[a]	266[a]	1779.47[b]	44.45	1.09
	尼泊尔	–	–	–	1464.10[b]	51.63	0.54
	阿曼	0.29	330.35[a]	30[a]	1083.30[b]	96.38	7.62
	沙特阿拉伯	0.45	692.34[a]	1398[a]	17321.16[b]	100.00	0.31
	叙利亚	–	–	102[a]	453.27[b]	35.78	–
	土库曼斯坦	–	–	–	5.50[b]	–	–
	东帝汶	–	–	–	11.87[b]	39.45	–

注:数据来自世界银行;R&D支出(%)指R&D支出占该国当年GDP的比例;所有指标均采用世界银行披露的最新数据(不早于2018年);a:2021年,b:2020年,c:2019年,d:2018年。

表12-2 "一带一路"共建国家科技发展水平指标列举

地域	国家	科技投入		科技产出		社会经济发展指标	
		R&D支出(%)	研究人员(百万人)	居民申请专利(件)	科技期刊文章(篇)	互联网使用率(%)	高科技出口率(%)
非洲	埃及	0.91	821.71[a]	88[a]	18469.18[b]	72.20	3.18
	埃塞俄比亚	0.27	—	6[b]	3967.54[b]	16.70	3.21
	津巴布韦	—	—	—	480.16[b]	34.81	1.48
	肯尼亚	—	—	160[a]	1753.08[b]	28.76	2.32
	利比亚	—	—	—	247.41[b]	—	—
	摩洛哥	—	—	254[a]	6452.54[b]	88.13	4.10
	尼日利亚	—	—	410[b]	7899.95[b]	55.36	2.38
	突尼斯	0.75	1584.24[a]	180[d]	5164.88[b]	78.99	7.19
	阿尔及利亚	0.53	—	268[a]	5689.02[b]	70.77	—
	加纳	—	—	12[b]	2106.28[b]	68.20	1.14
	卢旺达	0.76	58.51[c]	14[a]	263.99[b]	30.46	4.78
	南非	0.60	472.68[b]	1804[a]	15884.53[b]	72.31	5.48
	安哥拉	—	—	2[c]	45.41[b]	32.60	22.06
	布隆迪	0.21	23.20[d]	2[b]	33.27[b]	5.81	1.11
	贝宁	—	—	—	290.50[b]	33.97	4.28
	布基纳法索	0.25	—	—	246.26[b]	21.58	1.46
	博茨瓦纳	—	—	3[a]	329.26[b]	73.50	0.50
	中非	—	—	—	17.32[b]	10.58	37.30
	科特迪瓦	—	—	—	241.01[b]	45.43	3.56
	喀麦隆	—	—	−3	1130.50[b]	45.60	2.15

地域	国家	科技投入		科技产出		社会经济发展指标	
		R&D支出(%)	研究人员(百万人)	居民申请专利(件)	科技期刊文章(篇)	互联网使用率(%)	高科技出口率(%)
非洲	刚果(金)	–	–	72[a]	171.76[b]	22.90	0.72
	刚果(布)	–	–	–	72.62[b]	–	6.54
	科摩罗	–	–	–	3.40[b]	27.34	0.21
	佛得角	–	–	1[a]	21.50[b]	69.76	0.24
	吉布提	–	–	3[a]	8.84[b]	68.86	–
	厄立特里亚	–	–	–	37.51[b]	21.73	–
	加蓬	–	–	–	60.98[b]	71.75	1.48
	几内亚	–	–	–	40.70[b]	34.68	–
	冈比亚	–	49.98[d]	–	58.19[b]	32.96	0.00
	几内亚	–	–	–	14.40[b]	35.16	–
	赤道几内亚	–	–	–	1.70[b]	53.92	–
	利比里亚	–	–	–	12.07[b]	33.63	–
	莱索托	–	–	1[c]	35.94[b]	47.98	0.09
	马达加斯加	–	33.73[d]	6[a]	163.25[b]	19.73	0.66
	马里	0.17	29.32[a]	–	98.90[b]	34.49	5.48
	莫桑比克	–	–	30[a]	173.37[b]	17.37	3.37
	毛里塔尼亚	0.01	–	–	20.90[b]	58.76	3.98
	马拉维	–	–	–	292.24[b]	24.41	2.31
	纳米比亚	–	–	8[c]	198.74[b]	52.97	0.06
	尼日尔	–	–	–	63.65[b]	22.39	13.85

续表12-2

地域	国家	科技投入		科技产出		社会经济发展指标	
		R&D支出(%)	研究人员(百万人)	居民申请专利(件)	科技期刊文章(篇)	互联网使用率(%)	高科技出口率(%)
非洲	苏丹	–	–	153[b]	378.39	28.40	–
	塞内加尔	–	–	–	395.73[b]	58.06	2.20
	塞拉利昂	–	–	–	65.14[b]	18.00	0.74
	索马里	–	–	–	32.73[b]	–	–
	南苏丹	–	–	–	14.27[b]	6.50	–
	圣多美和普林西比	–	–	–	2.09[b]	51.20	5.29
	塞舌尔	–	–	3[b]	32.82[b]	81.59	3.34
	乍得	–	–	–	14.07[b]	17.87	–
	多哥	–	44.87[a]	–	86.33[b]	34.98	0.30
	坦桑尼亚	–	–	–	896.70[b]	31.63	1.66
	乌干达	–	–	14[a]	934.01[b]	10.34	2.35
	赞比亚	–	–	13[a]	263.09[b]	21.23	0.76

注:数据来自世界银行;R&D支出(%)指R&D支出占该国当年GDP的比例;所有指标均采用世界银行披露的最新数据(不早于2018年);a:2021年,b:2020年,c:2019年,d:2018年。

表12-3 "一带一路"共建国家科技发展水平指标列举

地域	国家	科技投入		科技产出		社会经济发展指标	
		R&D支出(%)	研究人员(百万人)	居民申请专利(件)	科技期刊文章(篇)	互联网使用率(%)	高科技出口率(%)
欧洲	俄罗斯	1.09	2724.98[b]	19569[a]	89967.04[b]	90.42	9.69
	捷克	2.00	4568.68[a]	541[a]	149940.00[b]	84.54	21.21

地域	国家	科技投入		科技产出		社会经济发展指标	
		R&D支出（%）	研究人员（百万人）	居民申请专利（件）	科技期刊文章（篇）	互联网使用率（%）	高科技出口率（%）
欧洲	罗马尼亚	0.47	985.49[a]	772[a]	9710.46[b]	85.50	11.61
	塞尔维亚	0.99	2206.71[a]	138[a]	4741.34[b]	83.54	–
	塞浦路斯	0.83	1743.29[a]	1[a]	1485.23[b]	89.60	17.59
	斯洛伐克	0.92	3211.04[a]	146[a]	5420.07[b]	88.93	8.39
	斯洛文尼亚	2.13	5223.00[a]	222[a]	3827.50[b]	88.91	8.48
	乌克兰	0.30	587.50[a]	1302[a]	12776.85[b]	79.22	5.74
	希腊	1.46	4326.31[a]	394[a]	12538.66[b]	83.17	14.26
	波兰	1.44	3534.50[a]	3377[a]	36766.63[b]	86.94	10.77
	阿尔巴尼亚	–	–	23[a]	167.16[b]	82.61	0.06
	奥地利	3.26	6341.74[a]	1872[a]	13700.08[b]	93.61	16.50
	保加利亚	0.77	2339.25[a]	165[a]	4118.23[b]	79.13	8.58
	白俄罗斯	0.46	1393.55[a]	276[a]	1352.11[b]	89.51	5.59
	爱沙尼亚	1.75	4038.20[a]	25[a]	1747.64[b]	91.02	17.68
	克罗地亚	1.25	2330.91[a]	77[a]	4800.05[b]	82.07	11.98
	匈牙利	1.64	4452.15[a]	433[a]	7478.17[b]	90.46	17.72
	意大利	1.45	2677.84[a]	10281[a]	85419.29[b]	85.06	8.77
	立陶宛	1.11	3935.09[a]	81[a]	2738.88[b]	87.72	12.82
	卢森堡	1.04	4940.60[a]	112[a]	946.94[b]	98.24	5.87
	拉脱维亚	0.74	2404.52[a]	104[a]	1469.35[b]	91.03	16.39
	摩尔多瓦	0.23	781.24[a]	64[a]	271.60[b]	61.29	2.14

续表 12-3

地域	国家	科技投入		科技产出		社会经济发展指标	
		R&D 支出（%）	研究人员（百万人）	居民申请专利（件）	科技期刊文章（篇）	互联网使用率（%）	高科技出口率（%）
欧洲	北马其顿	0.38	743.69[a]	42[a]	427.34[b]	83.02	3.99
	马耳他	0.67	2160.73[a]	5[a]	526.85[b]	91.54	7.92
	黑山	0.36	743.38[c]	5[b]	309.32[b]	88.22	8.21
	葡萄牙	1.68	5473.45[a]	711[a]	17098.90[b]	84.50	6.16

注：数据来自世界银行；R&D 支出（%）指 R&D 支出占该国当年 GDP 的比例；所有指标均采用世界银行披露的最新数据（不早于 2018 年）；a：2021 年，b：2020 年，c：2019 年，d：2018 年。

表 12-4　"一带一路"共建国家科技发展水平指标列举

地域	国家	科技投入		科技产出		社会经济发展指标	
		R&D 支出（%）	研究人员（百万人）	居民申请专利（件）	科技期刊文章（篇）	互联网使用率（%）	高科技出口率（%）
北美洲	尼加拉瓜	–	–	–	37.67[b]	57.15	1.26
	特立尼达和多巴哥	0.06	590.59[b]	2[a]	237.39[b]	79.00	0.08
	安提瓜和巴布达	–	–	5[a]	7.29[b]	95.66	0.00
	巴巴多斯	–	–	73[a]	67.79[b]	85.82	17.01
	哥斯达黎加	0.28	399.35[a]	15[a]	666.28[b]	82.75	20.43
	古巴	0.52	–	21[a]	1287.89[b]	71.12	11.46
	多米尼克	–	–	–	6.42[b]	80.93	3.31
	多米尼加	–	–	7[a]	84.65[b]	85.24	6.02
	格林纳达	–	–	–	56.11[b]	77.77	2.18

地域	国家	科技投入		科技产出		社会经济发展指标	
		R&D支出(%)	研究人员(百万人)	居民申请专利(件)	科技期刊文章(篇)	互联网使用率(%)	高科技出口率(%)
北美洲	洪都拉斯	0.06	187.43[c]	–	104.70[b]	48.08	1.45
	牙买加	–	–	16[a]	201.10[b]	82.36	1.47
	巴拿马	0.16	–	35[a]	258.87[b]	67.51	0.23
	萨尔瓦多	0.16	75.01[c]	2[a]	16.97[b]	62.88	7.85
南美洲	阿根廷	0.52	1283.80[a]	406[a]	9729.75[b]	88.38	4.75
	秘鲁	0.17	–	94[a]	2701.50[b]	74.68	4.58
	玻利维亚	–	–	5[a]	152.33[b]	65.98	5.52
	厄瓜多尔	0.44	–	35[a]	2847.83[b]	69.72	6.71
	委内瑞拉	–	289.18[a]	–	657.27[b]	–	–
	乌拉圭	0.45	808.19[a]	–	959.51[b]	89.87	9.59
	智利	0.34	518.67[b]	402[a]	8979.79[b]	90.19	6.52
	圭亚那	–	–	40[a]	19.58[b]	84.79	0.12
	苏里南	–	–		19.52[b]	65.94	11.35

注:数据来自世界银行;R&D支出(%)指R&D支出占该国当年GDP的比例;所有指标均采用世界银行披露的最新数据(不早于2018年);a:2021年,b:2020年,c:2019年,d:2018年。

表12-5 "一带一路"共建国家科技发展水平指标列举

地域	国家	科技投入		科技产出		社会经济发展指标	
		R&D支出(%)	研究人员(百万人)	居民申请专利(件)	科技期刊文章(篇)	互联网使用率(%)	高科技出口率(%)
大洋洲	新西兰	1.46	5102.27[a]	330[a]	8983.48[b]	95.91	11.96
	萨摩亚	–	–	1[a]	175.92[b]	–	–
	斐济	–	–	–	7.57[b]	87.66	1.91
	密克罗尼西亚联邦	–	–	–	3.69[b]	40.41	–
	基里巴斯	–	–	–	59.61[b]	53.63	2.30
	巴布亚新几内亚	–	–	–	15.80[b]	32.05	40.05
	所罗门群岛	–	–	–	9.24[b]	36.13	–
	汤加	–	–	–	12.43[b]	71.59	–
	瓦努阿图	–	–	–	22.15[b]	66.34	–

注:数据来自世界银行;R&D支出(%)指R&D支出占该国当年GDP的比例;所有指标均采用世界银行披露的最新数据(不早于2018年);a:2021年,b:2020年,c:2019年,d:2018年。

12.2 科学对生活的影响

科学技术的发展源自科学家对自然规律的不断探索。欧洲中世纪暗夜将尽,科学发展在与宗教神学的斗争中经历了一个较为漫长的过程。例如,哥白尼的日心说受到了教会中某些势力的严厉打击,但这种打压与限制并没有扑灭科学家们对自然规律探索的星星之火[①]。当前，科学技术的发展突飞猛进，大数据、人工智能、生物科技等前沿科技不断刷新人们的认知，人们对待科学的态度也在不断变化。为了更好地了解科技对居民生活的影响，我们根据世界价值观调查（第七轮）问卷中的第158～163这六个题项，对"一带一路"共建国家居民如何看待科学对生活的影响进行了比较分析。每个题项的得分范围均为从1到10，1表示"完全不同意"，10表示"完全同意"。

整体上，"一带一路"共建国家居民对科学持有较为积极的态度，他们在"科学技术使我们的生活更健康、更轻松、更舒适""因为科学技术，下一代会有更多的机会""世界会因为科学技术而变得更好"这三个题项上，得分大于5。

关于"我们依赖科学，而不够依赖信仰"一题，阿尔及利亚、埃及、埃塞俄比亚、巴勒斯坦、波兰、卡塔尔、利比亚、斯洛文尼亚、塔吉克斯坦、突尼斯、新西兰、也门、印度尼西亚等国的居民得分均小于5，说明这些国家的居民更不认为依赖科学的程度要比信仰高。可能的原因是，大部分国家的居民信教比例较高，这些国家的宗教文化氛围对当地居民对待科学的态度有影响，如阿尔及利亚（74.3%）、埃及（69.0%）、埃塞俄比亚（93.2%）、巴勒斯坦（72.4%）、波兰（85.6%）、卡塔尔（93.8%）、利比亚（73.5%）、斯洛文尼亚（64.2%）、突尼斯（60.9%）、也门（86.3%）、印度尼西亚（91.4%）。

除此之外，不同国家的居民对"科学的一个不良影响是它打破了人们的是非观念"的态度存在差异。巴基斯坦、玻利维亚、厄瓜多尔、哈萨克斯坦、吉尔吉斯斯坦、加纳、马尔代夫、马来西亚、孟加拉国、南非、尼加拉瓜、斯洛伐克、斯洛文尼亚、亚美尼亚、越南更倾向于认可这一观点。

---

① 高慧敏、毛瑶五：《论中世纪宗教与科学技术的关系》，《晋阳学刊》2004年第6期，第52–56页。

而在"在日常生活中，了解科学知识对我来说很重要"这一题项上，阿根廷、巴基斯坦、玻利维亚、厄瓜多尔、菲律宾、格鲁吉亚、哈萨克斯坦、韩国、加纳、捷克、黎巴嫩、罗马尼亚、蒙古国、秘鲁、南非、尼加拉瓜、斯洛伐克、乌克兰、越南这些国家的居民对科学的重视程度相对其他国家较小，在该题项上的得分小于5。

表12-6 "一带一路"共建国家居民对科学的态度

	a	b	c	d	e	f	国家	a	b	c	d	e	f
阿尔及利亚	7.0	6.7	4.7	5.0	6.7	6.5	缅甸	8.0	8.4	5.9	5.7	5.3	6.5
阿根廷	7.4	7.5	6.2	5.0	4.9	6.3	摩洛哥	8.3	7.7	6.1	5.4	6.3	7.5
阿塞拜疆	8.3	8.2	5.0	4.7	5.4	8.6	南非	7.2	7.2	6.6	6.2	3.8	6.9
埃及	7.3	7.0	4.8	4.4	6.4	5.8	尼加拉瓜	6.8	7.6	6.8	6.5	4.2	6.0
埃塞俄比亚	7.7	8.1	4.9	5.5	7.2	7.4	尼日利亚	7.9	7.7	5.4	5.7	5.2	7.0
巴基斯坦	7.7	7.8	5.1	6.4	4.1	7.3	塞尔维亚	7.1	7.5	5.6	5.1	5.0	6.7
巴勒斯坦	7.4	6.8	4.5	5.1	6.4	6.3	塞浦路斯	7.1	7.0	5.7	5.6	6.1	6.5
波兰	7.5	8.0	4.5	3.8	5.7	7.7	斯洛伐克	6.8	7.1	6.1	6.2	3.7	7.0
玻利维亚	6.3	6.9	6.6	6.4	4.5	5.4	斯洛文尼亚	7.2	7.7	3.6	6.1	5.9	6.9
俄罗斯	7.5	7.8	5.1	5.4	5.0	7.6	塔吉克斯坦	8.1	8.3	4.8	4.3	5.8	8.1
厄瓜多尔	5.9	6.9	6.5	6.2	4.5	5.7	泰国	6.3	6.2	5.2	5.4	5.5	7.0
菲律宾	6.8	6.9	5.6	5.6	4.4	6.4	特立尼达和多巴哥	6.6	7.5	6.5	5.6	5.6	6.8
格鲁吉亚	7.6	8.3	5.3	4.8	4.9	7.7	突尼斯	7.3	6.7	4.8	5.1	5.9	5.6
哈萨克斯坦	7.3	7.6	5.8	6.2	4.9	7.4	土耳其	7.3	7.4	5.3	5.3	5.2	6.8
韩国	7.1	6.9	5.9	5.8	4.6	7.2	乌克兰	7.3	7.6	5.5	4.9	4.8	7.4
吉尔吉斯斯坦	7.9	8.5	6.4	6.1	6.2	8.3	乌拉圭	6.8	7.3	6.4	4.7	5.1	6.5
加纳	7.8	7.9	6.0	6.1	4.8	6.7	乌兹别克斯坦	8.6	8.8	5.3	3.9	5.2	8.8
捷克	6.9	7.0	5.4	5.3	3.9	6.4	希腊	7.7	7.4	6.0	5.0	5.2	7.3

	a	b	c	d	e	f	国家	a	b	c	d	e	f
津巴布韦	8.1	8.0	5.5	5.6	6.0	7.5	新加坡	7.3	7.3	5.8	5.5	6.2	6.6
卡塔尔	8.8	8.8	4.4	5.2	6.5	8.2	新西兰	6.8	6.6	3.9	3.8	6.0	7.4
科威特	8.1	7.7	5.4	5.8	5.4	7.4	亚美尼亚	8.6	8.9	7.3	6.6	5.9	7.0
肯尼亚	7.4	7.1	5.9	5.9	5.1	6.8	也门	7.5	7.2	2.8	3.0	6.8	7.1
黎巴嫩	7.6	6.9	5.9	4.9	4.1	7.0	伊拉克	8.1	8.0	5.4	5.8	5.5	7.4
利比亚	8.9	8.7	4.2	5.6	7.2	7.4	伊朗	8.0	7.9	5.8	4.2	6.1	7.1
卢旺达	8.7	8.3	5.3	4.3	7.4	8.3	印度尼西亚	8.0	8.3	4.1	4.6	6.2	7.8
罗马尼亚	7.6	7.7	5.6	5.0	4.7	6.6	约旦	7.9	7.5	5.2	5.7	5.6	6.2
马尔代夫	7.9	8.2	6.2	6.4	5.5	7.7	越南	8.2	8.4	6.3	6.1	4.7	8.4
马来西亚	7.6	7.5	6.2	6.0	5.5	6.8	智利	6.2	6.6	5.8	5.4	5.5	5.7
蒙古国	6.9	7.0	6.2	5.7	4.1	6.8	中国	8.6	8.5	5.4	4.8	7.5	8.5
孟加拉国	8.7	8.7	6.4	6.1	5.8	8.3							
秘鲁	6.3	6.6	6.5	5.9	4.8	5.6							

注:数据来自WVS-Wave 7,题项Q158～Q163,10点量表。a:科学技术使我们的生活更健康、更轻松、更舒适;b:因为科学技术,下一代会有更多的机会;c:我们依赖科学,而不够依赖信仰;d:科学的一个不良影响是它打破了人们的是非观念;e:在日常生活中,了解科学知识对我来说很重要;f:世界会因为科学技术而变得更好。值越大,代表越认同所述观点。

此后,我们比较了不同收入水平下,"一带一路"共建国家居民是否会对科学持有不同的态度。Q158:科学技术使我们的生活更健康、更轻松、更舒适;Q159:因为科学技术,下一代会有更多的机会;Q160:我们依赖科学,而不够依赖信仰;Q161:科学的一个不良影响是它打破了人们的是非观念;Q162:在日常生活中,了解科学知识对我来说很重要;Q163:世界会因为科学技术而变得更好。

如图12-1所示，不同收入国家的居民对科学的态度差异不明显，样本中的居民普遍认同科学带来的益处。但我们观察到，低收入国家在所有题项上都表现出对科学技术最高的认同与追求，这可能与他们希望通过科学技术来提升国力、改变民众生活的愿望有关。图12-2显示了不同洲的居民对科学技术的态度。从图中可以看出，普遍来说，各大洲的居民对科学技术都持有积极的态度，但相比于其他洲，南美洲样本中的居民对科学技术的认可程度相对较低。

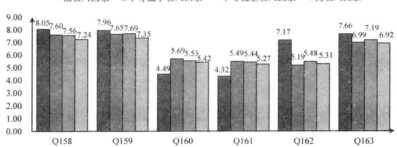

图12-1 "一带一路"共建国家居民对科学技术的态度（按收入水平统计）

注：数据来自 WVS-Wave 7，题项 Q158～Q163，10 点量表。

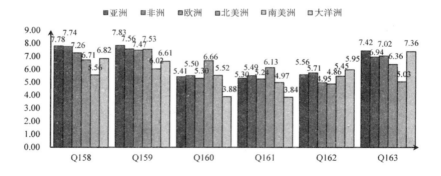

图12-2 "一带一路"共建国家居民对科学技术的态度（按大洲统计）

注：数据来自 WVS-Wave 7，题项 Q158～Q163，10 点量表。